高等院校旅游管理专业系列教材

中国旅游客源国概况

第二版

陈家刚　编著

南开大学出版社

天　津

图书在版编目(CIP)数据

中国旅游客源国概况 / 陈家刚编著. —2 版. —天津：
南开大学出版社，2013.2(2023.8 重印)
ISBN 978-7-310-04119-0

Ⅰ.①中… Ⅱ.①陈… Ⅲ.①旅游客源—概况—中国
Ⅳ.①F592.6

中国版本图书馆 CIP 数据核字(2013)第 021496 号

版权所有　侵权必究

中国旅游客源国概况
ZHONGGUO LÜYOU KEYUANGUO GAIKUANG

南开大学出版社出版发行
出版人：陈　敬
地址：天津市南开区卫津路 94 号　　邮政编码：300071
营销部电话：(022)23508339　营销部传真：(022)23508542
https://nkup.nankai.edu.cn

天津泰宇印务有限公司印刷　全国各地新华书店经销
2013 年 2 月第 2 版　　2023 年 8 月第 19 次印刷
230×170 毫米　16 开本　17 印张　320 千字
定价：50.00 元

如遇图书印装质量问题,请与本社营销部联系调换,电话：(022)23508339

第二版前言

"十一五"时期，我国旅游业保持了平稳较快发展的良好势头。国内旅游人数年均增长 12%，入境过夜旅游人数年均增长 3.5%，出境旅游人数年均增长 19%，全国旅游业总收入年均增长 15%。如今，我国已跃居全球第四大入境旅游接待国和亚洲第一大出境旅游客源国。总体上看，我国入境旅游发展潜力仍然很大。一方面，我国作为文明古国、文化大国和新兴经济体，对各国和地区旅游者仍然有很强的吸引力；另一方面，我主要入境市场仍然有很大拓展空间，进一步巩固传统市场，不断开拓新兴市场，努力培育潜在市场，仍将是我国国际旅游发展的重点工作。面对入境旅游市场复杂性增强、不确定性增大的新情况，及时总结借鉴国际上旅游业发展的经验教训，不断调整我国的国际旅游发展思路，对确保我国旅游业全面协调可持续发展、逐步提升我国旅游业的国际地位，具有深刻的现实意义。《中国旅游客源国概况》（第二版）就是在这样的背景下诞生的。

非常感谢南开大学出版社及各位编辑老师，在他们不断的督促下，本书终于顺利完成了。在此，向为本书出版付出辛劳的老师们致以诚挚的谢意。

《中国旅游客源国概况》（第二版）在总体思路上基本与第一版保持一致，书中沿用了第一版时的章节结构，所作调整主要集中在以下三方面：

第一，增补了近年来国际、国内旅游总体态势与发展趋势的说明与分析。

第二，书中所涉及的统计数据大都更新至 2010 年，各主要客源国的政治经济、社会文化概况也作了相应调整。

第三，考虑到亚太地区旅游业飞速发展的大好形势和港澳台地区入境旅游蓬勃增长的局面，本版书中重点增加了对上述地区旅游业发展趋势及入境旅游市场的分析。

本书的编写还要感谢我的研究生徐荻和周敏贤两位同学，她们帮助我搜集了许多资料，为顺利完成编写任务付出了辛苦的劳动。

　　入境旅游市场事关中国对外开放，事关我国旅游业全面协调可持续发展，事关我国旅游业的国际地位。及时掌握国际旅游发展动态，密切关注我国旅游客源国的发展走向，不断汲取旅游业发达国家的经验教训，有针对性地调整我们的入境策略，对提升我国国际旅游地位有重要意义，笔者对此将持续予以关注。在此，也希望各位专家、研究人员、读者朋友多提宝贵意见。

作　者

2012 年 9 月 30 日

第 一 版 前 言

改革开放使中国经济实现了快速、持续的增长，一个政治稳定、民族祥和、国泰民安的强大中国正日益展现在世人面前。中华五千年灿烂的文化与幅员辽阔、丰富多样的自然风光，更使得我国的旅游资源在国际旅游市场上占有相当重要的地位。目前，中国正在成为全世界发展最快和最受旅游者注目的旅游目的地国家之一。在入境旅游蓬勃发展的今天，加强对来华旅游客源市场的分析，加深对海外旅游客源地国家的了解和认识，对于我国入境旅游持续、健康、稳定的发展，对于有的放矢地宣传促销、打造知名度，不断提升我国旅游资源的吸引力和旅游产品的国际竞争力，真正实现我国从旅游资源大国向旅游强国的转变，有着十分重大的现实意义。

本书正是从这样一个良好的愿望出发，将我在教学实践中搜集和积累的有关中国旅游客源市场和主要客源国等方面的一些知识与学习体会归纳、整理、编撰而成。全书一方面按照世界旅游组织对全球旅游市场的划分，逐一分析了各个市场区间的特点以及我国在其中可能的市场份额；另一方面又按照各个市场区间对我国的重要程度，将其中最重要的 20 个旅游客源国和地区的自然地理特征、社会环境概况、旅游业发展历程和旅华市场的细分情况逐一做了较为详细的总结与评价，旨在为全面分析、研究和预测我国的海外客源市场走向和掌控入境游客在旅游消费与旅游需求各环节的特点时有所帮助与启发。

全书内容共分八章。第一章：世界及中国旅游业；第二章：中国海外客源市场分析；第三章：东亚太地区主要客源国；第四章：东南亚地区主要客源国；第五章：欧洲主要客源国；第六章：北美洲主要客源国；第七章：港澳台地区及海外华侨华人；第八章：其他地区。实际上，整个内容可以分为两个部分：第一、二章是关于中国客源市场的总论部分，它系统地介绍了我国海外客源市场的宏观环境；第三至八章则是分区域地介绍各地域主要客源国的详细情况。

在内容方面，本书力图全面展示我国在海外旅游客源市场方面的最新研究成果，绝大多数统计数字都已更新至近一两年，以使读者能够捕捉到最新的发展动态和变化趋势。书中引用了许多专家、学者以及相关研究人员的研究成果，虽然我试图一一列举、标注并注明，但仍难免有疏漏之处。在此对各位专家、学者以及同仁一并表示感谢，疏漏之处诚致歉意。

参与本书编写工作的还有莫晓莹、洪燕芳、杨琳、范娇娇四位同学，她们帮我搜集和整理了大量资料，为我顺利、及时地完成编写任务付出了艰苦的劳动。

另外，本书的编写过程中还得到了许多老师给我的帮助与支持。感谢徐虹副主任给我的鼓励，感谢孙淑兰老师给我的悉心指导及其对本书的热情关怀，感谢编辑宋老师对书稿的科学把握，对文字的仔细推敲以及很多很好的建议。

由于时间仓促，再者就是本人的学识与能力所限，书中的有关内容难免有不当之处，恳请各位专家、读者批评指正。

作　者

2004 年 12 月 30 日

目 录

第一章　世界及中国旅游业

【学习导引】

通过本章的学习，应该全面了解世界与中国旅游业的发展状况，对世界旅游组织有一个基本的认识，尤其对世界旅游组织关于全球旅游市场区域的划分以及各个市场区域的基本特征要有明确、清晰的认识，为深入研究国际、国内旅游发展态势，为正确分析与评价我国的海内外旅游市场范围奠定基础。

【教学目标】

1. 了解世界旅游业的发展历程与趋势。
2. 了解和掌握中国旅游业的发展历程及其对经济社会发展的作用。
3. 认识和理解世界旅游组织的性质与作用。
4. 掌握世界旅游组织的全球市场区划。

【学习重点】

世界旅游业的发展历史；中国旅游业的发展历程及其对经济社会发展作出的贡献；世界旅游组织的产生与发展；世界旅游组织对全球旅游业发展的影响；世界旅游组织的全球市场区划。

第一节　世界及中国旅游业的发展

一、世界旅游业的发展历程及发展趋势

（一）历史的回顾

旅游，作为一种社会现象，是古已有之的。按照旅游史学家们的说法，国际性的旅游行为是在距今约 3 500 年的古埃及产生的，当时的埃及法老曾兴致勃勃地访问了今日的索马里地区。根据中国古籍的记载，中国周朝的周穆王，曾在距今约 3 000 年前，由今日的陕西到今日的青海旅行，在昆仑山与西王母相会。这些故事，当然含有传说的成分，但汉朝的司马迁、唐朝的李白、明朝的徐霞客等

大史学家、大文学家、大旅行家，都在游历中留下了千古不朽的文章；东晋的法显、唐朝的玄奘、明朝的郑和，更被公认为是国际大旅行家。

1. 近代旅游业发端于西欧

旅游，作为一种独立的行业，距今只有 200 年左右的历史。一般认为，19 世纪前期到中期，是现代旅游业的前发期。英文中首次出现"旅游者"（tourist）这个词，是在 1811 年英国出版的《牛津词典》上；世界上诞生的第一家旅行社，是 1841 年英国人托马斯·库克创办的可以为旅游者提供食、住、行服务的"Thomas Cook 父子公司"；世界上出现的第一家现代化饭店宾馆，是 1850 年在法国巴黎建成的 Grand Hotel 酒店。19 世纪末到 20 世纪初，是现代旅游业的成长期。上面提到的托马斯·库克旅行社，到 1880 年已在世界上发展了 60 家分公司；美国的运通公司，则从 1891 年起就开始发行旅行支票，建立旅馆订房制度，推进了现代旅游业的全面发展；1899 年，意大利政府统计局的一位名叫鲍迪欧（L. Bodio）的官员，发表了题为《旅意外国人之移动及其消费金额》的论文，可见当时的旅游业在意大利的经济社会发展中的作用，已经引起有关方面的重视。但是，1914～1918 年间发生的第一次世界大战以及 1939～1945 年间发生的第二次世界大战，在给世界经济发展带来重创、给众多国家人民带来苦难的同时，也严重阻断了世界旅游业的发展进程。

现代意义上的旅游业产生于 19 世纪中叶，其主要特征是旅行代理商的出现。旅游业的各个行业，除了旅行社行业之外，住宿业、交通业、餐饮业、商业等都远远早于旅游业，都是历史悠久的行业。尽管直到现在有关旅游业的定义、产业范围仍然有很大的争议，但是人们都认可，旅游业的根本特征就在于它的综合性，没有各个相关服务业的集合就没有旅游业，而组成旅游业的任何单个行业，都不能称作旅游业。

2. 旅游业崛起于 20 世纪中期

就全世界范围而言，旅游业，虽然产生于 19 世纪中叶，但其真正的崛起是在第二次世界大战以后，即 20 世纪 50 年代以后。相对和平的国际环境，世界经济的普遍振兴，人们实际收入的不断提高，都会激起大众旅游的渴望。虽然在过去的半个多世纪里，旅游业也曾经因石油危机、经济萧条以及战事而出现过短暂的起伏甚至跌落，但从总体上讲，它一直保持了持续发展的势头，虽然后期比前期的增长幅度明显减缓，但绝对数字却大幅度增加，世界旅游业进入了成熟的稳定发展时期。

1946 年 10 月，国际官方旅游组织联合会（世界旅游组织的前身）在瑞士的日内瓦应运而生。到 1950 年，旅游观光事业已经成为世界上的一个新兴产业。这一年，全球国际旅游过夜人数达 2 528 万人次，国际旅游外汇收入达 21 亿美元。

1958 年，喷气式客机在世界上正式启用，经济型客舱也正式出现，从欧洲到北美洲的旅行时间由 24 小时缩短为 8 小时，为国际观光旅游的起飞树立了重要的里程碑。1960 年，全球国际旅游过夜人数达 6 932 万人次，是 1950 年的 2.74 倍，平均每年增长 10.6%；国际旅游收入达 68.67 亿美元，是 1950 年的 3.27 倍，平均每年增长 12.6%，远远高于当时世界经济的平均增长率。这种发展趋势，在以后 30 年中继续巩固发展。到 1990 年，全球国际旅游过夜人数达 4.556 6 亿人次，是 1960 年的 6.57 倍，平均每年增长 6.5%；国际旅游外汇收入达 2 610 亿美元，是 1960 年的 38 倍，平均每年增长 12.9%，亦远远高于这 30 年中世界经济的平均增长率；加上比国际旅游外汇收入高出 2～3 倍的国内旅游收入，所以，到 20 个世纪八九十年代，旅游业已经成为世界上最大的产业之一。根据世界旅游理事会 1997 年公布的数字：1996 年，全球旅游业总产值达 3.6 万亿美元，占世界国民生产总值的 10.7%；旅游业的税收达 6 530 亿美元，占世界间接税收入的 10.4%；旅游总消费达 2.1 万亿美元，占世界消费者总支出的 11.3%；旅游业直接和间接从业人员达 2.55 亿人，占世界就业总人数的 1/9；对旅游业的投资达 7 660 亿美元，占世界总投资的 11.9%。

　　旅游业从 20 世纪 50 年代到 90 年代的迅速发展，带来了全球"旅游革命"。从观念上说，旅游已不再是一种奢侈消费，而成为仅次于食品和住房的第三大消费选择项目；从旅游参与者和旅游活动范围看，旅游已不再是少数人的享受，而是大众的活动，旅游已从发达国家扩展到世界各地；从旅游业的地位看，其发展速度迅猛，收入增长很快，已成为许多国家国民经济的重要产业和创汇来源，越来越得到重视；从旅游业的管理看，已经实现了制度化、规范化并逐步实现信息化。这场"旅游革命"方兴未艾，已经并将继续对人类和整个世界产生深远的影响。

3. 20 世纪 90 年代旅游业成为世界上第一大产业

　　早在 1976 年，英国未来学家就曾提出，旅游业将在 20 世纪末成为世界最大的产业之一。这一预见的正确性在当时曾经受到质疑。但是，20 世纪 90 年代初，世界旅游理事会经过专业咨询公司的核算，宣布旅游业已经成为世界上最大的产业，其增加值超过了石油、钢铁、汽车等传统的世界大产业。对此，世界旅游理事会的报告中有非常具体的指标描述，而其中最为突出的三个指标是：旅游业的增加值对全球国内生产总值的贡献率、旅游业创造就业机会的能力，旅游消费成为人类最重要的消费之一。当然，关于旅游业规模及作用的这一判断引起了国际社会的广泛关注。旅游业在全世界范围内蓬蓬勃勃地发展起来了。

　　回顾现代旅游业产生、发展和崛起的历程，我们可以看到，旅游业这个新兴产业，是伴随着工业化、全球化和信息化的进程而不断发展壮大的，所以它既是经济社会发展进步的产物，也是经济社会发展进步的标志。经济社会的发展，科学技术的进步，居民实际收入的增长，个人可自由支配的闲暇时间的增多，人们求新、求知、求乐、求健欲望的增强，是现代旅游业发展的原动力。社会学家认为：人类的需求有三大类，即生存需求、享受需求和发展需求。人只有在生存需求得到基本满足以后才能把享受需求和发展需求提上议事日程；而旅游活动则既是享受需求，也是发展需求。随着世界经济社会的发展进步，已有越来越多的人群摆脱了生存需求的羁绊，旅游行为已经成为现代社会人们生活方式中不可或缺的一环。鉴于此，我们可以断言，只要世界经济社会是在发展进步的，社会秩序总体是安定的，旅游业就会不断兴旺发达，所以，它是永远的"朝阳产业"。

旅游业同时也是一个与时俱进的产业。在现代旅游业起步以来的 200 年中，特别是在最近 50 年大发展的历程中，从旅游经营到旅游管理，从旅游产品到旅游促销，都已经历过一系列的变革和创新。我们应了解过去，展望未来，把握新世纪全球旅游业发展前进的大趋势，积极主动地做好我们的旅游工作，进一步加快我国旅游业追赶世界潮流的步伐。

（二）新世纪世界旅游业的发展趋势[①]

不仅时代在发展，世界在变化，而且世界的变化总比人们的预料要快得多。旅游业作为一个敏感性极强的产业，它的发展往往带有强烈的时代特色，21 世纪的旅游业会朝着什么样的方向发展？出现哪些变化和新趋势？

1. 从总体发展趋势上看，虽遭受许多不利因素的打击，但旅游业发展的市场基础是坚实的，发展速度仍高于全球经济增长总体水平

在从 1950 年到 1990 年的 40 年中，全球国际旅游过夜人数创造了年均增长 7.5% 的高速度，同期国际旅游外汇收入的年均增长率则高达 12.8%。这 40 年的辉煌，造就出了旅游业这个世界上最大的产业之一。进入 20 世纪 90 年代以后，先是海湾战争，然后是几大经济体经济增长乏力，接着又是亚洲金融危机、"9·11"恐怖事件，这些，都使与全球经济社会发展状况有着很大关联度的旅游业受到影响，导致这 12 年中，全球国际旅游过夜人数的年均增长率（3.8%）比前 40 年的年均增长率下降了 3.7 个百分点，旅游外汇收入的年均增长率（4.9%）比前 40 年的年均增长率下降了 7.9 个百分点。尽管如此，这两个增长率仍高于同期全球经济的增长率。2002 年是"9·11"事件发生后的第二年，全球经济依然不振，人们原来普遍认为，这一年的世界旅游业将出现下滑。但世界旅游组织的统计结果表明，这一年全球国际旅游过夜人数仍达 7.15 亿人次，比上年增长 2 000 万人次，增长率达 3.1%。由此可见，深深植根于各国人民心底的旅游需求，是不会被轻易撼动的，旅游业发展的市场基础是坚实的，总体发展前景永远是光明的。

---

① 《国家旅游局孙刚副局长在四川省旅游大会上的讲话》，《中国旅游报》2003 年 8 月 27 日。

2. 从区域发展角度上看，欧美的份额在下降，东亚太地区在增长，中国的旅游业迅猛发展，被国际普遍认为是"未来最有发展前景的旅游目的地"

世界旅游组织把全球划分为六个旅游区，由于现代旅游业是在欧美发源的，加上北美及西欧国家发达的经济、便捷的交通、不断简化的入境手续，使欧美地区在出、入境旅游方面，长期以来都高居世界榜首。1960年，欧洲接待的国际旅游者占世界总额的 72.6%，美洲接待的国际旅游者占全球总额的 24.1%，两者相加，合计占当时全球总额的 96.7%，可以说是绝对垄断了当时的国际旅游市场。这一年，东亚太地区总共只接待了国际旅游者 68 万人次，只占全球份额的 1%。到了 1997 年，情况发生了很大变化，当年欧洲接待量占世界的份额下降到 58.9%，美洲接待量占世界的份额下降到 19.9%，东亚太地区接待量占世界的份额猛增到 18.4%。2002 年，这一趋势进一步发展，东亚太地区的接待量第一次超过美洲而跃居世界第二位。东亚太地区在世界旅游业中地位的大幅度提升，得益于本地区各国都普遍重视旅游业的发展，其中尤以中国旅游业的崛起贡献最大。1960 年，中国的国际旅游接待量几乎为 0，但到 1997 年，中国接待的入境过夜旅游者就达 2 376.7 万人次，居世界第 6 位，独家占世界的份额就高达 3.9%；到 2002 年，中国接待的入境过夜旅游者进一步增加到 3 680 万人次，居世界第 5 位，独家占世界的份额就高达 5.15%。根据世界旅游组织预测：到 2020 年，中国将成为世界第一旅游接待大国和第四位客源输出国。

3. 在发展模式上，更加注重可持续发展

总体来说，旅游业是在发展与环境保护关系上矛盾冲突最小、目标最为接近的产业。当然，如果规划、开发、建设和管理不当，也会造成对生态的破坏，对资源的损害和对环境的污染。正因为如此，自 1992 年联合国环发大会以来，世界旅游组织就一直在倡导旅游可持续发展，并于 1997 召开了"可持续性旅游发展研讨会"，我国也于 1999 年在昆明召开了"中国生态旅游可持续发展国际研讨会"。在这方面，目前世界各国已达成了如下共识：旅游业比任何部门都更依赖自然、人文环境的质量，精心保护好生态环境是发展旅游业的生命线；实现旅游可持续发展，政府必须发挥主导作用，旅游与环保部门必须密切配合，制定切实可行的法规制度和行动计划；实现旅游业可持续发展，必须强调规划先行，管理跟进，同时要依靠投资者与社区在开发建设与管理中的积极合作，依靠旅游者素质的提高与自觉配合；实现旅游业可持续发展，必须以实现经济效益、社会效益和环境效益的统一为目标，进行制度创新和管理创新，大力发展绿色产品和绿色经营，使旅游可持续发展成为各有关方面的共同行动，并长期坚持下去。

4. 不断满足游客日益提高的旅游需求，开发和经营多元化、特色化和软硬件配套的旅游产品，已成为当今旅游开发的主题

不同人群的旅游动机是不同的，如果旅游产品单一，就不能广泛赢得各个层面的旅游者的认知，就难以做大做强旅游产业，为此旅游产品的多元化就显得尤为重要。随着世界旅游经济的覆盖面的不断扩大和旅游市场竞争的日趋激烈，如果一个国家或一个地区的旅游产品缺乏特色，就很容易被别的旅游目的地所替代，因此旅游产品的特色化也是十分必要的。因为现在的旅游者比以往更加成熟，要求物有所值的服务更加强烈，所以，如果你的产品的硬件、软件配套水平不高，旅游者就不会满意，你就会丧失市场。

5. 旅游者更加关注安全和健康的旅游目的地

珍惜生命是人的本能。旅游目的地吸引力再大，如果旅游者的安全和健康没有保障，除了能够吸引极少数冒险者外，一般旅游者是不敢光顾的。这就是"9·11"事件后欧美旅游业下滑、"巴厘岛爆炸事件"后印度尼西亚旅游业下滑、"非典"疫情发生后我国旅游业下滑的主要原因。正因为如此，现在世界各国都更加重视本国的旅游安全和旅游健康保障的建设。"非典"过后，我国旅游业恢复振兴的一项重点工作，就是尽快重塑"中国是世界上最安全和健康的旅游目的地"的形象。

6. 以有效吸引游客为现实目标，在旅游宣传和促销上，投入越来越大，手段越来越新

当今的世界旅游业已经形成"买方市场"，市场竞争日趋激烈，这就迫使各国不得不投入比以往更多的资金，运用比以往更多的手段来推销本国旅游产品，特别是在本国发生了重大灾害性事件后，促销更需特别加强。据了解，法国每年的旅游促销经费有 5 300 万美元，西班牙有 4 160 万美元，泰国有 6 600 万美元。促销手段也在不断翻新，如参加客源地举办的各种旅游展，到客源地举办促销活动，在客源地的各种媒体和公共活动场所上做广告，邀请客源地的旅行商或新闻记者来本国考察，在做好客源地旅行商工作的同时加强对客源地公众的直接促销等，仍然是最基本、最有效的促销方式。促销的目的，则都是为了有效地吸引客源地的居民来本地旅游。

7. 在旅游服务上，更加注重规范化、个性化和情感化

旅游接待有行、游、住、吃、购、娱六大要素。无论在哪个环节上，推进规范化、个性化和情感化服务都是必要的。"规范化服务"的实施能把各个服务环节上的动作协调起来，使复杂的服务系统化、程序化、制度化、日常化，从而有效地保证基本服务质量。"个性化服务"，包括癖好服务、灵活服务、心理服务、自选服务、意外服务和委托服务等方面。能让各种服务对象所提出的要求乃至心有所想而未敢开口的意愿在不出格的前提下尽量得到满足，游客就会从心底里感到满意，就会成为这个接待单位的宣传员和回头客。"情感化服务"，包括语言沟通和情感沟通，核心是要把对客人的尊重、关切、体贴全部溶化在谦恭随和、善解人意、机灵麻利、办事稳妥、随机应变的服务之中。有规范化服务作基础，再在个性化、情感化服务上下工夫，旅游服务就能广泛赢得游客，优质服务才能真正实现。

8. 加强区域合作已成为应对国际竞争的重要法宝

研究世界各国的客源结构，我们可以发现，绝大多数国家所接待的入境旅游者，都是以周边国家和所在区域内的居民为主。究其原因，主要是赴周边国家旅游，费用较低，交通方便，时间也能允许。1986 年，中国、韩国、新加坡、泰国、英国、法国、瑞士、西班牙、意大利、美国和加拿大等国在其各自接待的入境旅游者中，本洲游客所占的比重均在 60% 以上，其中意大利为最高，达到 91.5%。这种格局到 17 年后仍然没有发生大的变化，而且更趋明显。以我国为例，2002年，我国共接待入境外国旅游者 1344 万人次，其中 64.3% 来自亚洲其他国家，洲内游客的比重比 17 年前又提高了 13.4 个百分点。同样，在 2001 年中国公民出境旅游总人数中，前往亚洲其他国家和地区的人数比例高达 83.2%。中国如此，其他国家也大体相同。为了应对日趋激烈的国际竞争，寻求区域内旅游业的持续健康发展，近年来，世界各地区都进一步加快了区域内旅游合作的步伐，我国也在积极做好有关工作。2002 年 11 月的"博鳌亚洲旅游论坛"，为推进亚洲各国的旅游合作作出了积极贡献；2003 年，由国家旅游局倡议召开的东盟与中日韩"10＋3"旅游部长特别会议在北京成功举办，发表了《北京宣言》，对于推进"非典"过后"10＋3"各国旅游业的共同发展振兴产生了重要影响。

（三）世界旅游发展将出现新的变化

进入新世纪，全球政治经济都发生了巨大变化，2001 年的"9·11"恐怖袭击事件，2003 年的伊拉克战争和"非典"肆虐，都向人们警示世界政治经济对旅游发展所造成的深刻影响。展望未来，中国社科院旅游研究中心张广瑞教授认为，未来世界旅游的发展将会呈现以下几个突出特点。

1. 进一步增强"合作—竞争"的新态势

可以预见，未来国际范围内的旅游竞争将会进一步激烈，尤其是针对长距离旅游市场的多种竞争将会更加明显和激烈。这种竞争不仅仅表现在价格上，而且更多的是表现在最大限度地满足特定细分市场需求产品和旅游相关服务质量方面。同时，为了共同的利益，区域的合作和行业的合作也会进一步加强，形成一种既竞争又合作的新态势。这一点在亚太地区表现更突出，这一区域的国家和地区更加体会出"同舟共济"的意义所在。因此，无论是亚洲地区国家还是欧洲国家（尤其像东盟、东亚、欧盟、北欧等传统的区域合作组织），无论是航空公司还是饭店集团，都会仗恃其资源或市场的优势，寻求合作共赢的途径。法国航空公司和荷兰皇家航空公司的合并就是一个重要的信号。

2. 市场促销与信息传递更受青睐

严峻的市场形势迫使旅游目的地和当地的旅游企业更加关注市场促销，而促销的手段将更加灵活多变，一方面，政府旅游机构，将千方百计地进行国家和目的地的形象促销，尤其是把节事和会议活动当作一种特殊的促销手段，把独特的文化当作宣传促销的一个重要内容；另一方面，提供及时、有效、充分的信息更是促销的重要环节。随着电脑与网络技术的不断普及、完善和提高，利用网络工具传递旅游信息和进行交易的活动将更受重视。北欧诸国的联合促销、欧洲旅游城市联盟的共同行动，都在这方面迈出了重要的一步。

3. 形象与品牌建设将成为世界各国旅游目的地工作的重点

一连串危机的出现，使各个旅游目的地更加重视其本身形象和品牌的建设。虽然这是一个长期的过程，但是，它的积极回报也是长期的、稳定的。尤其是重要的旅游城市，必将把其旅游形象的塑造与改善放到更加重要的位置。而在争夺公务旅游和其他特殊市场的竞争中，企业将更加关注特殊旅游产品的设计与开发，以特殊的产品和服务赢得市场。为了创造良好的形象和品牌，政府部门和私营部门的积极配合显得尤为重要。

4. 中国将成为世界旅游发展的热点而受到更大的关注

由于中国政治局势稳定、经济运行良好和对外开放不断扩大，因此，中国旅游的发展将成为国际社会关注的焦点。

一方面，越来越多的外国旅游企业与相关企业进入中国，直接介入中国的旅游经营，随着中国对加入 WTO 承诺不断兑现，无论是旅行社、航空公司、饭店、汽车租赁还是旅游金融、保险以及咨询等行业都可能招来更多的海外竞争对手，将原来的境外竞争转为境内竞争；另一方面，随着中国公民出境旅游需求的不断增加，世界各国对中国旅游市场的兴趣将不断提高。开放时间较长的亚太地区各国和刚刚开放的欧洲和非洲国家，都会加大对中国的宣传促销攻势。尤其是欧盟作为一个整体成为中国出境旅游目的地的协议被批准以后，必将对欧洲其他国家乃至美洲国家产生强烈的影响，全面向中国出境旅游市场开放的进程将会加快，中国公民出境旅游目的地格局将出现巨大变化。目前世界上许多国家都在紧锣密鼓地做接待中国公民旅游的准备，一些有实力的企业已经开始抢滩中国市场。

旅游作为一个产业，无力扭转乾坤，改变世界政治经济局势。但是，旅游作为人类的一项日益增长的需求，也决不会因为局部的战争或者恐怖活动而长期被遏制。自然灾害是不可避免的，今后还会发生，人类自然能够找到对付它们的办法。虽然即将来临的新的一年中，全球国际旅游发展的形势依然很严峻。但是，国际旅游的发展还会出现新的亮点，会在新的形势下产生新的突破，这一方面取决于国际旅游环境的发展，另一方面取决于世界各国以及旅游业界的共同努力。

（四）世界旅游发展的趋势[①]

世界旅游组织秘书长瑞法于 2012 年 3 月 10 日在柏林世界旅游交易会上的讲话中，对 21 世纪头十年和未来十年发展态势作了精辟的阐述。瑞法指出："21 世纪的头十年，是旅游业非凡增长的十年，同样也是遭受严重打击的十年：这个十年始于'9·11'——它为旅游部门范式的变化留下许多痕迹——而以 2008～2009 年度的全球性经济危机告终"。瑞法还指出，"21 世纪的头十年，旅游和很多其他部门一样，是可以实现经济可持续发展的三大支柱，旅游可以成为促进发展最有效的促进剂之一"。但是，世界旅游组织预计 2012 年全球国际旅游的增长速度仅为 3%～4%，略低于前两年，期望到 2012 年底国际旅游到客人次数闯过 10 亿大关。其中欧美地区增长为 2%～4%，亚太地区与非洲为 4%～6%，新兴经济体将再度引领全球旅游的增长。当然，其中最重要的影响因素在于全球政治形势的变化和经济复苏的程度。

就世界旅游市场需求趋势来看，有几个很有意思的现象值得注意。一是，旅游业界越来越趋向可持续的商业模式，但是现实中的旅游消费者对"可持续假日产品"的需求并不特别强烈，因此对这些产品的市场反应是，有可持续假日产品"很好"，但它对世界上大多数消费者来说并非"必不可少"，而绝大多数人不愿意为其多付钱。二是，在当前的经济形势下，富人持续不断旅游，穷人尽量减缩旅行；富人中旅行的更多，穷人中旅行的减少；富裕的欧洲人花费多，低收入者对价格敏感。相对而言，亚洲有钱的旅游者多于欧洲与美洲。三是，世界开始进入"在线化"，全球的消费者现在已可以在网上或者通过社交媒体和智能手机寻找信息，购买产品和服务，与他人进行交流。旅游业也绝不例外。在网上搜寻、预订和评论票务、假日游及其他产品和服务的越来越多，不少人开始利用自己的智能手机来管理自己整个旅程。这些新的趋势会急速蔓延。

值得注意的是，2012 年全球经济与政治形势均存在许多不可预见的变化，尤其是石油价格走高的趋势会对世界旅游增长产生极大的不利影响，而非洲、中东局势以及东北亚局势的变动，也会直接牵制欧美等发达国家的经济复苏。或许英国奥运会的举办能带动英国及周边国家的旅游增长，但是，刻板的常规管理、严格的安全措施和价格上涨的因素也会使一些旅游者选择其他的目的地。

---

① 张广瑞、刘德谦、宋瑞主编：《2012 年中国旅游发展分析与预测》，社会科学文献出版社 2012 年版，第 22～23 页。

二、中国旅游业的发展历程及其对经济社会发展作出的贡献

中国旅游业的发展历史，要远远晚于欧美；中国旅游业真正走上产业化发展的道路，则还要晚于东盟、日本、韩国等亚洲国家。中国出现第一家旅行社的雏形，是在 1923 年 8 月，比欧洲晚了 80 多年。当时主持上海商业储蓄银行的陈光甫先生，在该行设立了一个"旅行部"；1924 年春天，这个"旅行部"组织第一批国内旅游团赴杭州游览，并由上海铁路局特开专列运送，这就是中国最早的一次有组织的现代旅游活动。1927 年 6 月，这个"旅行部"曾单独挂牌注册，申领营业执照，冠名"中国旅行社"，但实质上仍是这个银行的一部分。抗日战争期间，中国旅行社迁到重庆。由于旧中国战乱不断，民生凋敝，旅游业不可能有生根发育的土壤，所以，在新中国成立之前，旅游经济现象虽然已在中国出现，但规模是微不足道的。

（一）新中国旅游业的发展历程

新中国成立以来这 60 多年中，旅游业的发展历程大体可以划分为三个大的阶段。

1. 从新中国成立到 1978 年的外事接待阶段

为了适应新中国成立后很多外国人想来看看中国、很多侨胞想回国探亲访友的新形势，1949 年 10 月 17 日，以接待海外华侨为主旨的厦门华侨服务社成立，这是新中国创办的第一家旅行社；此后该社又在泉州、深圳、汕头、拱北、广州等地成立了华侨服务社，开始形成了中国旅行社的框架体系。1957 年 4 月 24 日，中国华侨旅行服务总社正式成立，统一领导和协调全国华侨及港澳同胞的探亲旅游接待服务。与此同时，为了做好外国友人的访华接待工作，周恩来总理于 1953 年 6 月 20 日批准了《关于筹组国际旅行社的报告》；1954 年 4 月 15 日，分别在北京、上海、西安、桂林等 14 个城市成立了中国国际旅行社。为了加强对全国旅游工作的统一领导，1964 年，中共中央决定成立中国旅行游览事业管理局，与中国国际旅行社总社合署办公。不久，"文化大革命"开始，旅游接待被批判"是为资产阶级服务的"，局社合一的中国旅行游览事业管理局只剩下 12 人的业务班子，接待业务基本停顿。1968 年，全国仅接待外宾 303 人；20 世纪 70 年代初期，毛泽东主席要求做好国际交流工作，国际旅游接待有所恢复。1976 年，全国接待外国游客大约 5 万人次。粉碎"四人帮"后，港澳同胞和外国人入境数量明显增加，到党的十一届三中全会召开的 1978 年，入境总人数达 180.92 万人次，其中外国人 22.96 万人次，过夜旅游者 71.6 万人次，旅游外汇收入 2.63 亿美元，名列世界第 41 位。这就是中国旅游业走上产业化发展道路前的基础数字。

2. 从1979年到1990年，是中国旅游业走上产业化发展道路的奠基阶段。

1978年底召开的党的十一届三中全会，实现了党的指导思想上的拨乱反正，开创了中国改革开放的新局面。改革开放的总设计师邓小平，早在十一届三中全会召开前的1978年10月9日会见美国泛美航空公司董事长时，就对陪同会见的国家旅游局和民航总局的负责人说："民航、旅游这两个行业很值得搞。""一个旅行者花费一千美元，一年接待一千万旅行者，就可以赚一百亿美元，就算接待一半，也可以赚五十亿美元。要力争本世纪末达到这个创汇目标。"1979年1月到7月，邓小平又连续发表了《旅游业要变成综合性的行业》、《旅游事业大有文章可做》、《发展旅游事业，增加国家收入》、《把黄山的牌子打出去》等四篇讲话，高瞻远瞩地指出："旅游事业大有文章可做，要突出地搞，加快地搞。旅游赚钱多，来得快，没有还不起外债的问题，为什么不能大搞呢？""我们国家地方大，名胜古迹多。如果一年接待五百万人，每人花费一千美元，就是五十亿美元。要搞好旅游景区的建设，要有电、有路、有旅馆，还要搞好城市建设，搞好服务行业，千方百计赚取外汇。""旅游这个行业，要变成综合性的行业。"自此，在邓小平的积极倡导下，发展旅游业得到了党中央、国务院的高度重视。1978年11月23日，国务院批转全国旅游工作座谈会纪要；1979年8月6日，国务院决定将全国各地的高级饭店划归地方旅游局和国际旅行社分、支社管理，实行企业化经营；1979年11月29日，国务院批转了国家旅游局《关于大力发展旅游事业若干问题的报告》，批语中强调"各级领导要解放思想，开动机器，采取切实有效的措施，办好旅游"；1979年12月，国务院成立了利用侨资、外资建设旅游饭店领导小组；1980年，国家开始在一批大学里开办旅游学系或旅游学专业，又决定将北京第二外国语学院划归国家旅游总局领导；1981年7月，国务院在北京首次召开全国旅游工作会议，提出了"六五"计划期间我国旅游业发展的规划指标和主要工作；1982年8月23日，五届人大常委会第24次会议确定中国旅行游览事业管理总局更名为中华人民共和国国家旅游局，为国务院直属机构；1984年7月，中共中央、国务院批转了国家旅游局《关于开创旅游工作新局面几个问题的报告》，提出"加快旅游基础设施的建设，要采取国家、地方、部门、集体和个人一起上，自力更生和利用外资一起上的方针"；1985年12月20日，国务院常务会议决定，把旅游业发展列入国家的"七五"计划，并增加投资，"'七五'计划期间，所需投资约130亿元。除了地方和中央有关部门分别投资安排的以外，直接由国家旅游局安排的为25亿元，平均每年5亿元"；1986年4月12日，六届人大四次会议审议批准了国家的"七五"计划，旅游被列在第37章，这是旅游业第一次在国家计划中出现，是我国旅游业发展史上的一个里程碑。党中央、国务院按照邓小平指示陆续采取的这一系列重大举措，为中国旅游业走上产业化大发展的道路奠定了基础。到"七五"计划末期的 1990 年底，我国旅游涉外饭店发展到 1 987 座，拥有客房 29.38 万间（其中利用外资建设的饭店 370 座，拥有客房 14.25 万间），形成了全国旅游住宿接待网络；各类旅行社发展到 1 603 家，形成了全国旅游招徕和接待网络；旅游中专及开设旅游学专业的高等院校发展到 215 所，形成了全国旅游人才教育和培训网络。这一年，来华旅游入境人数达到 2 746.2 万人次，是 1978 年的 5.9 倍，其中外国旅游者人数达到 174.73 万人次，是 1978 年的 7.6 倍；全国旅游外汇收入达到 22.18 亿美元，是 1978 年的 8.4 倍；国内旅游业也有了一定规模：当年国内旅游人数达 2.8 亿人次，国内旅游收入达 170 亿元人民币，在促进经济社会发展、帮助"老少边穷"地区脱贫致富中的作用初步显现。

3. 从"八五"计划起始的 1991 年至今，这是中国旅游产业大发展并成长为国民经济新的增长点的阶段

进入"八五"计划期间以后，随着我国旅游基础设施的逐步配套完善，特别是得益于 1992 年春天邓小平南巡讲话发表后全国掀起的新一轮解放思想、推进发展和改革开放的热潮，我国旅游业发展开始走上快车道。党的第三代领导集体更加重视发展旅游业。1992 年 6 月，党中央、国务院作出《关于加快发展第三产业的决定》，进一步明确旅游业是第三产业的重点；1992 年 8 月，国务院作出试办国家旅游度假区的决定，并为此出台了八个方面的优惠政策；1993 年 11 月，国务院办公厅转发了国家旅游局《关于积极发展国内旅游业的意见》，明确了国内旅游要纳入国民经济和社会发展计划等一系列支持发展国内旅游业的方针；1997 年元旦，江泽民主席在新年贺词中宣布"97 中国旅游年"开始，热忱欢迎世界各国朋友来中国旅游，在海内外引起强烈反响；1998 年底召开的中央经济工作会议，确定将旅游业列为国民经济新的增长点，进一步统一和提高了全党和各地方、各部门领导对发展旅游业重要意义和作用的认识，使我国旅游业发展进入了一个全新的历史阶段；2001 年 1 月，国务院召开全国旅游发展工作会议，4 月下发《国务院关于进一步加快旅游业发展的通知》，明确了新世纪前期我国旅游业发展的指导思想、奋斗目标和主要工作举措。这些大决策、大政策、大举措，有力地推动和保障了我国旅游业的持续快速健康发展。在从 1991 年到 2002 年的 12 年中，我国旅游业虽然也经历过亚洲金融危机和美国"9·11"恐怖事件的冲击，但其发展速度一直高居全世界之首，圆满实现了我国从"旅游资源大国"到"亚洲旅游强国"的历史性跨越。2002 年，来华旅游入境人数达 9 790.8 万人次，是 1990 年的 3.57 倍，年均增长 11.2%；入境过夜旅游者人数为 3 680 万人次，是 1990 年的 8.65 倍，年均增长 19.7%（已跃居世界第 5 位）；外国旅游者人数为 1 343.95 万人次，是 1990 年的 7.69 倍，年均增长 18.5%；国际旅游外汇收入为 203.85 亿美元，是 1990 年的 9.19 倍，年均增长 20.3%（亦跃居世界第 5 位）；全国国内旅游人数 8.78 亿人次，是 1990 年的 3.19 倍，年均增长 9.99%；国内旅游收入 3 878 亿元，是 1990 年的 22.8 倍，年均增长 29.8%；全国旅游业总收入 5 566 亿元，相当于当年全国 GDP 的 5.44%。旅游业已真正成为国民经济新的增长点和许多地方的支柱产业。

（二）旅游业在中国新时期经济发展中的重要作用[①]

改革开放以来，我国旅游业日益繁荣，特别是"八五"计划以来的大发展，给我国经济社会发展和现代化建设作出了多方面的积极贡献，主要有以下八个方面的表现：

1. 在经济发展中，旅游业是一个能够创汇增收、拉动内需、带动相关产业发展的"综合性产业"

发展入境旅游可以创汇，这是境外的社会财富向境内的转移。与出口创汇相比，旅游创汇还具有以下优点：一是属于"就地出口"，提供的是服务产品，不需要付出多少物质产品；二是"即时买卖，现汇收入"，资金周转使用快；三是换汇成本较低，一般为出口换汇成本的 70%左右；四是"原料"消耗少，"生产能力"可持续使用；五是基本不受"贸易壁垒"的干扰。国际社会普遍认为，旅游业是优秀的出口产业。1996 年至 2002 年间，我国外汇储备大大增加，除了贸易顺差持续增长的因素外，这 7 年间全国旅游创汇总额超过 1 000 亿美元，也发挥了重要作用。发展国内旅游则可以拉动内需，带动相关产业发展，促进有关行业和有关居民的收入增长。1996～2002 年这 7 年间，我国国内旅游收入接近 2 万亿元；2002 年的"五一"、"十一"黄金周，7 天的旅游收入都超过 300 亿元，并有力地带动了民航、铁路、交通、城市出租汽车和餐饮、商业等相关产业的发展。早在 1979 年 1 月，邓小平就高瞻远瞩地指出："旅游这个行业，要变成综合性的行业。"这个宏伟构想，现在可以说已经实现了。

2. 在社会发展中，旅游业是一个能够增加就业、消除贫困、提高人民生活质量、促进城乡经济和区域经济协调发展的"利民产业"和"富民产业"

随着旅游业的发展，旅游经济的覆盖面不断扩大，在城乡创造了大量的就业机会。不同的产业对就业的贡献率是不同的；在增长速度一定的前提下，不同产业结构对就业的贡献率也是不同的。发展旅游，不但能创造出大量的直接就业岗位，还能为相关行业和旅游区（点）周围地区的居民提供大量的间接就业岗位。根据世界旅游组织提供的数据，旅游业每增加一个直接就业人员，社会就能增加 5 个就业机会。发展旅游业，还能在解决"三农"问题、再就业问题及"老少边穷"地区脱贫致富中作出特殊贡献。1996 年 10 月，国家旅游局和国务院扶贫办在湖南张家界联合召开全国旅游扶贫开发工作座谈会，当时统计，全国通过发展

---

① 《国家旅游局孙钢副局长在四川省旅游大会上的讲话》，《中国旅游报》2003 年 8 月 27 日。

旅游业而脱贫致富的农村人口就高于 300 万人。这 7 年中，全国旅游经济快速扩张，2002 年全国旅游业总收入是 1996 年的 2.24 倍，全国通过发展旅游业而脱贫致富奔小康的农村人口至少已达到 700 万人以上。"开发一个洞，富了一个村"、"开发一处景区，富了一个乡"的典型，在全国各地都有。今天，旅游业已成为全国吸纳就业量最大的行业之一。到 2002 年末，全国旅游业直接从业人员达612.63 万人，间接从业人员约为 3 060 万人。面向未来 10 年，国家旅游局提出了"新增就业岗位 4 000 万个，年均增加旅游直接就业约 70 万人、带动间接就业约350 万人"的规划目标。

3. 在文化发展中，旅游业是一个有利于弘扬民族文化、传播先进文化、促进文化资源走向市场的"窗口产业"

我国具有五千年文明史，历史文化遗存丰富；我国是由 56 个兄弟民族组成的大家庭，各民族以及居住在不同地方的同一民族都具有不同的民俗风情文化；我国是充满生机活力的社会主义国家，建设具有中国特色的社会主义现代化强国的伟大实践，也在不断创造新的文化和新的文明。如何在国民中更好地传播先进文化？如何在世界上更好地传播中华文化？如何加快发展中国文化产业，让其更好地赢得市场？这些，正是目前全国都在深入研究探索的问题。在社会主义市场经济条件下，文化产品的生产和传播，绝大部分都要进入市场，遵循市场规律，通过商品交换，转化为群众的消费。也就是说，只有把文化产品变成商品，变为广大群众的消费，才能最大限度地实现文化的宣传教育功能，强化它的意识形态属性。旅游与文化的关系十分紧密。可以说，文化是旅游产品的灵魂，旅游活动则是文化传播的重要载体。旅游业的发展，完全可以在弘扬民族文化、传播先进文化、促进文化资源走向市场方面发挥突出作用。每年八九亿人次的国内旅游者，足迹踏遍全国 80%以上的县，实现了信息大交流、文化大交流，使人们更加丰富了对国情的认识，更加热爱祖国；每年近 1 亿人次的海外旅游者，通过旅游活动，也更加深了对中国历史文化及中国的今天和明天的了解和认识，大部分人更加热恋故土。同时，如果没有旅游活动，文物资源也好，民族风情资源也好，其他文化资源也好，就难以有效地大规模地进入市场，实现经济价值；而这些资源一旦与旅游活动结合起来，成为旅游吸引物，就能变为海内外旅游者的消费，既产生出了极大的经济价值，又实现了宣传教育功能。北京的故宫，现在每年门票收入有几亿元；西部地区的一些民族村寨，以民族风情文化为吸引物发展旅游，很快脱贫致富；深圳华侨城的"锦绣中华"、"民俗文化村"、"世界之窗"和"欢乐谷"等四个大型文化主题公园，每年接待 600 多万游客，收入也有几亿元。特别是华侨城不断推陈出新的反映我国各民族风情文化的歌舞表演节目，已经把一些民族文化精品加工、升华到了极致，赢得了海内外游客的高度赞誉，也卓有成效地实现了传播中华文化，宣传民族团结，弘扬民族精神的功能。

4. 在经济结构调整中，旅游业是一个有利于第一、第二、第三产业互相渗透合作、谋求共同发展的"催化产业"

中国作为一个发展中国家，旅游业的发展是从接待入境旅游者起步的，最早的旅游形式是观光旅游，最早利用的是文物古迹、风景名胜、奇山异水等传统旅游资源。随着我国入境旅游规模的急剧扩大，特别是国内旅游的崛起，"旅游资源"概念已大大拓宽了。没有进过城的农村居民，视高楼大厦、商场、公园为旅游资源；没有下过乡的城市居民，则视农业生产、农村风貌、农民生活为旅游资源；在平原地区生活的人，视山脉丘陵、沙漠草原为旅游资源；在山区、草原上生活的人，则视小桥流水、田园风光为旅游资源；如此等等。加上休闲、度假、修学、探险、科考等一系列新的旅游形式的出现，使旅游经济覆盖面急剧扩大到许多没有传统旅游资源的地区，这就为第一、第二、第三产业互相渗透合作、谋求共同发展开辟了广阔道路。为了适应这个形势，近年来，国家旅游局积极倡导发展农业旅游、林业旅游、生态旅游、工业旅游、科教旅游、都市旅游，使旅游活动进一步渗透到了第一、第二产业的许多门类，使许多工农业单位培育了新的经济增长点，在经济结构调整中发挥了特殊功能，起到了催化剂的作用。

5. 在国土资源利用中，旅游业是一个有助于实现"充分、合理、有效"目标的"推进产业"和"环保产业"

我国幅员辽阔，人口众多，但在世界上拥有明显比较优势的资源并不多，同时又存在着一些资源未能被充分、合理和有效利用的突出问题。我国的大部分国土是山区、高原、沙漠、草原，其中许多地方在发展农业、工业、矿业方面根本不具备条件，而可持续发展原则又要求对这些地区实施生态环境保护和建设。那么，如何在这些地区加快经济发展呢？发展旅游业则是明智的战略选择之一。现代旅游市场需求的日益多样化和多层次性，使得荒山野岭、大漠草原变得和繁华闹市一样具有吸引力，而旅游业又是在发展与生态环境保护关系上矛盾冲突最小、目标最为接近的产业，所以，在国土资源利用中，旅游业是一个有助于实现"更加充分、更加合理、更加有效"目标的"推进产业"和"环保产业"。

6. 在对外开放中，旅游业是一个有助于改善投资环境、"让世界了解中国，让中国走向世界"的"先导产业"

旅游业是吸引境外人士来华的主渠道，也是吸引外商从事经贸活动的重要媒介。每年近亿人次的入境旅游者中，有 1/4 左右是商人，还有相当一部分是潜在的商务旅游者，兼有来华考察投资环境、寻找经贸合作的目的。改革开放以来各地陆续建成的旅游饭店、旅游景区以及高尔夫球场等设施，从一开始就成为本地投资环境的重要组成部分，也是客商住宿、休闲和从事业务洽谈的场所。入境旅游的快速发展和旅游基础设施的不断配套完善，在我国对外开放中发挥了先导作用；而我国对外开放的不断扩大和深化，也给我国旅游业发展不断注入新的动力，开辟出新的客源市场。1997 年以来正式起步并持续快速发展的中国公民出国（境）旅游，则使更多的中国人了解了外面的世界，其中也有很多商务客人同时考察了相关国家的投资环境。这些，必将在实施中央提出的"走出去"的战略中发挥先导作用。

7．在国际交往中，旅游业是一个有助于增进世界人民与中国人民的了解和友谊、有助于提高中国国际地位、促进世界稳定和发展的"和平产业"

国际旅游业向来被称为"民间外交"和"和平工业"；它是外交工作的一部分，虽然不是主体的部分，但也是有重要配合作用的部分。来华旅游过的外国人，除了极少数别有用心者外，绝大多数都认同了中国经济社会发展的巨大成就，加深了对中国的了解和友谊，有的还成了热爱中国、积极宣传中国的朋友。特别是中国公民出国（境）旅游开展以来，规模迅速扩张。2002 年，我国出国（境）旅游人数达到 1 660 万人次，成为世界上发展最快的旅游客源国，更提高了中国的国际地位。开放本国为中国公民出国旅游目的地国家的问题，已经成了近几年许多外国元首或政府首脑访华时与我领导人会谈时的重要议题。因为世界上的绝大多数国家，包括发展中国家和发达国家，出于增加外汇收入、增加就业机会、保障经济社会发展的考虑，都重视发展入境旅游，都想在日益扩大的中国公民出国（境）旅游市场上分一杯羹；特别是对华贸易逆差较大的发展中国家，更想通过吸引中国人去旅游，用旅游贸易顺差去弥补货物贸易逆差。所以，开展中国公民出国（境）旅游，现在已经不是简单的旅游业务，而是已经与巩固和发展与有关国家之间的政治、经济、贸易关系紧密联系起来了。目前已经正式开展中国公民出国旅游业务的国家已有 22 个，双方已经签署协议、准备启动中国公民出国旅游业务的国家有 4 个，正在与我国有关方面洽谈的国家还有 20 多个。有理由相信，在 "平等互利，扩大双边旅游互访、合作共赢"的原则指导下，旅游业在促进我国与世界各国交往中会起到越来越大的作用。

8．在提高国民素质方面，旅游业是一个有助于开阔视野、增长知识、健体强身的"学习型产业"和"健康型产业"

旅游活动的日益大众化，给人们的生活方式带来了诸多影响，其主流被全世界公认为是积极的、健康的，因为旅游活动有助于人们开阔视野，放飞心情，陶冶情操，健体强身，增长知识，了解社会。人类的知识来源不外乎两个：一是从书本或各种媒体上学来的，一是从实践活动中学来的。旅游实践活动，既可以丰富人们的地理知识、文史知识、民俗风情知识，也有助于人们了解各地经济社会及各种产业的发展情况，真切地体察社情民意。党的十六大提出的全面建设小康社会的目标之一就是"形成全民学习、终身学习的学习型社会，促进人的全面发展"。旅游活动作为全民可以参与且终生可以参与的活动，在建设"全民学习、终身学习的学习型社会"中具有普遍意义和长远意义。因此，有专家指出旅游业是"学习型产业"和"健康型产业"。

（三）中国旅游未来发展趋势

关于中国旅游未来的发展趋势问题，国家旅游局在 2012 年初作出了"仍将保持平稳较快增长的发展格局"的判断，认为"机遇与挑战并存，机遇大于挑战"。从三大市场的情况来看，国内旅游和出境旅游将继续保持双位数的增长，入境旅游增长依然低迷，这个趋势将会持续一个较长的时间段。这里既有国际政治、经济发展形势的因素，也有国内宏观经济发展与相关政策的影响。从总体上看，中国旅游发展的基本趋势如下。①

1. 保障和改善民生政策的落实必将促进国民旅游的发展

保障和改善民生成为政府的重要任务，政府把实施保障和改善民生的具体措施写入了国家社会经济发展的"十二五"规划纲要。毫无疑问，这些战略和举措的落实，旨在让更多的人有出游的支付能力，增加旅游的兴趣。中国人口多、基数大，再加上长期的积累，旅游需求的释放必将推动国内旅游和出国（境）旅游市场扩大，加快进入中国大众旅游时代。鉴于国际社会对中国公民出国（境）旅游限制减少、激励措施增加和人民币坚挺的现实，出国（境）旅游的增长速度必将会高于国内旅游，高端市场继续引领新产品的开发，远程目的地和特色旅游将更加具有吸引力。

2. 国家重大战略部署与"十二五"规划纲要的实施刚刚开始，显现其真正的效果需要时日

最近三年是中国社会经济发展战略的重要调整期，无论是从区域经济发展布局还是产业发展战略来说都作了比较大的调整，而这些重要的调整都涉及旅游业的发展，一方面是因为旅游业发展本身对外部发展环境的依赖性强，另一方面是关于旅游业发展的新定位只是指出了方向，实现这一战略目标的政策和条件需要不断完善。国民经济增长速度相对放缓对投资的影响以及居民收入增长和价格上升的趋势不确定，都会对旅游的发展造成影响。应当看到，国务院作出的产业新定位是个长期发展的目标，而这些目标的实现需要付出巨大的努力。

3. 旅游与相关产业的融合发展将是未来发展的动力

由于历史的原因，长期以来，旅游业的发展多局限于单一产业的发展，旅游业原本是个综合性的产业部门，但往往受行政部门分工与权限的制约，甚至出现

---

① 张广瑞、刘德谦、宋瑞主编：《2012 年中国旅游发展分析与预测》，社会科学文献出版社 2012 年版，第 24～25 页。

政出多门、相互掣肘的现象，难以形成一种合力，各部门总是从一个微观层面考虑问题，从部门的利益出发，而不是从国家战略层面谋求发展，一些地方仍然以接待人数的增长来评价旅游业的发展。多年以来国家产业发展战略的调整和对旅游业的新定位为产业融合发展奠定了基础。最近几年，国务院和有关部门制定的关于加快旅游业发展、红色旅游发展、文化产业发展、服务贸易发展以及海南国际旅游岛等区域旅游发展的战略，都为旅游与相关产业的融合指明了方向并创造了条件。

4. 旅游房地产再度升温

与其他房地产发展受到严格监控和承受巨大的压力相比，旅游房地产的发展再度升温。旅游房地产似乎成了一个箩筐，任何与旅游相关的项目均可以放到旅游房地产中。无论是新景区的开发、主题公园的建设，还是休闲、体育、文化等项目的设计，都会把与之相关的房地产加进去。这几年非常流行的城市综合体、旅游综合体、文化产业综合体等大型、超大型项目的开发，虽然其中包括一些旅游服务设施，但主体还是房地产。似乎"酒店+地产"、"主题公园+地产"、"休闲服务设施+地产"已经成了约定俗成的法则。可以预见，在政府继续对房地产实施严格控制的情况下，旅游房地产将成为房地产业新的增长点，旅游房地产不仅在大城市、旅游城市快速发展，而且也在很快地向二线、三线城市扩展。

第二节　世界旅游组织

一、世界旅游组织简况

近代旅游业产生后，在 19 世纪末至 20 世纪初已经开始出现国际性的旅游组织。第二次世界大战之后，随着旅游业的空前发展，越来越多的国际性旅游协调组织和机构建立起来，如世界旅游组织、太平洋地区旅游协会（PATA，成立于1951 年）、世界旅行社协会（WATA，又译世界旅游代理商协会，成立于 1949 年）、国际饭店协会（IHA，又译国际旅馆协会，成立于 1946 年），等等。其中影响较大，较有权威性的是世界旅游组织。

世界旅游组织（World Tourism Organization，简称 WTO）是全球唯一的政府间国际旅游组织，其宗旨是促进和发展旅游事业，使之有利于经济发展、国际间相互了解、和平与繁荣。主要负责收集和分析旅游数据，定期向成员国提供统计资料、研究报告，拟定国际性旅游公约、宣言、规则、范本，研究全球旅游政策。

它的主要任务有：鼓励旅游业的发展，以旅游业促进经济、社会发展，沟通各国人民，增进相互了解；支持不发达国家和地区改善旅游设施和条件；向其成员提供旅游事业方面的服务；同各国旅游者建立经常的联系与交流；等等。

WTO 最早是由 1925 年在荷兰海牙成立的国际官方旅游宣传组织联盟发展而来的，后重组为政府间组织，随即更名为 WTO，并应西班牙政府邀请将总部设在马德里。

WTO 成员分为正式成员（主权国家政府旅游部门）、联系成员（无外交实权的领地）和附属成员（直接从事旅游业或与旅游业有关的组织、企业和机构）。联系成员和附属成员对 WTO 事务无决策权。截至 2011 年 3 月，WTO 共有正式成员 154 个，联系成员 7 个。

WTO 组织机构包括全体大会、执行委员会、秘书处及地区委员会。全体大会为最高权力机构，每两年召开一次，审议该组织重大问题。执行委员会每年至少召开两次会议。执委会下设五个委员会：计划和协调技术委员会、预算和财政委员会、环境保护委员会、简化手续委员会、旅游安全委员会。秘书处负责日常工作，秘书长由执委会推荐，大会选举产生。现任秘书长为约旦人瑞法，2009 年 10月当选，2010 年 1 月上任，任期 4 年。地区委员会是非常设机构，负责协调、组织本地区的研讨会、工作项目和地区性活动，每年召开一次会议，共设有非洲、美洲、东亚和太平洋、南亚、欧洲和中东 6 个地区委员会。

根据 1977 年 11 月联大通过的《联合国与世界旅游组织合作关系》规定，WTO可以观察员身份参加联合国经社理事会会议及其他相关会议。2001 年，WTO 致函联合国，要求成为联合国专门机构。2002 年 7 月，经社理事会一致同意批准WTO 的申请，并于 2003 年 7 月审议通过。WTO 第 15 次全体大会正式宣布已成为联合国专门机构。

WTO 确定每年的 9 月 27 日为世界旅游日。为不断向全世界普及旅游理念，形成良好的旅游发展环境，促进世界旅游业的不断发展，WTO 每年都新推出一个世界旅游日主题口号。表 1-1 列出了自 1980 年以来历年的主题口号：

表 1-1 1980 年以来历年世界旅游日主题口号

年份	主题口号内容
1980	旅游业的贡献——文化遗产的保护与不同文化之间的相互理解
1981	旅游业与生活质量
1982	旅游业的骄傲——好的客人与好的主人
1983	旅游和假日对每个人来说既是权利也是责任
1984	为了世界间的理解、和平与合作的旅游

年份	主题口号内容
1985	年轻的旅游业——文化和历史遗产产生了和平与友谊
1986	旅游——世界和平的重要力量
1987	旅游与发展
1988	旅游——公众教育
1989	旅行者的自由活动创造了一个共融的世界
1990	认识旅游事业，发展旅游事业
1991	通信、信息和教育：旅游发展的动力
1992	旅游促进社会经济一体化，是各国人民相互了解的途径
1993	争取旅游发展和环境保护的和谐
1994	高质量的服务、高质量的员工、高质量的旅游
1995	通过负起责任而受益
1996	旅游业：宽容与和平的因素
1997	旅游业：21世纪创造就业与保护环境的引导产业
1998	政府与企业的伙伴关系，旅游开发与促销的关键
1999	旅游：为了新世纪，保护世界遗产
2000	技术与自然：21世纪旅游业面临的双重挑战
2001	旅游业：为和平与文明之间的对话而服务的工具
2002	生态旅游：可持续发展的关键
2003	旅游业：一种消除贫困、创造就业与社会和谐的驱动力
2004	体育与旅游——促进相互理解、文化和社会发展的两大动力
2005	旅游与交通——从儒勒·凡尔纳的幻想到21世纪的现实
2006	旅游：让世界受益
2007	旅游：为妇女敞开大门
2008	旅游：应对气候变化挑战
2009	庆祝多样性
2010	旅游与生物多样性
2011	旅游——消除贫穷，创造就业和社会和谐的推动力

资料来源：作者整理。

二、世界旅游组织与全球旅游业发展

世界旅游组织由正式成员（主权国家）、联系成员（非主权国及集团）和附属成员（有关官方和民间组织）组成。中国于1983年10月成为该组织的第106个正式成员国。

　　世界旅游组织同联合国各机构有着广泛、良好的合作关系。1976 年，世界旅游组织与联合国开发计划署签署协议之后，成为联合国开发计划署委托的一个执行机构，实施由联合国开发计划署拨款的旅游计划。近些年来，世界旅游组织利用联合国开发计划署提供的有关基金，已对本组织的一百多个国家提供了援助，以帮助这些成员国落实有关的旅游计划。

　　世界旅游组织经常召开本组织大会和世界旅游会议，编制有关旅游文件，推动国际旅游合作和旅游业发展。已通过的重要文件有《马尼拉世界旅游宣言》（1980 年）、《海牙旅游宣言》（1989 年），等等。1992 年联合国环境与发展大会之后，作为对联合国此次会议通过的《21 世纪议程》（《里约环境与发展宣言》）的反应，世界旅游组织与世界旅游理事会、地球理事会（Earth council）联合拟定了《关于旅游业的 21 世纪议程》，并于 1997 年在联合国大会上正式发布。

　　世界旅游组织下设 6 个地区委员会，即非洲委员会、美洲委员会、欧洲委员会、东亚和太平洋地区委员会、中东地区委员会和南亚地区委员会。6 个地区委员会的划分，和世界旅游组织在研究世界旅游业时惯用的统计分类方法相一致，此 6 个地区即全球六大旅游区，也即六大旅游市场（见图 1-1）。

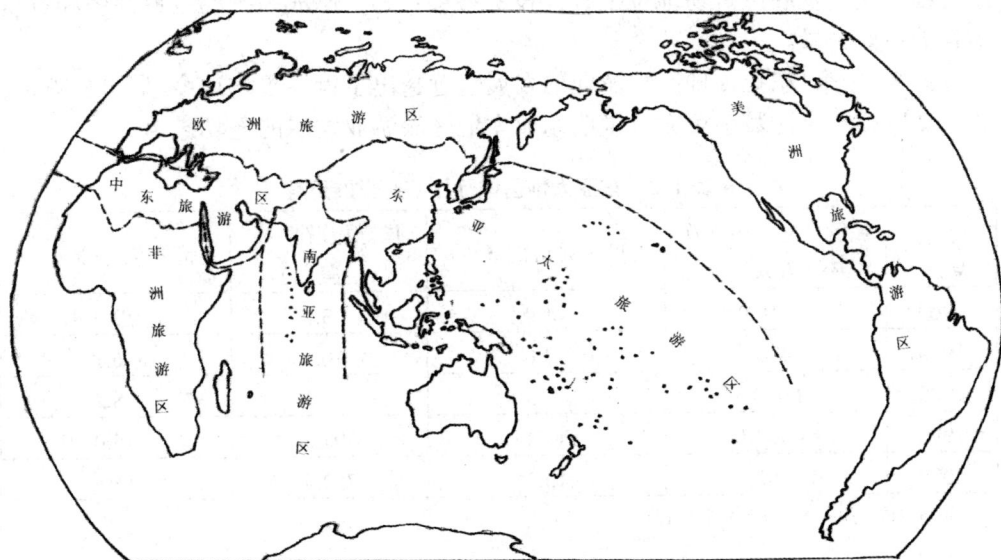

图 1-1　世界六大旅游区分布示意图

　　对全球旅游区和旅游市场的划分，有助于研究世界范围内旅游客源的分布状况，有利于从整体上分析和把握世界旅游业的发展。

第三节 世界六大旅游市场

一、东亚及太平洋旅游区

东亚及太平洋旅游区简称东亚太旅游区，主要包括东北亚（中国、日本、朝鲜、韩国、蒙古等）、东南亚（新加坡、泰国、马来西亚、菲律宾、印度尼西亚、文莱、越南、老挝、柬埔寨、缅甸等）和大洋洲（澳大利亚、新西兰）以及其他南太平洋岛国和地区。

东亚太旅游区的国家和地区，按经济发展水平主要可分为三种类别：一类是经济发达国家，如日本、澳大利亚和新西兰；二类是新兴工业国家，如新加坡、韩国等；其余的为发展中国家。近 30 年来，东亚太地区一直是经济飞速发展的地区。1980～2000 年，东亚太地区的国内生产总值年均增长率为 5.27%，比世界平均增长率 2.55% 高出 2.72 个百分点。进入新世纪后，亚太地区政治形势稳定，经济持续、快速发展，贸易地位上升，投资势头强劲，已成为推动世界经济和贸易增长的主要力量。

近 30 年来，东亚太地区旅游业的发展远远超出了世界平均速度，居世界首位。表 1-2 所列的统计数字可充分说明东亚太地区旅游业发展的蓬勃态势。

表 1-2 东亚太地区国际旅游业发展历程

年份	接待国际游客人次（万人）	占世界总份额（%）	国际旅游收入（亿美元）	占世界总份额（%）
1960	110.0	1.0	3.6	2.9
1970	476.1	3.0	10.9	6.1
1980	2 080.5	7.3	78.1	8.2
1990	4 731.0	11.4	397.5	15.0
2000	11 192.3	15.5	752.4	15.8

资料来源：根据旅游统计年鉴整理。

东亚太地区在 20 世纪 60 年代还主要是接待欧美游客，以发展入境旅游、赚取外汇收入为主要目的。随着经济的起飞和居民生活水平的提高，该地区旅游消费能力大为增强，在开展国内旅游的同时，居民的出国旅游也在迅速发展。至 1991 年，该地区出国旅游人数超过百万人次的国家和地区有：日本、中国、中国香港及台湾地区、韩国、马来西亚和泰国。今天的东亚太地区已经和正在成为全球继欧洲、北美之后又一个重要的、也是最富潜力的旅游客源产出地。

东亚太地区的经济发展与旅游业的兴起是相互促进的。自 20 世纪 80 年代以来，本地区的观光游览与经贸、科技、文化交流密切结合，使旅游与经贸科技文化得以同步发展。在亚太经合组织的 10 个专业工作组中，旅游工作组就是其中最早成立并独立开展工作的一个。在东南亚国家联盟中，也设有专门的经贸和旅游委员会，下设东盟旅游协会。此外，东亚太地区的旅游组织还有：太平洋亚洲旅游协会、东亚旅游协会和亚太旅游健康协会等。

二、南亚旅游区

南亚旅游区主要包括南亚次大陆上的印度、巴基斯坦、孟加拉国、尼泊尔等国以及印度洋上的岛国斯里兰卡和马尔代夫。

南亚是世界文明发源地之一。18 世纪后大多数国家相继沦为西方的殖民地或半殖民地，"二战"后先后取得独立，民族经济得到了不同程度的发展。该地区全部都是发展中国家。

由于受经济发展水平的制约和一些国家政局动荡、民族和宗教纷争迭起的影响，该地区旅游业起步晚、发展慢、起伏大。多年来该地区接待的外国旅游者占世界总份额的比例始终很小（见表 1-3）。相比较而言，南亚旅游区旅游业发展较好的国家有印度、尼泊尔和巴基斯坦。

表 1-3 南亚地区接待的国际游客份额

年　份	占世界总份额（%）
1960	0.3
1970	0.6
1980	0.8
1990	0.7
2000	15.5

资料来源：根据旅游统计年鉴整理。

三、中东旅游区

"中东"是一个政治地理概念，也是"欧洲中心论"的产物。从 16 世纪末叶起，欧洲列强开始向东方扩张，它们把东方各地按其距离西欧的远近，分别称作"近东"、"中东"和"远东"。后来，这三个概念被国际社会广泛使用。由于各国对三者所包括的范围划分不一，它们之间本来就模糊的界限被搞得更加混乱。特别是存在了约 500 年的奥斯曼帝国在 20 世纪初崩溃之后，"近东"原先所指的政治地理范畴不复存在，"近东"与"中东"常被混用。"中东"究竟包括哪些国家和地区，国内外迄今仍无定论，不过一般都泛指西亚和北非地区。

我们这里所讲的中东旅游区包括 22 个国家。它们是：阿拉伯联合酋长国（简称阿联酋）、也门共和国、土耳其、塞浦路斯、伊朗、卡塔尔、科威特、黎巴嫩、叙利亚、沙特阿拉伯、阿曼、巴林、伊拉克、约旦、以色列、巴勒斯坦、埃及、阿尔及利亚、利比亚、突尼斯、摩洛哥、苏丹。前 16 个国家属西亚，后 6 个国家属北非。

中东 22 个国家中有 18 个是阿拉伯国家，阿拉伯人占这一地区总人口的 70% 左右。其他较大的民族还有波斯人、土耳其人、希腊人、犹太人、库尔德人、柏柏尔人、努比亚人、努比巴人等。在一些中东国家里，还有众多的部族。部族观念和势力对这些国家的政治、经济、文化、外交等方面还有着较大的影响，因而部族冲突和武装割据时有发生。

在中东，由于各国历史、地理、资源、文化科技、国民素质等方面的差异以及社会制度和生产力水平的不同，各国之间的贫富差距十分明显。据 2011 年的统计资料，人均国民生产总值最高的国家可达 76 168 美元（卡塔尔），最低的国家为 1 705 美元（苏丹）。

中东位于欧、亚、非三大洲的结合部，战略地位十分重要，因处地中海、黑海、里海、阿拉伯海和红海之间，也被称为"五海三洲之地"。中东是世界的交通枢纽，在水路、陆陆和空中运输方面都是往返于三大洲之间的必经之地。特别是 1869 年苏伊士运河开通后，沟通了"三洋"（大西洋、印度洋、太平洋）、"四海"（黑海、地中海、红海、阿拉伯海），使一些航路可不再绕道好望角，从而大大减少了航程、燃料和经费。从西欧经苏伊士运河进入印度洋和太平洋，比绕道好望角可缩短航程 5 500～8 000 公里；从黑海沿岸到印度可缩短航程 14 000 公里；从北冰洋到印度可缩短约 6000 公里。从波斯湾到欧洲的航船若取道好望角，每年只能往返 5 次，而取道苏伊士运河则可往返 9 次。目前，苏伊士运河的货运量约占世界海上贸易总货运量的 20%。欧亚两洲的海运货物的 80% 要经过苏伊士运河。世界约 1/4 的油轮要经过苏伊士运河，特别是西欧国家从中东进口的石油大部分要用油轮经苏伊士运河运抵。

此外，中东还有很多重要的海峡，如黑海海峡、霍尔木兹海峡、曼德海峡、直布罗陀海峡，等等。其中最具国际战略地位的是黑海海峡和霍尔木兹海峡。黑海海峡是欧、亚两大洲的分界线，是沟通爱琴海、地中海的唯一通道，是黑海沿岸国家（如俄罗斯南部、乌克兰、格鲁吉亚、摩尔多瓦、罗马尼亚、保加利亚等国）的唯一出口航道。从黑海出海峡经地中海向西可达大西洋，南下经过苏伊士运河经红海进入印度洋。由于海峡两端地势十分险要，像两把重锁扼住了黑海的出入口，因此，黑海海峡有着十分重要的经济和军事地位，一直是列强争夺的目标。

霍尔木兹海峡在波斯湾东口，是波斯湾（亦称海湾）国家唯一的出海航道，也是中东石油向外输出的咽喉要道。据统计，每隔4～6分钟，就有一艘油轮通过霍尔木兹海峡驶往世界各地。

中东素有"世界石油宝库"之称。据有关统计资料，世界已探明的石油可采储量的70%集中在这里。中东地区的石油主要分布在海湾地区，其中仅沙特阿拉伯一国的石油储量就占全世界的25%以上。自20世纪70年代以来，不少中东国家依靠石油生产和出口使人均国民收入达到1万美元以上，阿拉伯联合酋长国、科威特、沙特阿拉伯一直位于世界十大富国之列。此外，伊朗、伊拉克、卡塔尔、巴林等也都是著名的产油国，在正常的情况下，有着可观的石油收入。

中东的石油年产量约占世界总产量的34%左右，销量则可高达世界总销售量的65%左右，是世界能源供给中心，也是西方国家的主要能源供应基地。美国石油进口的26%以上、西欧国家的50%以上、日本的70%以上均来自中东。因此，中东石油资源对世界经济特别是西方经济有着巨大的影响。

中东还是世界三大宗教——犹太教、基督教和伊斯兰教的发源地，并且迄今仍对全球有着广泛而深刻的影响。

犹太教和基督教分别在公元前10世纪和公元1世纪诞生于巴勒斯坦的耶路撒冷，这个地方自然被两大宗教的教徒们认定为他们的"圣地"。公元7世纪，穆罕默德在沙特阿拉伯的麦加创立了伊斯兰教。但该教的信徒们（统称穆斯林）认为，耶路撒冷是穆罕默德神秘夜行的目的地和他升天之前的"神游"之地，也是伊斯兰教最庄严的"圣地"之一。于是，耶路撒冷成了三个宗教教徒们共同认定的圣地，历史上曾多次爆发过争夺圣地之战，迄今仍是中东动乱的一个重要因素。

中东地区还是人类文明的发源地之一，在历史上曾出现过几次强盛时期。古代的巴比伦王国（公元前20～前10世纪）、亚述王国（公元前9～前7世纪）、波斯帝国（公元前6～前3世纪）和中世纪的阿拉伯帝国（公元7～11世纪）、奥斯曼帝国（公元14～20世纪初）都是以中东为基地而称雄于世界的。

中东有三条重要的河流：尼罗河、幼发拉底河、底格里斯河。它们都是古代文明的发源地。在这里，勤劳、勇敢的各族人民很早就创造了灿烂的文化。他们在数学、天文学、医学及建筑、文学艺术、工艺等各方面都给人类留下了丰富的历史遗产，在世界人类文明宝库中占有重要地位。

中东地区悠久而灿烂的古代文明、丰富的石油资源以及重要的战略位置，使人文和自然旅游资源极其丰富，应该说具备了发展旅游业的便利条件，但"二战"后的四次中东战争、民族纷争、宗教冲突以及猖獗的恐怖活动，对该地区旅游业产生了不良影响，致使其旅游业发展缓慢。自20世纪80年代以来，中东地区接待的国际游客以及其国际旅游收入在世界总份额中所占的比例均在 1%～3%之间波动。相对而言，中东地区旅游业较为发达的国家是埃及、以色列和土耳其。

四、欧洲旅游区

欧洲位于东半球的西北部，三面临海，西有大西洋，北临北冰洋，南面是地中海和黑海；东面与亚洲大陆连为一体，实际上欧洲是亚欧大陆西部伸向大西洋的一个大半岛。欧洲总面积 1 016 万平方公里，略大于大洋洲，是世界上面积较小的洲，人口有 5.01 亿（2011 年）。欧洲是资本主义的发祥地，对近代世界政治经济发展和生产分布的变化影响很大。在当代，欧洲是"资本主义心脏"地区，在世界政治经济生活中起着重要作用。目前欧洲共有 50 多个国家，皆属经济发达国家。

欧洲是希腊罗马古典文明和日耳曼文化的发源地，也是世界上资本主义发展最早，经济、文化发达的地区。17 世纪英国资产阶级革命，标志着世界近代史的开端。18 世纪英国发生了具有划时代意义的工业革命。此间，飞梭、珍妮纺织机和蒸汽机的问世，使生产力得到飞跃性的发展，为人类最终进入机器工业时代奠定了基础。近现代欧洲也是一个饱经战乱之苦的地区，两次世界大战均爆发于欧洲大陆。"二战"后，欧洲被分为以资产阶级国家为主的西欧和以社会主义国家为主的东欧。1949 年和 1955 年以美国为盟主的北大西洋公约组织和以苏联为盟主的华沙条约组织先后成立，东西欧分别被纳入两大对峙的军事集团，欧洲成为美苏争夺的中心。1967 年，西欧各国为进一步加强联系，成立了欧洲共同体，自此西欧各国由经济上的联合发展到政治上的合作，其加强联合、独立自主的倾向日益明显。20 世纪 90 年代，伴随着苏联的解体，欧洲的政治经济格局发生了巨大变化，东西欧对峙的僵局已经被打破。而随着欧洲一体化进程的不断加快，今天，欧盟这个全球最具实力的区域性战略合作组织在欧洲乃至整个世界中的重要性与日俱增，正在成为当今多极世界中的一极，在反对霸权主义，维护世界和平，促进文化交流等多方面发挥着重要作用。

欧洲现有 50 多个国家和地区。习惯上分为南欧、西欧、中欧、北欧、东欧五个区域。

南欧指阿尔卑斯山脉以南的巴尔干半岛、亚平宁半岛、伊比利亚半岛和附近岛屿。东南临大西洋的属海地中海和黑海，西濒大西洋，包括意大利、西班牙、葡萄牙、马耳他、希腊、罗马尼亚、前南斯拉夫等国。南欧地处亚、非、欧三洲交界地带，地中海北岸。自古以来，这里就是东西方经济贸易的纽带，苏伊士运河开通后，地中海成为连接印度洋与大西洋最便捷的海上通道。南欧东面临近苏伊士运河北口，北方扼守黑海的出口，西部控制着地中海通向大西洋的咽喉——

直布罗陀海峡，战略位置极为重要。南欧历史上曾是欧洲经济、文化最繁荣的地区。闻名于世界的古希腊、古罗马文化和文艺复兴运动都源于此。发达的地中海航运沟通了东西方物质、文化的交流，促进了商业贸易的发展。15 世纪末，南欧的海上强国——西班牙与葡萄牙，开始了绕道非洲驶入印度洋的航行，揭开了"地理大发现"的序幕。美洲的发现和对亚洲、非洲的殖民掠夺，使得西班牙、葡萄牙两国曾称霸于世。随着西欧资本主义的发展，世界航海业的中心从地中海转向大西洋沿岸，荷兰、英国、法国等国的崛起，使西班牙、葡萄牙与地中海沿岸国家逐渐走向衰落。在近代资本主义发展中，由于南欧有着较强的封建势力等原因，除意大利西北部以外，大部分地区资本主义工业化的进程较慢，成为欧洲经济最落后的地区。至今，南欧国家的经济实力与发展水平仍落后于欧洲其他地区。

西欧，狭义上指欧洲西部濒临大西洋的地区和附近岛屿，包括英国、爱尔兰、荷兰、比利时、卢森堡、法国和摩纳哥。广义上通常把欧洲资本主义国家统称为西欧。狭义的西欧除卢森堡外，各国都有较长的海岸线，又有莱茵、塞纳、泰晤士等大河通海洋，海内外交通便利。西欧地形以平原丘陵为主，山地面积小。由于受西风和北大西洋暖流的影响，大部分地区属典型的温带海洋性气候，冬季温和多雾，夏季凉爽，全年降水均匀，是一个自然条件相对优越的地区。西欧是资本主义工业化最早的地区，是世界现代工业的发源地，目前仍是世界经济最发达的地区之一。这里拥有高度发达的工业和高度集约化的农业，对外贸易在国民经济中占重要地位，人均收入较高。这里人口密集，城市众多，伦敦、巴黎、鹿特丹、安特卫普是世界上著名的工业、贸易、金融中心和交通枢纽。海德公园、埃菲尔铁塔、罗浮宫、巴黎圣母院等，都是为世人所向往的旅游景点。

中欧指波罗的海以南，阿尔卑斯山脉以北的欧洲中部地区，包括波兰、捷克、斯洛伐克、匈牙利、德国、奥地利、瑞士、列支敦士登。中欧恰当南欧至北欧和东欧至西欧的必经之路，地理位置十分重要，曾是大国争夺的重要地区，政治地图几经变化，特别是在两次世界大战后，疆界变化较大，"二战"后的"冷战"时期曾长期是美苏两大军事集团直接对峙的地区。苏联东欧剧变后的 1991 年，分裂的德国才重新统一。中欧亦属于经济发达地区，合并后的德国成为欧洲经济实力雄厚的经济大国，实力远远超过英国和法国。瑞士和奥地利虽位于内陆阿尔卑斯山区，面积不大，但经济高度发达，拥有高水平的工业和众多旅游胜地，在政治上又都是永久中立国，在欧洲占有特殊地位。

北欧指欧洲北部的日德兰半岛、斯堪的纳维亚半岛一带，包括冰岛、法罗群岛（丹）、丹麦、挪威、瑞典和芬兰，全都位于北纬45°以北的高纬地区，大部分地区因受西风带和北大西洋暖流的影响，气候均有温和湿润的海洋性特征，与同纬度的其他地区相比，冬暖夏凉。北欧国家的国土几乎都由半岛和岛屿组成，受海洋影响较大，又恰处在从波罗的海和巴伦支海通向北海，或由北冰洋通向大西洋的重要航线上，在国际交通和战略上都有重要意义。北欧各国不仅领土靠近，而且有着共同的人文、历史特征。北欧除芬兰外，都是日耳曼人，语言属印欧语系的日耳曼语族，各国间语言基本相同。历史上五国关系密切。北欧地广人稀，人口密度为每平方公里 17 人（只有丹麦超过 100 人），是欧洲人口密度最小的地区，第二次世界大战前经济远落后于西欧，但"二战"后经济发展很快，今已成为欧洲经济最发达的地区之一。

东欧指欧洲东部地区，在地理上仅指原苏联的欧洲部分。由于苏联的解体，现包括俄罗斯（欧洲部分）、爱沙尼亚、拉脱维亚、立陶宛、乌克兰、白俄罗斯和摩尔多瓦 7 个国家。东欧约占欧洲总面积的 1/2，绝大部分为波状起伏的平原。这里矿产资源、森林资源丰富，除北部北冰洋沿岸地区属苔原气候外，大部分为温带大陆型气候。东欧是原苏联经济最发达的地区，这里人口众多，城市密布，交通网发达。

综上，欧洲是近代旅游业的发源地，也是当代世界旅游业最发达的地区，历来居世界各大洲之首。2003 年受经济疲软和欧元贬值的影响，欧洲旅游业基本上与上年持平，西欧接待的海外游客数量为 370 万人次，比上年下降了 3%；南欧地区基本与上年持平；而中欧和东欧地区仍保持了增长势头。此外，在欧洲的出国旅游者中，大约 90%的游客在本地区内作近距离旅游。

"二战"后的半个世纪中，尽管欧洲接待国际旅游人数和旅游创汇在世界总份额中的比例在逐渐减少，但迄今为止一直独占鳌头并占世界份额的一半，如表 1-4 所示。

表 1-4　欧洲国际旅游在世界上所占份额

年　份	接待国际游客占世界总份额比例	国际旅游收入占世界总份额比例
1960	72.5	56.8
1970	70.5	62.0
1980	66.0	59.7
1990	62.5	54.2
2000	58.2	51.0

资料来源：根据旅游统计年鉴整理。

欧洲历史悠久，经济基础雄厚，交通通信发达，文化绚丽多彩，旅游资源特色显著，其中人文景观中的"欧洲三绝"——王宫、教堂、古城堡，几乎每个国家都有，这已成为欧洲旅游资源的共同特点。值得一提的还有欧洲形式多样的建筑，主要有线条简明、造型敦实，作为教会威力化身的罗马式建筑；以势取胜、统贯全身、直刺苍穹、垂直线条、锋利尖顶的哥特式建筑；圆形屋顶、柱子很多、曲线形窗户、明暗对比强烈、充满活力的巴洛克式建筑；还有以人体美的对称、和谐为表征、平稳大方的文艺复兴时期建筑和近代新型的高层建筑，以及庭院式建筑等。如此突出的城镇建筑艺术景观，为旅游者所赞赏。

五、美洲旅游区

美洲全称亚美利加洲，位于西半球，东临大西洋，西濒太平洋，南隔德雷克海峡与南极洲相望，北濒北冰洋，西北以白令海峡与亚洲为邻，东北隔格陵兰海和丹麦海峡与欧洲相望，以中部的巴拿马运河为界分为北美洲和南美洲两部分。

美洲总面积约 4 129.8 万平方公里，总人口 7.34 亿（2011 年），其中北美洲 4.32 亿人，南美洲 3.02 亿人，分别占世界总人口的 6.2 % 和 4.3%。居民大部分是英法等欧洲国家移民的后裔，其次是印第安人、黑人和混血种人。此外还有因纽特人、波多黎各人、犹太人、日本人和华人。整个美洲人口分布很不平衡，北美洲东南部、南美洲西北部和东部沿海地区人口稠密。在语言方面，北美洲主要通用英语、西班牙语，还有法语、荷兰语和印第安语等。南美洲，巴西的官方语言为葡萄牙语，法属圭亚那为法语，圭亚那为英语，苏里南为荷兰语，其他国家均为西班牙语。印第安人用印第安语。居民主要信奉天主教和基督教新教，少数人信奉原始宗教。

整个美洲包括 51 个国家和地区。国际上通常将美洲分为北美地区、拉丁美洲和加勒比地区两部分。北美地区主要指美国和加拿大两国，以及格陵兰、圣皮埃尔和密克隆、百慕大 3 个地区。拉丁美洲和加勒比地区包括北美国家墨西哥、中美洲地峡各国、加勒比地区（即西印度群岛）和南美大陆及其毗连岛屿。在第二次世界大战前，该地区 20 个独立国家均系拉丁语系国家，故通称拉丁美洲。20世纪 60 年代以来，加勒比地区独立国家日渐增多，国际上对该地区正式称为"拉丁美洲和加勒比地区"，习惯上仍简称拉丁美洲。

美洲地区各国经济发展很不平衡。北美是世界经济最发达的地区之一，广大的拉丁美洲国家则为发展中地区。20 世纪 70 年代以来，拉丁美洲经济发展较快，已建立起相对完整的工业体系或工业基础。1999 年拉美和加勒比地区人均国民生产总值可达 3 800 美元。

美洲地区经济区域集团化趋势十分突出。加勒比共同体、拉丁美洲一体化协会、北美自由贸易区等，都是本区域中最活跃的区域性经贸组织，它们在促进各成员国之间的经济互助合作、放宽居民流动限制、实行贸易互惠、促进区域旅游发展等活动中都起到了积极的作用。

美洲地区是世界重要的旅游区之一。多年来旅游发展状况如表 1-5 所示。

表 1-5　美洲地区国际旅游占世界总份额

年　份	接待国际游客占世界总份额比例	国际旅游收入占世界总份额比例
1960	24.1	35.7
1970	23.0	26.8
1980	21.6	24.6
1990	20.6	26.6
2000	19.6	25.1

资料来源：根据旅游统计年鉴整理。

美洲的国际游客中，70%以上是本地区内的居民，这是美洲国际旅游最突出的特点。在美洲，旅游最发达的是北美地区，其中美国是世界头号旅游大国。

自 20 世纪 90 年代以来，拉丁美洲各国的旅游业也取得了长足进展，每年以 25%的速度增长。广袤的土地、漫长的海岸线、良好的生态环境，加上哥伦布到达美洲之前的文化遗迹和殖民时期的建筑物，都吸引着众多的旅游者。近年来，各国普遍重视发展旅游业，开发各具特色的旅游项目，尤其是生态、探险等旅游项目在拉美各国开展得有声有色。在拉美各国中，墨西哥和阿根廷是旅游最为发达的国家，尤其是墨西哥，历史上曾是世界十大旅游国之一。

六、非洲旅游区

非洲全称阿非利加洲，在拉丁文中的意思是"阳光灼热的地方"。

非洲位于东半球的西部，东濒印度洋，西临大西洋，北隔大西洋的属海地中海和直布罗陀海峡与欧洲相望，东北以红海和苏伊士运河与亚洲相邻。

非洲是仅次于亚洲的世界第二大陆，总面积 3 020 万平方公里，人口约 10 亿（2011 年）。居民主要有黑种人和白种人，种族构成比较复杂。非洲北部居民多信仰伊斯兰教，其他地区居民多信奉原始宗教、基督教新教和天主教。

非洲是人类起源地之一，具有悠久的历史和丰富的文化遗产。这里孕育了世界上最古老的文明国家——埃及。继埃及之后，北部非洲陆续成为迦太基、希腊、罗马古代文明的重要地区。此外，在非洲其他地区也形成了一些早期的王国，如加纳、马里、桑海、卡奈姆—博尔努、贝宁、伊费、莫诺莫塔帕等。

在漫长的历史时期内，非洲走过了同世界其他地区大致相同的道路，为人类的发展作出了很大贡献。在这一过程中，非洲各地的发展是不平衡的，其中尼罗河下游谷地是非洲、也是世界古文明发祥地之一。早在六七千年以前，居住在这里的埃及人民就发展了灌溉农业，并于公元前 3188 年建立了人类历史上第一个统一的奴隶制国家。与埃及毗连的其他地中海和红海地区，以及西非的尼日尔河和塞内加尔河流域在古代也比较繁盛。公元 640 年，西亚的阿拉伯人开始向非洲迁移，公元 710 年已抵达大西洋岸边，从而使阿拉伯文化和伊斯兰教在整个北非地区传播开来。与此同时，基督教也传到了红海地区。北非和东非至此进入了封建社会，而非洲其他地区的发展程度则相对低一些，但在中世纪也都经历了一个较为迅速的发展时期。后来西方殖民者的侵入打断了这一进程，使非洲陷入贫困状态。因此可以说，非洲的"落后"完全是殖民统治的恶果。

15 世纪前后，最早走上资本主义道路的西欧各国，为了攫取财富开始了对外扩张，与欧洲毗连的非洲便首当其冲，成为其猎取的目标。在前后长达 400 多年的血腥残暴的殖民掠夺中，非洲累计丧失了 1 亿多人口，生产力因此遭到极大的破坏。20 世纪初，非洲各国争取民族独立、反对殖民统治的民族解放运动风起云涌，至第二次世界大战后，非洲各国已全部获得独立，目前有 53 个独立国家，均属于发展中国家。

非洲土地辽阔，自然资源十分丰富，有着发展生产的良好条件。但长期的殖民统治，却使它成为世界上经济水平最低的一个洲。资本主义的和封建、奴隶制的剥削形式交织在一起，致使广大的非洲人民生活十分贫困，国民经济表现出典型的殖民地性。许多国家虽在发展经济上也作出过巨大努力，但总的看来：生产力水平低下，发展速度缓慢；工业基础薄弱，经济结构畸形；生产力分布极不平衡的基本特征表现得十分突出。究其原因：殖民主义的统治、不合理的国际经济秩序、一系列不安定的政治和社会因素的干扰、过快的人口增长等，是导致非洲赤贫和经济发展缓慢的主要原因。

经济的发展直接制约着非洲旅游业的发展，致使其旅游业起步晚，基础差，发展缓慢。20 世纪 50 年代至 90 年代，旅非的游客人次数仅仅占世界总份额的 2%～3%左右，国际旅游收入占世界总份额长期徘徊在 3%以下，客源分布也较为集中在欧洲（约占 45%），本地区间的游客高达 30%。然而，丰富的历史文化遗迹，迷人的自然风光，奇异的野生动植物使非洲旅游业的发展具有巨大的潜力。伴着非洲经济条件的不断改善，旅游基础设施的不断完善，加之各国政府的认识程度不断提高，有理由相信，非洲的旅游业必定会有一个灿烂的美好前景。

近年来，非洲旅游业发展较快的国家有埃及[①]、摩洛哥、突尼斯、南非、肯尼亚、乌干达、毛里求斯和塞舌尔等国。

---

① 在世界旅游组织的地区划分中，埃及归入"中东地区"。

复习思考题

1. 简要概括世界旅游业的发展历程。
2. 新世纪世界旅游业的发展趋势有什么变化?
3. 新中国的旅游业经历了哪些主要阶段? 各阶段的主要特征是什么?
4. 新时期中国旅游业在国民经济发展中有哪些重要作用?
5. 简述全球六大旅游市场的基本特征。

第二章 中国海外客源市场分析

【学习导引】

通过本章的学习，对中国旅游海外客源市场的形成、地域结构、市场特征以及发展趋势等应有一个全面的了解与认识，初步学会分析市场特征的方法。

【教学目标】

1. 了解中国海外客源市场的形成过程。
2. 熟悉并掌握中国旅游海外客源市场的结构特征。
3. 认识中国旅游海外客源市场的发展趋势。

【学习重点】

中国旅游海外客源市场的形成与发展；中国海外游客的市场特征；中国旅游海外客源市场的发展趋势。

第一节 中国海外客源市场概述

一、中国海外客源市场的历史回顾

我国的现代国际旅游业是从 1949 年中华人民共和国成立开始逐渐发展起来的，最初的客源主要是华侨。

建国以后至 20 世纪 70 年代末，中国的旅游业在计划经济体制和对外关系格局的制约下，各个时期来华旅游者的地区、阶层和数量，经历了多次重大变化。

建国初期到 20 世纪 60 年代初，中国外交实行"一边倒"的战略方针。这个时期中国接待的外国旅游者绝大部分来自当时"社会主义阵营"的国家，即苏联、东欧国家和亚洲的朝鲜、越南和蒙古等国。西方国家来华人士主要是共产党、工人党及其领导下的工会、青年和妇女组织及其他左翼人士，还有一些友好国家的人士。1954 年 4 月成立的中国国际旅行社总社及其上海、杭州、南京、满洲里等14 个分社，主要承担这方面的接待任务。在此期间，一些向往新中国的华侨和港澳同胞回大陆探视访友、参加家乡建设。50 年代初在福建、广东等地成立的华侨服务社，1957 年 3 月成立的中国华侨旅行总社（即中国旅行社总社前身），主要承担接待海外华侨的任务。

20 世纪 60 年代，随着国际关系的大变动和中国对外关系的大调整，苏联"大家庭"和支持苏共的政党和团体与中国的交往中断。"文化大革命"期间，海外华侨的接待工作也基本停止。60 年代中期至 70 年代初，除接待少量第三世界友好进步人士外，我国的国际旅游接待工作基本瘫痪。

20 世纪 70 年代后，随着中国恢复在联合国的合法席位和中美、中日关系逐步走向正常化，中国国际旅游接待的对象转向西方各界人士，并对自费旅游者实行收费，使旅游收支略有盈余。此后开始与西方国家的旅游组织发生联系，自费和散客旅游者逐步增多。

1978 年底党的十一届三中全会以后，我国的国际旅游业进入大发展的阶段。特别是 80 年代末、90 年代初，中苏（俄）关系正常化，中国的海外客源市场走向全方位、多元化。

改革开放后，我国旅游业迅速发展并较早与国际市场接轨，形成了具有中国特色、符合旅游业持续发展需要的客源地组合。

来自我国香港、澳门、台湾地区的游客和回国探亲观光的华侨旅游者，是大陆人民的骨肉同胞，不同于外国旅游者。但由于历史原因和现实情况，对他们的旅游接待和招徕与国际旅游者有不少相似之处。作为海外旅游者，港、澳和华侨游客自建国以来一直是中国海外客源市场的主体。1988 年后，随着两岸关系的发展，台湾旅游者也成为了我国海外客源市场的又一重要组成部分。

二、中国海外客源市场的形成

自 1978 年改革开放以来，中国旅游业也全方位向世界开放。与此同时，世界局势进一步缓和，和平与发展成为当代世界的主题。中国与前苏联和其他一些周边国家关系实现了正常化，中国与西方国家和广大第三世界国家的关系进一步发展，这些都为大量国际旅游者来华观光访问提供了客观条件。

改革开放 30 多年来，境外游客蜂拥而至，给中国旅游业带来很大的发展，旅华人数和国际旅游（外汇）收入逐年攀升，如图 2-1、图 2-2 所示。

进一步细分统计数据不难发现，在旅华的入境旅游者中，其地域分布明显，港、澳、台及华侨游客始终占旅华的入境旅游者总数的绝大多数，且相对稳定，标志着我国旅游海外客源地的布局已基本形成。30 多年间我国旅游海外客源市场的基本分布如图 2-3 所示。

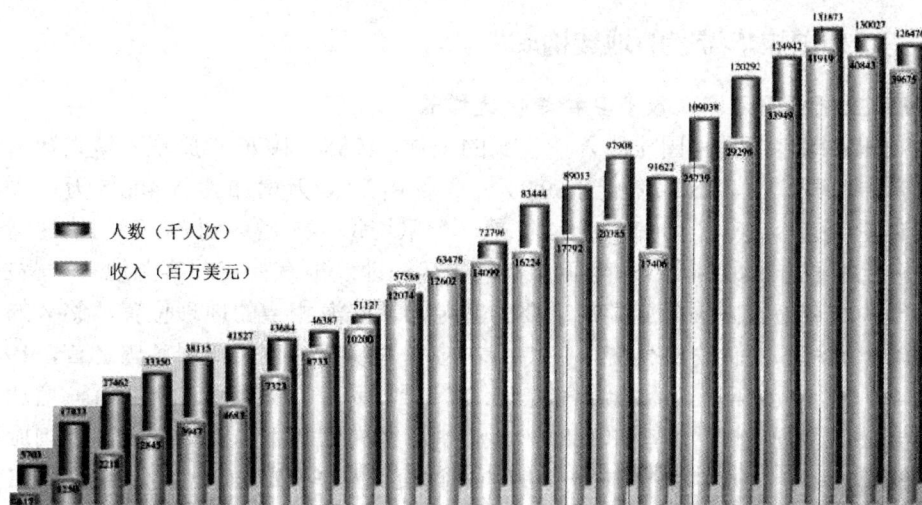

资料来源：《中国旅游统计年鉴》（2010）。

图 2-1　1980～2009 年入境旅游人数和国际旅游（外汇）收入

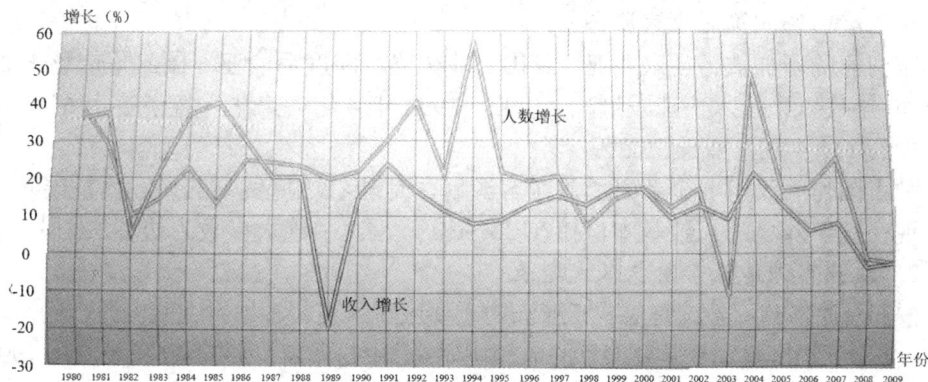

资料来源：《中国旅游统计年鉴》（2010）。

图 2-2　1980～2009 年入境旅游人数和国际旅游（外汇）收入增长速度

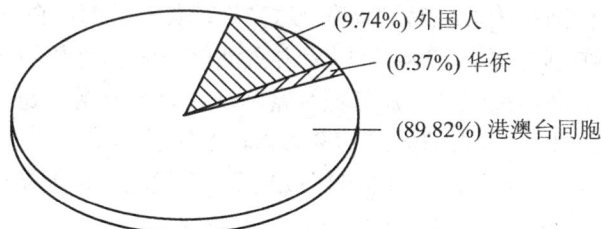

图 2-3　我国旅游海外客源国市场的基本分布

三、外国旅华游客的地域构成①

1. 亚洲各国游客人数多且持续快速增长

亚洲各国客源是外国旅华入境客源的主体，1985～1996 年旅华入境人数占外国游客的百分比由 52.2%增加到 60.2%，人数由 71.6 万增加到了 406.5 万，平均每年递增 19.1%，其中 1990～1994 年是一个平均每年递增达到 34.7%的快速增长期，并形成了日本、韩国、东南亚 3 个重要客源地及很有特点的客源地——蒙古。

日本一直为我国国际旅游最重要的客源国，隔海相望的地理位置、悠久的历史渊源和经济、文化交流传统，使得日本旅华入境游客数长期居各国之首，1985 年达 47 万，占当年亚洲入境游客的 65.7%；到 1996 年人数达 154.9 万，增加了 2.3 倍，占当年亚洲入境游客的 38.1%；旅华游客的增长率一直高于日本出国旅游人数的增长率，且据 1993～1996 年的抽样调查，旅华日本游客中，出境后直接返回日本的占 82%～87%，显示了中国市场的独有魅力。

韩国旅华入境市场在中韩两国建交后很快进入超常发展阶段，1993～1996 年年均增长 58.9%，到 1996 年达到 69.4 万人次，占当年亚洲入境游客的 17.1%，成为旅华入境市场的第二大客源国。

东南亚的新加坡、马来西亚、泰国、菲律宾、印度尼西亚 5 国旅华市场于 20 世纪 90 年代以来进入快速发展期。1992～1996 年 4 年间来华入境游客由 65 万人次增加到 115.4 万，增长 77.5%。

蒙古国作为我国一个新兴的旅游客源地，是随着边境贸易的兴旺而发展起来的，现在每年入境的人数基本保持在 20～30 万，其中绝大多数为边境旅游者。

2. 欧洲客源地呈台阶状跃式增长

按洲而论，欧洲各国是仅次于亚洲的重要旅华入境客源地；在欧洲游客的远程旅游中，东亚地区是一个重要的目的地，中国在其中扮演着重要的角色。1985～1990 年欧洲来华入境游客在 27～45 万人次之间。1991～1992 年两年间，游客人数快速跃升，从 1992～1996 年间游客人数便维持在 132～163 万之间。从 1985～1996 这 12 年间，欧洲旅华游客占旅华外国游客总数的比例由 20%增加到了 24.2%，其中重要的客源国有英国、德国、法国、俄罗斯等。这当中，英、德两国自 20 世纪 90 年代以来旅华人数持续稳步增长，1994 年以后占欧洲旅华游客总数的比例已分别超过 10%；1991～1996 年间，英国来华旅游的入境人数由 11.5 万增加到 20.5 万，增幅达到 78.3%；同期德国由 9.2 万人增加到 17.9 万人，增加了 94.6%。而法国的旅华入境人数 1992 年达到 11.6 万之后，一直在 11～12 万左右摆动。俄罗斯旅华入境人数从

---

① 马耀峰、李天顺：《中国入境旅游研究》，科学出版社 1999 年版，第 65～68 页。

统计上看，近年快速增长，1993～1996 年间由 9.1 万增至 55.6 万，增加 5.1 倍，达到欧洲国家的最高水平，成为我国的第四大客源国；但其中以俄远东地区游客为多，边境旅游占有较大比重，并以购物为主，住在游船上只前往我沿海口岸观光购物的游客也占一定比例。

3. 美洲客源地持续平稳地增长

1985～1996 年间美洲旅华市场客源数由 28.9 万增加到 80.9 万，增加了 1.8 倍，且以平稳增长为特点，除了 1989 年非市场因素的骤降和 1990～1991 年的反弹式增长外，基本上以每年 10%～20%的速度增长，增速略慢于各洲平均值。值得一提的是，北美的美国和加拿大两国的旅华游客数占了美洲总数的 90%左右。其中，以美国所占比重最大，1985～1996 年间游客数由 24 万增加到 57.6 万，增长了 1.4 倍，占美洲客源总数的 70%～80%。

4. 发展中的大洋洲和非洲客源地

对于旅华市场而言，大洋洲和非洲各国属于发展中的客源地，人数还比较少。1996 年大洋洲的旅华入境游客只有 17.3 万人次，非洲仅为 4.7 万人次，两洲合计才占当年旅华入境外国人总数的 3.3%。这当中，澳大利亚是大洋洲最重要的旅华客源国，旅华入境人数 1985～1996 年由 7.8 万人增加到 13.3 万人，增加了 70.5%，平均占大洋洲旅华入境游客总数的 80.7%。非洲旅华入境游客的绝对数虽然很少，但却一直以一个较快的速度持续增长，1985～1996 年增加了 8.8 倍，平均年增长率达到 24.8%。

第二节　中国海外客源市场特征

一、地域结构特征[①]

1. 客源地分布广泛，少数重要客源国居主导地位

从地域分布上看，我国的海外旅游客源地广泛分布于亚、欧、美、大洋洲和非洲各地，在组成上表现出具有地域多样性的特征；但从客源产出量的角度上看，少数重要的客源国提供了绝大部分的客源，居主导地位。表 2-1 反映的是 1994～1996 年来华旅游的 10 大客源国的客源数占客源总数的百分比，从表中可以发现两个规律：一是，客源国中亚洲国家居多；二是，十大客源国的客源产出量累计

[①] 马耀峰、李天顺：《中国入境旅游研究》，科学出版社 1999 年版，第 69～71 页。

占外国客源总数的 70% 左右，其中前 5 名的客源人数就已占到 50% 以上，且近年来这一比例还在不断上升，说明主要客源国的作用十分明显。

表 2-1 1998～2001 年、2007～2010 年中国十大客源国客源数占旅华入境外国人总数的百分比(%)

1998 年		1999 年		2000 年		2001 年	
国家位次	占总数%	国家位次	占总数%	国家位次	占总数%	国家位次	占总数%
日 本	22.1	日 本	22.0	日 本	21.7	日 本	21.3
俄罗斯	9.7	韩 国	11.8	韩 国	13.2	韩 国	15.0
美 国	9.5	俄罗斯	9.9	俄罗斯	10.6	俄罗斯	10.7
韩 国	8.9	美 国	8.7	美 国	8.8	美 国	8.5
蒙 古	5.1	马来西亚	4.4	马来西亚	4.3	马来西亚	4.2
新加坡	4.5	蒙 古	4.2	新加坡	3.9	新加坡	3.7
马来西亚	4.2	新加坡	4.2	蒙 古	3.9	菲律宾	3.6
菲律宾	3.6	菲律宾	3.5	菲律宾	3.6	蒙 古	3.4
英 国	3.4	英 国	3.1	英 国	2.8	英 国	2.7
加拿大	2.8	德 国	2.6	泰 国	2.4	泰 国	2.7
2007 年		2008 年		2009 年		2010 年	
国家位次	占总数%	国家位次	占总数%	国家位次	占总数%	国家位次	占总数%
韩 国	18.3	韩 国	16.3	日 本	15.4	韩 国	15.6
日 本	15.2	日 本	14.2	韩 国	14.6	日 本	14.3
俄罗斯	11.5	俄罗斯	12.8	俄罗斯	8.0	俄罗斯	9.1
美 国	8.2	美 国	7.3	美 国	7.8	美 国	7.7
马来西亚	4.1	马来西亚	4.3	马来西亚	4.8	马来西亚	4.8
新加坡	3.5	新加坡	3.6	新加坡	4.1	新加坡	3.8
菲律宾	3.2	菲律宾	3.3	菲律宾	3.4	菲律宾	3.2
蒙 古	2.6	蒙 古	2.9	蒙 古	2.6	蒙 古	3.0
澳大利亚	2.3	澳大利亚	2.4	澳大利亚	2.6	加拿大	2.6
泰 国	2.3	泰 国	2.3	加拿大	2.5	澳大利亚	2.5

资料来源：根据《中国旅游统计年鉴》(2010) 整理。

2. 亚洲客源居核心位置，邻国市场占突出地位

表 2-2 为各大洲客源数占旅华入境外国人总数的百分比。从表中可以发现：1985～1989 年间，亚洲、欧洲、美洲三大洲的游客数占重要比重；1990～1996 年间，美洲游客的比重有所下降，亚、欧两洲成为旅华外国客源的主体，其中亚洲始终扮演重要角色，所占比重基本上超过 50%，尤其从 1993 年后上升趋势猛

烈，至 2001 年已达 61.1%。具体到国家，日本、韩国、俄罗斯、蒙古以及东南亚各国等与我国接壤或隔海相望的近邻国家均为重要客源国。

表 2-2 各大洲客源数占旅华入境外国人总数的百分比（%）

大　洲	1985	1990	1995	2000	2001	2007	2008	2009	2010
亚　洲	52.2	52.4	59.8	60.1	61.1	61.5	59.8	62.8	61.9
欧　洲	20.0	25.5	24.7	24.5	23.9	23.8	25.2	20.9	21.8
美　洲	21.1	17.4	11.8	12.0	11.4	10.7	10.6	11.4	11.5
大洋洲	6.3	3.6	2.7	2.7	2.9	2.8	2.8	3.1	3.0
非　洲	0.4	0.7	0.7	0.7	0.7	1.5	1.6	1.8	1.8

资料来源：根据《中国旅游统计年鉴》（2010）整理。

表 2-3 2010 年中国主要客源市场情况

按全年入境旅游人数排序	国家名称	2010 年	
		入境人数（万人次）	同比增长（%）
1	韩　国	407.64	27.49
2	日　本	373.12	12.47
3	俄罗斯	237.03	35.99
4	美　国	200.96	17.53
5	马来西亚	124.52	17.58
6	新加坡	100.37	12.83
7	越　南	92.00	11.03
8	菲律宾	82.83	10.59
9	蒙　古	79.44	37.75
10	加拿大	68.53	24.53
11	澳大利亚	66.13	17.77
12	泰　国	63.55	17.29
13	德　国	60.86	17.37
14	英　国	57.50	8.73
15	印度尼西亚	57.34	22.25
16	印　度	54.93	22.36
17	法　国	51.27	20.71
18	缅　甸	49.34	

资料来源：国家旅游局编《2010 年旅游统计快讯》（内部资料）。

3. 旅华客源地构成基本上与世界主要客源产出国构成相一致

若用旅华 10 万人次以上/每年的前 15 位客源国来代表旅华外国人的主要客源地，则我国旅游海外客源地可分为两部分：一是亚洲、大洋洲客源地；二是欧洲、美洲客源地。若将这两个客源地放在世界旅游市场的大背景下考察，比较它们与世界主要客源产出国的异同，分析它们形成的内在合理性和发展趋势，并用国际旅游发展的规律去衡量的话，那么就不难发现：它们或是我国的邻近国家，或本身具有产生出国旅游者的良好条件，或二者兼有之。在这些地区，经济发展已有相当基础或者经济生活已对边贸形成较为固定的依赖关系，出国旅游需求旺盛且条件已经成熟，国际旅游者的产生是理性的、实实在在的、合乎规律的，因而发展是健康的。由此说明，我国客源地的构成与世界主要客源产出国的构成从理论上到实践上都具有广泛的适应性，基础是坚实的。

据世界旅游组织预测，到 2020 年，中国将成为世界第四大客源产出国，其他客源产出国依次为：德国、日本、美国、英国、法国、荷兰、加拿大、俄罗斯、意大利等。显然，其中的德、日、美、英、法、加、俄等国目前已经是我国的主要客源地，荷、意两国的旅华入境人数从 20 世纪 90 年代以来已经分别增加了 2 倍和 1.4 倍，发展速度也是相当可观的。所以，按照今后 20 年洲内旅游仍将占出境旅游绝大多数的基本规律来判断，可以认为：我国目前客源地的构成是基本合理的，至少能够适应今后 20 年国际旅游格局的发展，并将长期支持我国国际旅游的持续发展。

4. 潜在客源地的发展前景乐观

受经济发展、距离和国民旅游习惯等诸多因素的影响，印度、中东地区、美洲南部地区、非洲各国的旅华游客数还很少，在我国旅游海外客源国的构成中所占的比重还很小；但这些地区近年来在出国旅游的市场上发展很快。值得注意的是，这些客源地的游客中，初访客占绝大部分。对这些游客而言，中国旅游产品具有极大的吸引力。若在这些地区积极开拓客源市场以促进客源地结构的均衡性，其市场潜力是巨大的，也是极具开发价值的。

其中，作为我国近邻的印度是一个特别值得关注的潜在市场，12.1 亿人口（2011 年）的背景和中产阶级的迅速崛起，使得印度的出国旅游需求迅猛增长。据预测，这种增长的速度在今后 10～20 年内仍有加快的趋势，这将使印度一跃成为世界重要的旅游客源产出国之一。近 10 年来，印度旅华入境市场低值快速发展，20 世纪 80 年代末为 1 万人次左右，1994 年达到 3.5 万人次，1995 年为 5.5 万人次，市场份额仅占其出境游客的 1%，显然与两个相邻文明古国应有的旅游交往有较大差距，但发展潜力还是相当大的。此外，俄罗斯和蒙古也有相似的发展趋势。因此说，我国旅游海外客源市场的发展前景还是相当乐观的。

二、性别与年龄结构特征[①]

我国境外游客的性别构成中，男性占有绝对优势。根据 1996～1997 年海外旅游者抽样调查资料，我国境外游客中男性大约占 68%，女性约占 32%，这与我国境外游客中外国游客的性别构成基本一致（图 2-4）。1989～1997 年外国游客的性别构成变化（见表 2-4、图 2-5）是：在男性游客基本保持了 2 倍于女性游客的基础上，男性游客所占比重略有上升，女性略有下降。

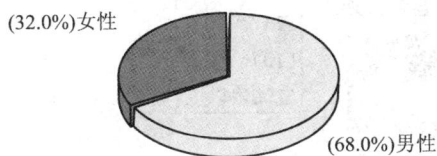

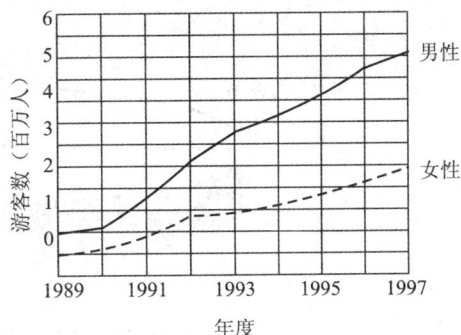

图 2-4　1989～1997 年外国游客性别构成

图 2-5　1989～1997 年外国游客性别变化

表 2-4　1998～2001 年外国游客旅华人数按性别统计

	1998 年		1999 年		2000 年		2001 年	
	总人数	所占比重%	总人数	所占比重%	总人数	所占比重%	总人数	所占比重%
男性	27 127	65.5	27 273	65.5	6 559 684	64.6	7 288 388	64.5
女性	14 269	34.5	14 334	34.5	3 600 748	35.4	3 938 046	35.5

资料来源：根据旅游统计年鉴整理。

从我国境外游客的年龄构成来看，25 岁至 44 岁之间的游客所占比重最大（接近 1/2），45 岁至 64 岁之间的游客约占 1/3，25 岁以下及 64 岁以上的游客合计约占 17%左右（表 2-5）。在外国游客中，从 1991～1997 年各个年龄段的构成可以看出，31～50 岁之间的中年游客占外国游客的近一半，51 岁以上的游客占 26.5%，17～30 岁之间的青年游客也占 24%，16 岁以下的游客仅占 3.8%（图 2-6）。我国入境游客的这种年龄结构至 2009 年时仍未发生太大变化（如图 2-7 所示）。

---

① 马耀峰、李天顺：《中国入境旅游研究》，科学出版社 1999 年版，第 25～26 页。

表 2-5　1998～2001 年境外游客年龄构成比重（%）

年龄段 年份	14 岁以下	15～24 岁	25～44 岁	45～64 岁	65 岁以上
1998	0.4	9.3	47.5	34.7	8.1
1999	0.5	8.5	47.6	35.0	8.4
2000	0.7	8.9	47.4	34.7	8.3
2001	0.5	9.0	49.5	33.1	7.9

资料来源：《中国旅游统计年鉴》及《中国旅游年鉴》。

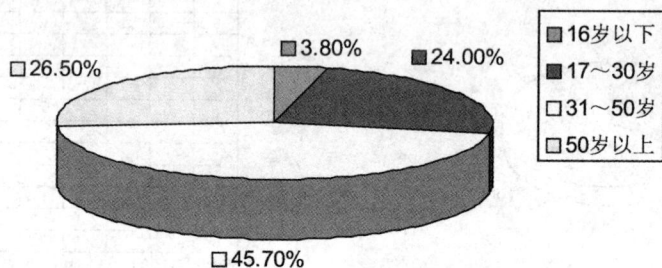

图 2-6　1991～1997 年外国游客年龄构成图

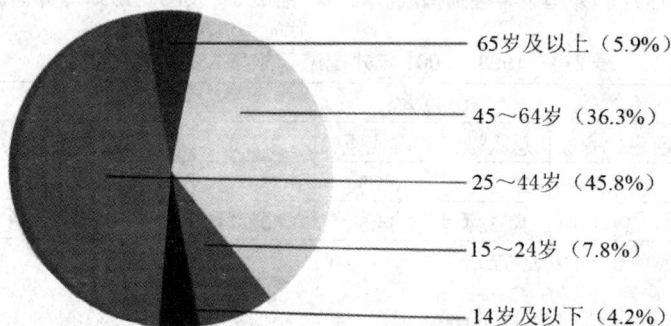

图 2-7　2009 年入境外国游客年龄构成

资料来源：《中国旅游统计年鉴》（2010）。

三、职业构成特征①

根据国家旅游局境外游客抽样调查显示：我国境外游客职业构成中，商人所占比重最高，其次为专业技术人员与职员，这三类职业的游客占到总数的一半以上。另外，退休人员、家庭主妇、工人和学生所占比重也比较高（见表 2-6）。

---

① 马耀峰、李天顺：《中国入境旅游研究》，科学出版社 1999 年版，第 27～28 页。

表2-6 境外游客年龄构成比重（%）

年份＼职业	商贸人员	职员	专业技术人员	退休人员	家庭主妇	工人	学生	政府人员	服务员推销员	军人	其他
1997	26.3	15.6	15.5	8.8	7.9	5.6	5.5	4.3	3.5	0.5	7.0
2001	24.7	15.8	17.2	8.8	7.6	4.6	5.4	5.0	3.5	0.4	7.0

资料来源：国家旅游局《海外旅游者抽样调查资料》，1997，2001。

从对境外游客的统计（见表 2-7）中可以看出，游客的职业构成逐渐呈现出多样化的特征。工人、专业技术人员、行政管理人员、农民，商人等职业的游客在总体中所占比重均有下降，其他职业类型的游客所占比重增长迅速，由 1991 年的 13.1%上升到 2000 年的 49.2%。

表2-7 1991～2001 年外国游客职业构成比重变化（%）

职业	专业技术人员	行政管理人员	办事员	商人	服务员	农民	工人	其他职业	无业人员
1991	13.3	9.7	9.4	21.2	4.7	2.0	16.5	13.1	10.1
1992	10.2	11.9	11.0	22.5	5.7	2.1	13.8	15.5	7.3
1993	8.5	6.6	11.6	26.3	8.1	1.7	12.2	17.7	7.9
1994	8.3	5.9	8.7	20.5	9.4	1.1	10.5	22.3	13.3
1995	8.2	7.7	7.3	19.9	8.0	1.0	9.2	24.8	13.9
1996	7.2	6.7	6.5	17.5	6.5	0.9	7.7	26.9	20.1
1997	8.2	6.2	7.0	18.1	6.9	0.5	6.6	31.6	17.2
1998	6.0	9.3	6.2	19.0	4.7	0.2	6.4	41.1	7.0
1999	5.8	8.1	5.0	18.0	3.9	0.2	5.9	45.7	7.4
2000	7.6	4.8	4.7	16.8	5.4	0.3	4.8	49.2	6.2
2001	7.6	4.0	15.8	24.7	3.5	—	4.6	7.0	—

资料来源：根据旅游统计年鉴整理。

四、旅游目的、方式、次数和停留时间变化[①]

1. 旅游目的变化

我国境外游客旅游目的主要以观光度假和商务活动为主。到 2001 年，以观光度假为目的的游客占总数的 37.9%，而商务游客占 24.7%，两者合计占整个境外游客的 62.6%，是境外游客旅华的主要目的（见表 2-8）。

---

① 马耀峰、李天顺：《中国入境旅游研究》，科学出版社 1999 年版，第 28～31 页。

表 2-8　1994～2001 年境外游客旅游目的构成变化（%）

年份	观光度假	商务活动	探亲访友	文化体育科技交流	宗教朝拜	健康疗养	参加会议	其他目的
1994	43.1	40.4	4.4	8.2	0.5	—	—	3.4
1995	45.3	36.2	6.5	4.0	0.7	—	1.9	5.4
1996	44.0	33.0	9.7	3.4	1.4	2.0	2.2	4.3
1997	41.3	36.2	9.1	3.2	1.4	1.2	2.9	4.7
1998	43.5	34.6	8.6	3.3	1.1	1.3	3.1	4.5
1999	44.3	34.7	8.2	3.6	1.2	1.1	3.3	3.6
2000	36.5	27.5	14.3	3.0	1.0	4.3	9	4.4
2001	37.9	24.7	8.3	2.9	0.9	16.9	4.3	4.1

资料来源：国家旅游局《海外旅游者抽样调查资料》。

从旅游目的变化来看，传统的观光度假和商务型游客所占比重稳中有降，以文化、体育和科技交流为目的的游客所占比重下降较为明显，而探亲访友的游客、参加会议的游客、宗教朝拜的游客所占比重均有所上升。同时，其他目的类型的游客近年来所占比重也在波动式上升，这说明来华游客的旅游目的已呈多样化的趋势。

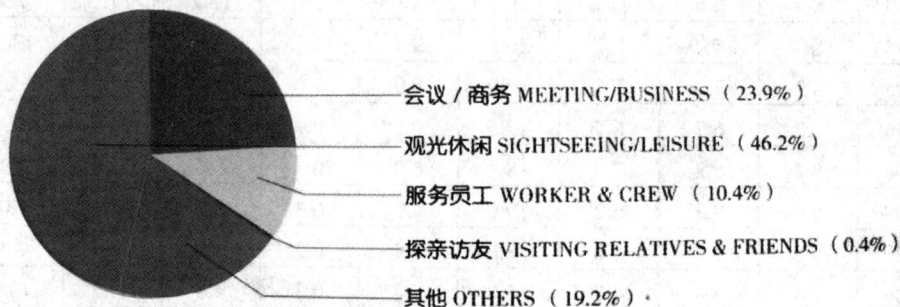

会议 / 商务 MEETING/BUSINESS（23.9%）
观光休闲 SIGHTSEEING/LEISURE（46.2%）
服务员工 WORKER & CREW（10.4%）
探亲访友 VISITING RELATIVES & FRIENDS（0.4%）
其他 OTHERS（19.2%）·

图 2-8　2009 年入境外国游客人数构成（按目的分类）

资料来源：《中国旅游统计年鉴》（2010）。

2. 旅游方式变化

从旅游组织方式上来讲，我国境外游客经历了以团体游客占主体、零散游客只占少数，到以零散游客占主体、团体游客比重较小的巨大变化（图 2-9）。1985 年全国有组织地接待境外游客所占比重为 78.4%，到 1997 年，旅行社接待海外旅游者仅占过夜旅游者总数的 12.8%。这一变化趋势表明：我国旅游服务质量全面提高，旅游业进一步发展的势头良好，旅华客源市场日趋成熟。

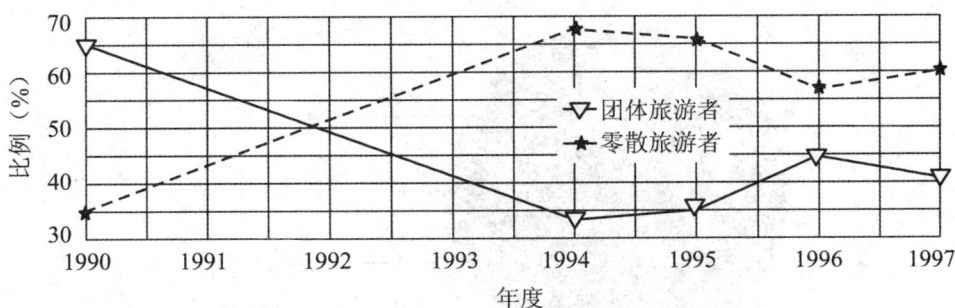

图 2-9　1990～1997 年境外游客组织方式变化图

从入境交通方式来看，我国境外游客中多一半是以徒步方式入境的，其次为汽车、飞机、船舶，乘火车入境的游客比重极小。以 1997 年为例，在 5 758 万境外游客中，以徒步方式入境者高达 3 749 万人次，占 65.1%，乘汽车入境者占 15.2%，乘飞机入境者占 10.2%，乘船舶和火车入境的游客分别占 7.95% 和 1.56%。境外游客中采用徒步方式所占比重如此之高的原因主要是：港、澳游客（以及经由香港入境的其他游客）中进行一日短途旅行的数量较大，这些游客多采用徒步方式入境，而他们的人数在境外游客中所占的比重又极高。

单就外国游客的入境交通方式而言，则表现出与整体境外游客十分明显的差异。在外国游客中，飞机是这些游客入境所采用的最主要的交通工具，其次为轮船、汽车，以徒步和火车的方式入境者也占有相当比重（图 2-10）。这种结构关系到 2009 年时就表现出明显差异。其中飞机仍是入境外国游客的首选交通工具，徒步游的比重大幅增加到 17.1%，乘汽车、火车和轮船方式入境的游客比重已有明显下降（如图 2-11 所示）。

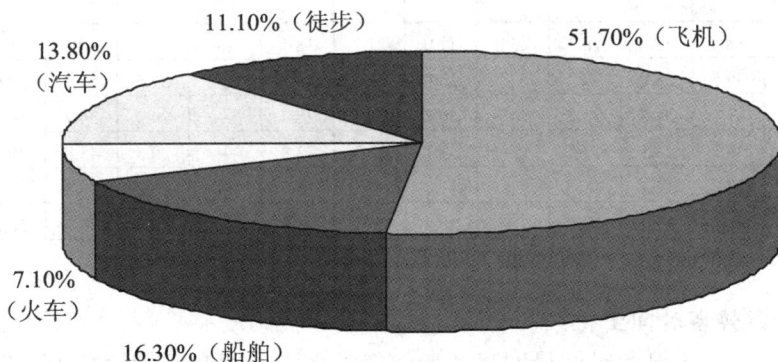

图 2-10　1993～1997 年外国游客入境方式构成图

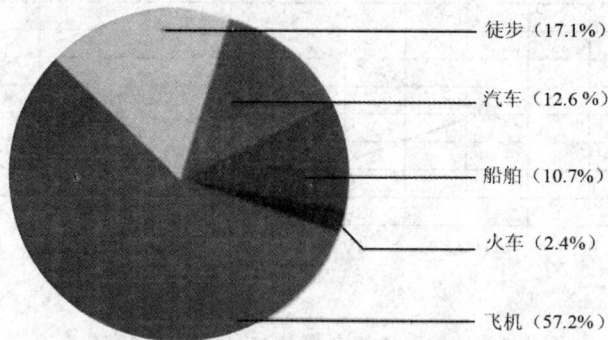

图 2-11　2009 年入境外国游客入境方式构成

资料来源:《中国旅游统计年鉴》(2010)

3. 旅游次数变化

根据 1994~2000 年对境外游客的抽样调查数据分析表明（见表 2-9），首次来华旅游的游客多选择团队的组织方式,而多次旅华游客则更喜欢自由安排日程;港澳地区游客多次来内地旅游者占有绝对优势且表现为强劲增长趋势,而首次或第二次来内地旅游所占比重正在逐年下降;台湾地区游客首次来大陆游客比重下降较快,多次来大陆者稳步增长,多次来大陆的人数比首次来的人数越来越多;华侨游客与台湾地区游客类似,只是其多次回国旅游人数所占比重不及台湾地区高。

表 2-9　1994~2000 年境外游客来华次数构成比例（%）

次数 年度 类型	第 1 次				第 2~3 次				第 4 次以上			
	1994	1996	1998	2000	1994	1996	1998	2000	1994	1996	1998	2000
一日游游客	18.3	18.4	16.3	23.2	11.0	21.1	18.1	—	70.7	60.5	65.6	57.4
过夜旅游者	39.5	26.2	27.3	—	25.0	20.3	23.8	—	35.5	53.5	48.9	45.4
外国人	49.3	38.8	37.2	36.9	26.6	26.5	28.2	—	24.0	34.7	34.6	—
华侨	38.1	28.1	17.5	—	32.1	26.1	33.3	—	29.8	45.8	49.2	—
港澳游客	17.6	4.1	—	—	17.2	7.2	—	—	65.2	88.7	—	83.3
台湾游客	32.7	23.2	17.4	—	28.3	26.1	23.8	—	39.0	50.7	58.8	—

资料来源: 国家旅游局《海外旅游者抽样调查资料》。

4. 旅游停留时间变化

我国境外游客停留时间最明显的变化就是平均停留时间持续减少,其主要原因是停留时间较长的游客明显减少,短期游客明显增加。1990 年我国入境旅游者人均停留天数为 10.3 天,到 1997 年减少到 6.4 天（图 2-12）。

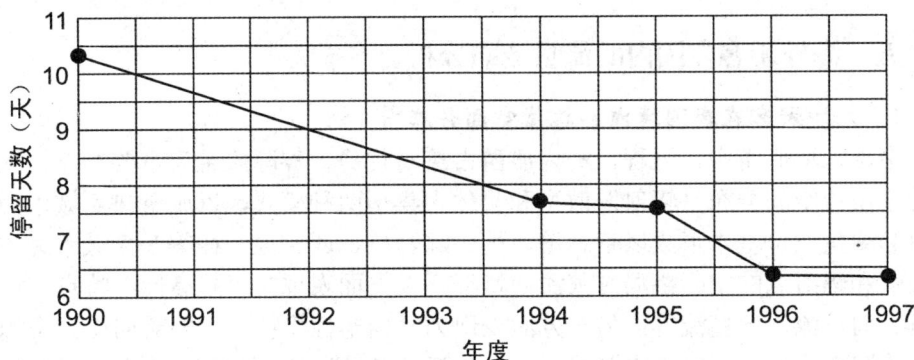

图 2-12　入境过夜旅游者平均停留天数变化图

从游客构成上看，台胞和华侨旅游者停留时间较长，而港澳旅游者停留天数最少（表 2-10、表 2-11）。

表 2-10　境外游客各组成部分停留天数（天）

年　份	外国人	华　侨	港澳同胞	台湾同胞
1990	10.9	14.4	5.9	11.4
1994	8.5	10.5	5.0	11.6
1996	7.4	10.2	3.9	8.8
1998	6.7	8.5	4.1	9.4
2000	7.0	—	3.7	8.2

资料来源：国家旅游局《海外旅游者抽样调查资料》。

表 2-11　入境过夜旅游者 1998～2001 年平均停留天数变化

年　份	平均停留天数（天）
1990	6.4
1994	6.6
1996	6.5
1998	6.5
2000	6.1

资料来源：国家旅游局《海外旅游者抽样调查资料》。

从组织方式上来看，零散旅游者停留时间略高于团队旅游者。从客源国来看，一般距离较远的国家的旅游者停留天数较长，较近的停留时间较短。

五、海外游客在国内的流量流向分析

1. 入境游客在我国境内的总体空间分布①

中国入境旅游中，近程、洲内旅游占绝对优势，洲际旅游为重要补充。入境后的旅游流空间分布呈辐射发散型和收敛聚集型两种模式，以旅游热点城市为辐射点和聚集点，基本形成以京、沪、穗、深、杭、西、昆、桂等8大城市为中心聚集点和辐射点的空间格局。其流向特征，一方面表现为"趋高性"特点，如向京流、向沪流、向穗流等；另一方面表现为"向丰性"特点，即流向旅游资源丰富、旅游产品独具特色的旅游城市，如向西（安）流、向桂（林）流、向昆（明）流等。其流量特征由"集中垄断式"渐趋"多元分流式"。原因是区域国际旅游的兴起、替代性旅游产品的出现、入境停留时间的缩短、游览1～3座城市游客比重的增加等，这些都使分流作用增强，致使原来主体旅游流量相对减少。若将海外游客按区位、游客密度指数（即区域游客数占全国总游客数比重，与区域面积占全国总面积比重的比值）、关联性和流量，把全国入境的旅游流进行空间划分的话，则按海外游客流量从高到低排列，依次为：华南、华东、华北、西南、西北、华中和东北。

2. 入境游客在我国国内的流动

另据2001年我国对入境旅游者所作的抽样调查显示：有1/3的旅华游客入境后不立即出境，还将前往我国其他地区游览。这些旅游者主要的流向有三个：一是选择在所在的省（区、市）内继续游览，占总数的12.2%，比上年减少3.1%；二是只选择前往京、沪两地旅游，占总数的30.3%，比上年减少1.3%；三是到我国经济比较发达和旅游资源较丰富的省（区、市），如前往京、沪、粤、滇、陕、甘等省市继续旅游，大约各占总数的5%。最大的变化是：对比2000年抽样调查资料，2001年入境过夜旅游者到西北地区旅游的比例大幅度增加，超过10%。

第三节　中国海外客源市场的发展趋势

一、入境旅游人数今后仍将保持持续增长态势

改革开放拉近了中国与世界的距离，中国特色的社会主义道路使13亿中国人

---

① 马耀峰、李天顺：《中国入境旅游研究》，科学出版社1999年版，第10页。

民逐步走向了殷实与小康，也让世人对中国刮目相看。30 多年来，中国的旅游业在经历了 1989 年的政治风波、1997 年的亚洲金融危机、"9·11"恐怖事件，特别是 2003 年"非典"病毒肆虐等一系列重大考验之后，正在逐步走向成熟。伴随中国政治体制的改革的不断深入，经济结构的转型，旅游服务、接待条件的改善，以及 2008 年的北京奥运会，2010 年上海的世博会的引导等一系列重大事件，有理由相信，未来一段时间中国的入境旅游人数会逐年有所增长。这当中，港澳台同胞仍将构成我国国际旅游客源的主体，保持在占入境旅游者 85%上下的水平。一定时期之后，港澳台同胞入境旅游人次的增长将会停滞甚至略微下降，外国旅游者来华人次将会逐渐有所增长。

二、传统市场范围持续保持稳定，薄弱市场部分将会有所加强

21 世纪初叶，亚洲主体市场和西欧北美传统市场的地位还将会保持下去，同时拉美、非洲、中东等薄弱部分将得到进一步的开拓。亚洲作为世界第一大洲，面积、人口均居首位，经济发展已有一定基础，很多国家和地区又与我国有着历史、文化、地缘等方面的密切联系，市场潜力很大。特别是周边的东南亚、东北亚各国，于 20 世纪八九十年代相继成为我国主要的旅游海外客源市场后，入境人数多、增长幅度大一直是显著的优势，但同时也表现出增幅波动不稳的特点。但在渡过了多次暂时性的难关之后，东南亚、东北亚地区仍将是决定着未来中国旅游海外客源市场规模的重要区域。

西欧与北美也仍将保持其现有的传统市场的地位。随着中国与欧盟关系的发展和国内旅游业的变革，这两个地区的来华客源仍将有可能继续增长。而且西欧、北美传统市场的覆盖面将会进一步扩展，欧洲各国、北美各地区和城市都将产生新的旅华客源。

非洲、拉美和中东作为我国旅游海外客源市场的一部分，一直是薄弱环节。新世纪里，随着其越来越多地受到重视，其市场潜力和开发前景都十分广阔。

三、周边地区和发达国家仍将是我国最重要的客源国

日、美两国和我国周边地区仍将是我国最为重要的旅游海外客源国。自 1986 年以来，日本在我国海外客源国中一直是名列前茅的。在 1997 亚洲金融危机的冲击下，来华游客人数仍保持着 2.1%的增长。受恐怖袭击、禽流感和"非典"等不利因素的影响，我国周边国家来华游客市场出现的短期低迷状况是可以理解的。但从长远上看，开拓前景仍很乐观。与此同时，英国、法国、德国、意大利、澳大利亚等传统客源国已经比较成熟，将会保持稳定并有一定的增长。拉美、东欧以及东南亚的越南等在我国海外客源国排列相对靠后的国家，也极有可能上升为

我国旅游主要客源国。特别是越南，很有发展潜力，自 1992 年两国关系正常化以来，高层往来不断，经贸、文化交流频繁。中国旅游对越南旅游者具有很多便利条件和巨大的吸引力，越南已经将中国列为其主要旅游对象国。

　　总之，在 21 世纪初的一段时期内，中国旅游海外客源市场将会基本保持 20 世纪 90 年代形成的基本格局，同时也将有一些新的发展和变化，展现出更加光辉灿烂的前景。

复习思考题

　　1. 简要评述中国旅游海外客源市场形成的历史。
　　2. 旅华游客的地域构成上有什么特征？
　　3. 试论述中国旅游海外客源市场的特征。
　　4. 中国旅游海外客源市场的发展趋势是什么？

第三章　东亚太地区主要客源国

【学习导引】

通过本章学习，牢固树立对东亚太地区作为我国旅游海外客源市场重要性的认识。对该市场区域范围内的日本、韩国、蒙古、澳大利亚、新西兰五国的环境与资源、经济与社会、民俗风情等基本的旅游要素有一个初步的了解。学会运用对比的方法，分析各国的旅华市场现状问题。

【教学目标】

1. 了解东亚太五国旅华客源市场的发展历程。
2. 掌握东亚太五国的空间分布。
3. 认识并理解日本、韩国市场在我国海外客源市场中的地位。
4. 掌握分析客源市场规律的基本方法。

【学习重点】

东亚太旅游市场的空间分布；日本、韩国游客旅游出行规律；蒙古旅华市场迅猛发展的原因分析；澳大利亚发展旅游业的独特优势。

"东亚太地区"不是一个规范意义上的地域范围名称，它是亚洲东部及太平洋地区的简称。由于该地区在地理位置、民族文化、经济互补性等方面与我国相似又相近，所以这里所说的东亚太地区历来被认为是我国海外客源市场的主体部分。其中日本、韩国、蒙古国以及澳大利亚和新西兰等国长期以来一直位居旅华客源国的前列。因此，了解并掌握这些国家的政治、经济、文化，特别是其旅游业发展的脉络，对于进一步巩固我国的海外客源市场，改善我们的服务，提高我国旅游产品的国际竞争力都有着十分重要的现实意义。下面分别简述东亚太地区各主要客源国的基本情况。

东亚太地区主要客源国分布示意图

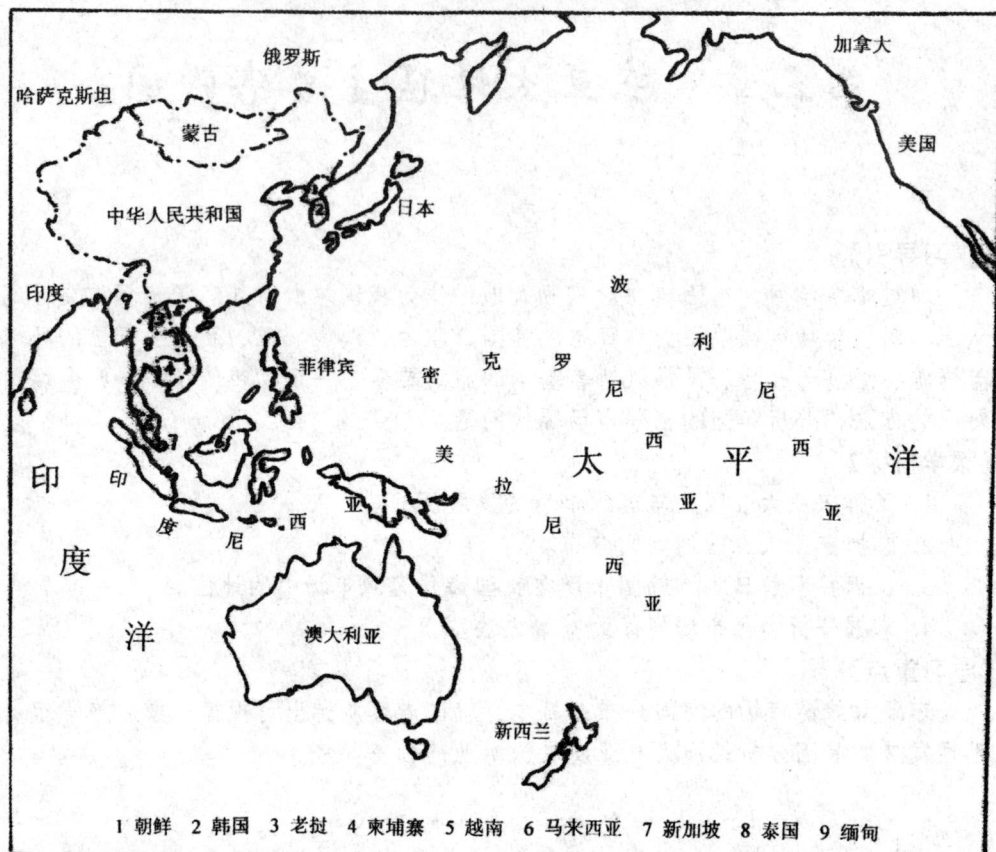

1 朝鲜　2 韩国　3 老挝　4 柬埔寨　5 越南　6 马来西亚　7 新加坡　8 泰国　9 缅甸

第一节　日　本

一、自然环境

　　日本位于亚洲大陆东侧，是亚洲大陆东北海岸外、太平洋上的一个群岛国家。国土由北海道、本州、四国、九州等四个主要岛屿和 7 000 个沿海小岛组成，国土总面积 37.38 万平方公里，蜿蜒曲折的海岸线总长约 3.4 万公里。它东濒太平洋，北临鄂霍次克海，西临东海、黄海、朝鲜海峡、日本海，与中国、韩国、朝鲜、俄罗斯相望。

日本的国土将近 70%是山地，大部分国土为森林所覆盖。在本州中央横穿飞禅、木曾、赤石三条山脉，耸立着许多海拔 3 000 米以上的山峰，其中海拔 3 766 米的富士山是日本最高山峰。

日本是世界有名的地震多发地区，全国平均每天发生四次地震，大都发生在沿太平洋海岸一带。有时，地震还引起海啸。与火山活动有关，日本是地热资源最丰富的国家之一，温泉遍及全国，总数约 2 万处，地热电站也有许多。

日本河流众多，峡谷交错。受地形和气候影响，河流一般流程短、落差大，水量充沛、水流湍急，多激流、瀑布，水力资源十分丰富。日本最长的河流为信浓川，全长 367 公里，流域面积最大的河流是利根川，为 1.68 万平方公里。日本的湖泊多分布在山区，湖水多清澈透底，但规模较小。日本全国约有湖泊 600 个，主要集中在东北部。最大的湖泊是位于本州的琵琶湖，面积 674 平方公里。

日本大部分地区属于温带海洋性季风气候，四季分明是其主要特征，特别是冬、夏的气候截然不同。加之国土南北细长，受大陆和海洋的影响，存在着明显的地区差异。总的来说，与亚洲大陆同纬度地区相比，日本的冬季较为温和，夏季较为凉爽。降水比较丰富，年均降水量为 1 700～1 800 毫米，较亚洲大陆同纬度地区为多。

二、社会环境

1. 历史与文化

日本最早的文化是约一万年前的"无土器文化"，一直延续到旧石器时代。公元前 3～前 2 世纪初，进入新石器时代，即"绳文式文化"时代。公元 1 世纪左右，日本各地被分割为 100 多个小国家（其中有些与东汉建立了外交关系），后来这些小国才逐渐被统一。

公元 4 世纪中叶，大和民族统一日本，建立奴隶制国家——大和国，统治日本长达 300 余年。5 世纪初，大和国达到鼎盛时期，其势力扩及朝鲜半岛南部。公元 645 年通过大化改新，仿照中国唐朝律令制度，建立以天皇为绝对君主的封建中央集权国家体制。公元 12 世纪起，经历"镰仓幕府"、"室町幕府"、"战国时

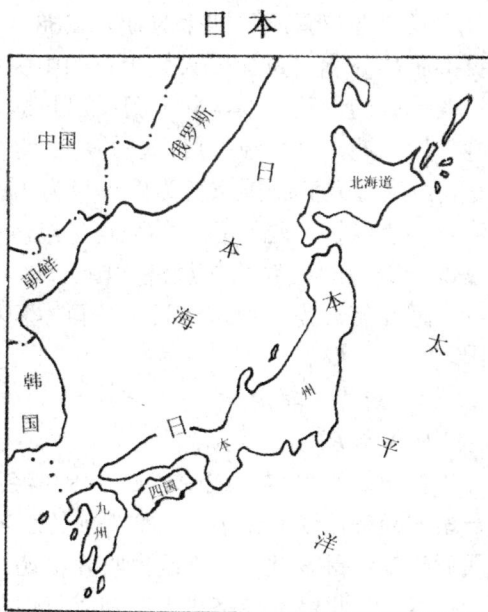

代"及"江户幕府"四个时期。1868 年,革新派实行"明治维新",废除封建割据的幕藩体制,重建以天皇为首的中央集权,发展资本主义,并逐步走上了对外侵略扩张的道路。1945 年 8 月 15 日日本在"二战"中战败,宣布无条件投降。"二战"后初期,美军独占日本,并对日实行民主化改革。1947 年 5 月 3 日实施新宪法,由绝对天皇制国家变为以天皇为国家象征的议会内阁制国家。"二战"后日本奉行"重经济、轻军备"的战略,经济实力迅速提高,20 世纪 60 年代末即成为仅次于美国的世界第二经济大国。80 年代中期以来又致力于实现政治大国的目标。近几年,为实现这一目标,日本积极开展全方位外交,争当安理会常任理事国。

2. 经济与政治

(1) 经济

在第二次世界大战中,日本国民经济受到了毁灭性的打击,但到 1951 年时,日本的经济已恢复到了"二战"前的水平,为高度发展打下了基础。20 世纪 50 年代后半期,日本颁布了"国民收入倍增计划",不断扩大设备投资,大量引进欧美新技术,自此日本经济进入高速发展时期。到 1968 年,日本的国民生产总值超过了当时的西德,成为仅次于美国的资本主义世界第二经济大国。但近十年来,日本经济一直处于低迷状态,虽然政府推出了一套又一套"综合经济对策"进行搭救,但终因伤势太重,不仅久治而迟迟不愈,而且从 1997 年 4 月经济开始衰退,当年的经济增长率跌至负 0.7%,为"二战"后最严重的经济衰退年。2001 年,日本经济形势再度告急。

日本经济处于低迷状态已近 10 年。2001 年的经济再度告急,标志其经济已进入全面通货紧缩状态。小泉内阁上台后,主张实施彻底而全面的经济结构改革,以解决不良债权为突破口,控制财政赤字规模,鼓励竞争,实现以民间需求为主的经济复苏。"9·11"事件的发生使日本经济的外部环境进一步恶化,失业率一度升至 5.6%,日元大幅度贬值。2010 年国内生产总值 54 588 亿美元,位居世界第三位,人均 GDP 达 4.3 万美元,位居世界前 20 位。

日本是个资源贫乏的国家,80%以上工业原料依赖进口。主要资源的对外依存度都在 90%以上。但日本的核能开发历史较早,截至 2010 年,已拥有 5 座商用核电站。

对于资源匮乏的日本来说,有两样资源是十分丰富的:一是森林资源,日本的森林面积约占国土总面积的 2/3,是世界上森林覆盖率最高的国家之一;二是近海渔业资源,特殊的岛国位置,使日本拥有世界上最重要的渔场之一,海洋捕捞与海水养殖技术先进。

雄厚的经济实力与先进的科学技术,造就了日本高度发达的工业。今天的日本工业已成为其国民经济的绝对支柱，尤其是基础工业的科技含量极高。此外，在汽车、电子、钢铁、造船、机械、化工等行业，日本也具有极强的国际竞争力。工业产值约占其国内生产总值的40%。

（2）政治

1885年日本确立内阁制度，1947年颁布新宪法。宪法规定：实行以立法、司法、行政三权分立为基础的议会内阁制；天皇为日本国和日本国民总体的象征，无权参与国政；"永远放弃把利用国家权力发动战争、武力威胁或行使武力作为解决国际争端的手段，为达此目的，日本不保持陆、海、空军及其他战争力量，不承认国家的交战权……"

3. 人口与居民

日本的人口约有1.28亿（截至2010年10月），是一个民族构成比较单一的国家。由于在公元3世纪本州中部曾建立过大和国，因此日本人有"大和民族"之称。"大和民族"，约占日本总人口的99.3%以上。

日本是单一语言的国家，通用的语言是日本语。以东京语为基础的日本语称为"标准语"或"共通语"，已普及全国各地。

日本宪法保证国民信仰自由，实施政教分离。当今的日本社会有神道教、佛教、基督教等多种宗教。目前，全国宗教团体的信徒总数达2.17亿人，其中神道教信徒占54.1%，佛教信徒占40.5%，基督教信徒占0.7%，其他诸教信徒占4.7%。宗教人口约为日本平均总人口的2倍，这在国际上实属罕见，也无此先例。

4. 社会风情与习俗

日本社会保留了许多具有其本国特色的传统节庆活动和祭典，其中的一些节庆活动已成为日本人日常生活中的一项非常重要的内容，并随着个人的成长，在其人生的旅途上构建起了一个又一个醒目的人生标记，熏染和包装着日本人的灵魂，成为其精神世界不可缺少的文化点缀和支撑。

（1）节庆日

元旦（1月1日）：日本也把元旦称为新年节，其地位与中国的春节颇为相似，节日的意义在于辞旧迎新。所不同的是，日本的新年是按阳历（公历）而定。在日本，通常将元月1日到3日这段时期称为"正月"。"正月"原是指1日，但习惯上是指这三天。当每年的12月份来临时，家家户户就开始着手准备迎接新年的到来。元月1日至3日，又称为"三贺日"。元旦早晨全家要吃年糕，共尝酱油煮小干鱼等。据说这些象征吉祥的食物会给子孙带来幸福和健康。正月初一到初七，人们访问亲友，互相拜年。

节分（2月3日或4日）：系指"立春"前一日。这一天夜里，人们在住宅周围撒大豆，边撒边祈祷，"妖魔滚出去，福气留下来"，然后吃大豆，所吃豆子的数量与年龄数相同。

女孩节（3月3日）：当女孩子出生后的第一个3月3日时，父母为她买一套整齐精致的小偶人，模仿宫廷风俗把偶人和桃枝装饰在家里祭供。此后的每年 3 月 3 日，女孩子们都要把小偶人搬出来和自己共度佳节，直到出嫁时带走。

端午节（5月5日）：系祈求男孩子能健康成长的节日，在有男孩子的家里装饰武士偶人，屋檐下插上菖蒲，升起鲤鱼幡，全家吃柏叶饼或粽子。

星节（7月7日）：传说牛郎星在这天晚上要渡天河与织女星相会。这一天，家家在院子里供上玉米等农作物，在毛竹上挂起写有诗歌的彩纸，希望能实现自己的愿望。

中元普渡（7月15日前后的数日）：也称"盂兰盆会"，传说在盂兰盆节的时候，祖先的灵魂要回家，因此，节日期间人们要把祭品供奉于先祖灵位前，以祭奠亡灵。节日的头一天，迎接祖先灵魂；节日的最后一天，点火送灵魂，节日期间举行盂兰盆舞会活动。

中秋赏月（阴历8月15日及"满月之夜"的9月13日晚）：家中以白尾芒草来装饰，供奉酒及糯米麻薯，一边赏月一边享用"观月宴"，欢度中秋之夜。

彼岸（春分和秋分前后的7天期间）：人们在此期间呼唤先祖亡灵，举行佛祖的超度仪式并上坟扫墓祭典，以寄托哀思并祈求祖先在天之灵的庇佑和保护。

七五三（11月15日）：此间父母带着3岁、5岁、7岁的孩子去神社参拜，以祈求孩子们能幸福成长。

圣诞节（12月25日）：这一天，年轻人往往欢聚在一起，尽情地陶醉于圣诞之夜的欢快之中，而对于孩子来说，得到圣诞老人的一份精美的礼物或得到一个意外的惊喜，则是件非常高兴而又难忘的事。

此外，日本的法律还规定，国民可以享有14个"国定节日"，这些节日也是学校、政府机关和企业的法定休假日，它们是：元旦（1月1日），成人节（1月15日），建国纪念日（2月11日），春分（3月20日左右），绿之日（4月29日），宪法纪念日（5月3日），儿童节（5月5日），海之日（7月20日），敬老日（9月15日），秋分（9月24日左右），体育节（10月10日），水节（11月3日），勤劳感谢日（11月23日），天皇诞生日（12月23日）。

另外，日本每年都举行一些具有浓郁乡土气息的传统祭典活动，比较有代表性的是：札幌的"冰雪节"（每年2月的第一个星期五至星期六），覆盖全国各地的樱花节（3月15日至4月15日），京都的"祇园祭"（7月1日至7月29日）等。

（2）礼仪

日本是著名的礼仪之邦，也是一个非常重视外在形式的民族。与之相关联的是，日本民族在长期的社会生活中逐渐养成了一种非常重视礼仪教育的社会风气和习惯，并形成了一整套完整的礼仪模式。

日本的小孩子从会说话起就要接受家庭的礼仪教育，父母按惯例总要教会孩子说一些最简单的礼仪用语，并手把手地教会孩子日常生活中的一些最基本的行为规范，如 "您早"、"您好"、"再见"、"请休息"、"晚安"、"对不起"、"拜托您了"、"请多关照"、"失陪了"、"失礼了" 等等。

日本人最擅长行鞠躬礼。躬身 15 度是一般性的礼节，30 度是普通的礼节，45 度是最尊重的礼节。就连首相在议院作演说前都要先行鞠躬礼。

由于礼仪对衣着穿戴也有严格的要求，因此日本人的服饰意识十分强烈，对自己的仪表和穿着打扮也十分讲究和注意。日本人认为。服装与仪表在某种意义上可以说是自我的表现，同时也是得到对方信赖的第一步，成为今后交往的良好开端。也就是说，与人交往时日本人首先从他（她）的服装和仪表来判断其人是否可信，是否值得尊敬。所以在社交场合，人们都非常注重自己的装束。

在行为规范方面，日本人十分强调站有站相，坐有坐姿。参加日本式宴会一般都要盘腿而坐。妇女则屈膝跪坐。在日本最忌讳女士分开腿坐。特别是穿短裙时更不能分腿而坐。不管男女，正式场合落座时要求一定要把两腿并在一起，把两手放在膝盖上面，不能翘二郎腿。当经过别人面前时，特别是别人正在讲话时，一定要弯腰低着身子说声 "对不起" 或做个 "劳驾" 的手势后再通过。在洗手间里，要把擦过手的手帕放好后再走出去，尤其是女性更要如此。给人递东西时，要用两手递。递刀等危险东西时，要把带有刃、尖等危险部位朝向自己后再递给别人。

日本人在与人交谈时很少注视对方的眼睛。大多是看着对方的鼻尖。特别是对上司和长辈，常常要垂目低视。也有人闭上眼睛，表示洗耳恭听。当与他人对视时，有些人会感到难为情而赶紧移开目光。当冒犯或妨碍他人时，要马上说 "对不起" 以示歉意，如果不这样，彼此关系往往会搞得很僵。

（3）饮食

总的说来，日本的饮食可分为三种：首先是日本固有的 "日本料理"；其次是从中国传过去的 "中国料理"；此外还有欧式的 "西洋料理"。

日本料理，又称 "和食"。这是日本人祖祖辈辈流传下来的独特饮食方式。这种料理中最典型的食物要算是 "撒西米"（生鱼片）、"司盖阿盖"（类似我国的火锅）、"寿司"（日本式饭团，一种冷盘菜）和日本面条等。日本人的早餐喜喝稀饭，由于受外来影响也喝牛奶，吃面包。午餐、晚餐一般吃米饭，副食以鱼类和蔬菜为主。日本是岛国，海产品多，所以日本人爱吃鱼并且吃法也很多，如蒸、烤、煎、炸等，鱼汤丸也是他们喜欢吃的。日本人吃生鱼片时要配辣根以解腥杀菌。吃凉菜时，他们喜欢在凉菜上撒上少许芝麻、紫菜末、生姜丝等起调味点缀作用。日本人还爱吃面酱、酱菜、紫菜、酸菜等。

从中国传过去的"中国料理",即中餐。日本人偏爱我国的广东菜、北京菜、淮扬菜以及带辣味的四川菜。

"西洋料理",即西餐。日本人究竟喜食何种料理,则要看具体对象而定。不过,最为普遍的还是这三种料理的混合选用。

总之,从饮食习惯上说,日本人吃菜喜欢清淡,忌油腻,爱吃鲜中带甜的菜,还爱吃牛肉、鸡蛋、清水大蟹、海带、精猪肉和豆腐等,但不喜欢吃羊肉和猪内脏。日本人喜欢喝酒,像日本清酒、英国威士忌、法国白兰地和中国"茅台"等名酒都爱喝。日本人吃水果偏食瓜类,如西瓜、哈密瓜、白兰瓜等。

(4)禁忌

日语是世界语言中敬语最多的一种。但日本人对数字的吉凶感觉很敏感,忌讳4(与"死"发音相同)、6(发音为"劳苦")、9(发音为"苦")和42。因此,在喜庆场合和剧场、影院、医院、饭店等场所,一般不使用这几个"不吉利"的数字。

日本人对颜色也有自己的讲究。日本人忌讳绿色,认为绿色是不详之色,故忌用绿色作装饰;日本人还忌紫色,认为紫色不牢靠,因此忌讳用紫色纸或紫色布包装物品。此外,在商品的包装上,日本人忌用荷花(丧花)、狐狸(贪婪)、獾(狡诈)等图案。

三、旅游业概况

1. 日本海外旅游的发展历程

"二战"后日本百业萧条,经济状况极为不佳,这段时间基本上不存在所谓的旅游。经过 20 年的惨淡经营,日本经济有了快速发展。1964 年在东京举办的奥运会,揭开了日本旅游事业发展的序幕。在此之前,能够出境的仅仅限于外交、公务出差、留学、出席学术会议、参加运动会等,基本上不存在个人的海外旅游。

1964 年日本仅有 127 749 人出国,而 1999 年则有 1 636 万人出国。从日本国际旅游发展的进程来看,日本国民出国旅游热潮真正兴起的时期是在 1971 年至 1973 年间,据调查,当时日本国民的海外旅游一直保持在 40%以上的增长速度。特别是 1973 年创历史最高纪录,达到 64.4%。但随后两年,因受"第一次石油危机"的影响,日本国民出国旅游的增长率开始下降。但总体来说,日本国民出国旅游,从 1964 年到 1979 年,出现了 16 年之久的持续增长,可谓之高度增长时期(见图 3-1)。

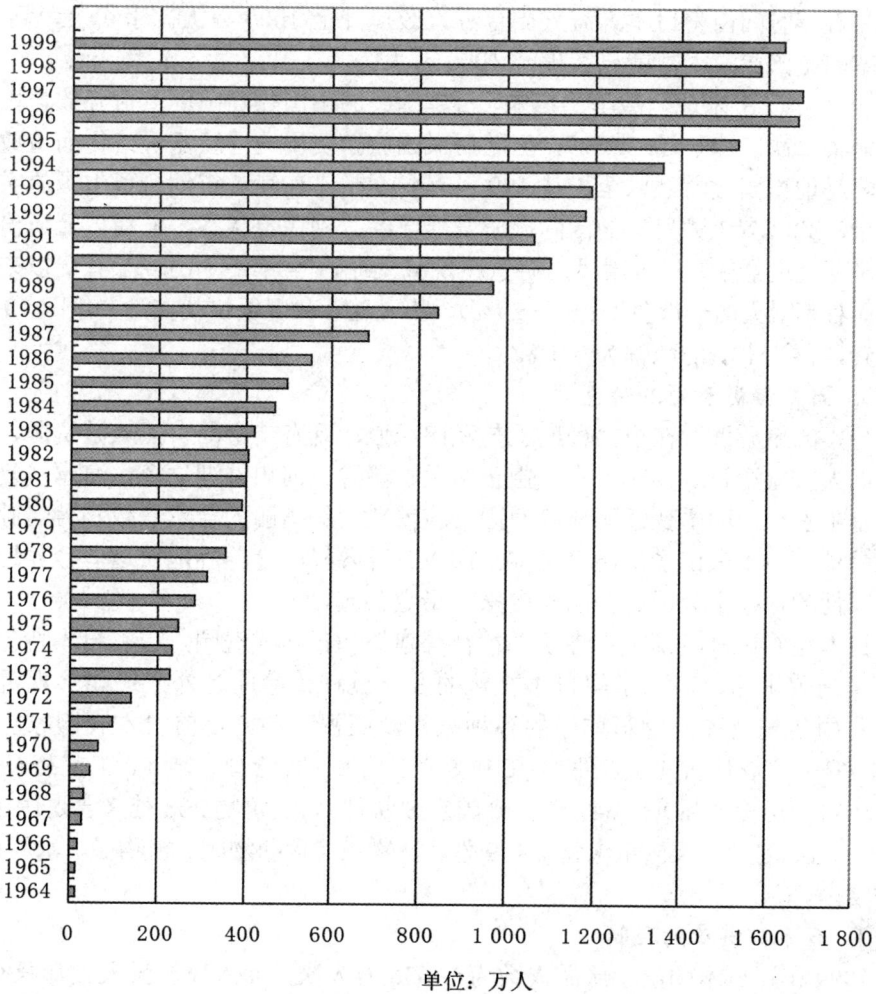

图 3-1　1964～1999 年日本海外旅游人数

　　1979 年 1 月，"第二次石油危机"爆发。1980 年日本的出国旅游第一次出现了负增长（-3.2%）的记录。与此同时，受社会形势变化的影响，日本国际旅游市场的客源层结构也发生了变化：一是高龄化在这个时期出现；二是女性旅游者出现增长趋势。这两者同时出现，极大地改变了日本国际旅游市场的结构。

　　日本在克服了因"第二次石油危机"所造成的困境后，1984 年出国旅游总数较前一年度增长了 10.1%，并再次掀起了出国旅游的热潮。1986 年日本国民出国旅游首次突破 500 万人，就绝对数字而言，显然比其他先进国家要低。为此，日本运输省于 1987 年策划了"海外旅行倍增计划"（ten million 计划）。计划的目标是：在五年时间内将日本人海外旅行者人数提升至 1000 万人。事实上，到 1990 年日本的出国旅游人数就已突破了 1000 万大关。

1991 年受中东地区战争的影响，日本国民的出国热潮出现了自开放自由出国以来的第二次负增长（-3.3%），但随后又因旅游费用的持续低价格化而造成国民更能轻易地出国旅游，以至于从 1992 年至 1997 年连续 6 年创造了出国旅游的最高记录，此时应该说日本的国际旅游发展已经达到稳定状态。但受日元贬值及长期经济低迷的影响，日本国民出游意愿锐减，到 1998 年终于出现了有史以来的第三次而且是最大的一次负增长（-5.9%），不过这一状况很快就在第二年即 1999 年被扭转，再次上涨的涨幅为 3.5%。

2. 日本旅游资源的特色

日本的旅游资源在很大程度上与我国相似，既有丰富的自然旅游资源，又有众多的人文旅游资源。在日本，由于山岳、溪谷、河川、湖泊多，海岸线复杂，地形富于变化，四季变迁明显等原因，值得欣赏的美丽的自然景致和著名胜地很多。另外，由于火山多，温泉也多，形成各种各样的疗养胜地。这些疗养地中，有代表性的均被定为国立公园和国家的指定公园。

日本还有许多古都、古寺院、神社等建筑和日本式庭园，内有日本特色的佛像、工艺美术品，可以了解日本文化的发展过程，除此之外，还能够观赏富有各地不同传统及民间色彩浓厚的各种祭祀及庆祝活动。目前日本有国家重点文物 11 731 件（含国宝 1 036 件），其中美术工艺品（含绘画、雕刻、工艺品、书籍、考古资料、历史资料）9 647 件（含国宝 829 件）、建筑物 208 处（含过国宝 207 处），遗迹、名胜、天然纪念物 2 479 件，博物馆（含动物园、植物园、水族馆等）共 799 座。

3. 日本旅游业的现状

1999 年，日本的出境旅游人数为 1 636 万人次，而入境旅游人数却只有 440 万，仅相当于出境旅游人数的 1/4。据 WTO 统计，1999 年日本入境旅游接待人数仅排名世界第 36 位，在西方 8 国中排名倒数第一。

受 "9·11" 事件影响，日本国民出国旅行大幅度减少。2001 年旅游业总收入比上年减少 8%，其中海外旅行支出同比下降 18.3%。

目前，日本国民业余时间的消遣方式和消费形态也日益多样化。互联网、游戏机、手提电话等的迅猛发展和普及增加了旅游之外的众多可选择项目。在这样的背景下，日本的国内旅游的吸引力也有所下降。

4. 近年来日本海外旅游市场的变化

日本的出境旅游市场在经历了长达 10 年的经济不景气后，其发展所面临的综合环境也发生了根本性的变化，在这一大背景之下，日本出境旅游市场的消费趋势、特征及其动向，亦在 20 世纪 90 年代后期发生了很大的变化。其主要原因是，人们的消费观点及旅游动机与需求发生了显著的变化。[①]而这种市场结构的转向与变化，正是我们做好市场招徕与促销的关键。

日本经济自 1990 年起，走过了"失去的 10 年"的零增长时期。尽管如此，日本的出境旅游市场所拥有的市场规模与潜力依然很大。"9·11"恐怖事件以及其后发生的"×××战争"、"非典"等许多突发事件，虽然一度使得海外旅行人数的增长速度比预期的缓慢，但是，由于过去经济高增长、高收入而造成的"高储蓄"阶层并未减少，而在社会消费者当中，不被经济状况所左右的旅行者依然有所增加。所以说日本出境旅游市场仍然是大有潜力可挖的。这从活跃在目前市场上的旅行者，多以 50 岁以上的老年人和 30 岁左右的女性为主这一特征上就可以得到验证，也正是他（她）们占据了日本出境旅游市场的大部分份额。当然，在目前的日本出境旅游消费市场上，也存在着许多有希望争取到的市场份额，获得它的最好办法是，把握他（她）们对旅行的想法及其旅行活动的特点，分析市场上出现的多种变化与趋势。另外，也应该让他（她）们清楚地了解我们市场上正在销售的商品的情况。

（1）市场结构的变化

1）市场消费潮流的生力军从 20 岁左右的女性向 50 岁以上的女性阶层转移

据统计，在 1980 年至 2000 年这 20 年间，日本赴海外旅游者的人数增加了近 5 倍，1980 年、1990 年和 1995 年的旅行者年龄构成比例几乎没有变化，仅仅是 10 岁左右的出游人数比率增加了，那是因为学校组织的赴海外修学旅行增加了的缘故。然而在 2000 年，50 岁以上的出游人数比率却出现了明显的增加。从 20 世纪 80 年代开始到 90 年代后半期，20 岁左右的女性占据着市场的主导地位。但是，到了 90 年代后半期以后，具体地说就是自 1997 年之后，50 岁以上的女性出游人数占据了市场的绝大部分。2002 年，日本赴海外旅行的人数比前一年增加了 1.8%，而对市场恢复贡献最大的就是 60 岁左右的女性，其次才是 50 岁和 30 岁左右的女性。由此可见，现在市场的生力军已不再是 20 岁左右的年轻女性了。

2）"积蓄型消费者"和"工薪型消费者"已成为出境游市场上的两种主要类型

构成当今日本出境旅游市场结构的关键因素有二：

其一，不被经济状况影响的消费群体，他们不管是金钱方面还是时间方面都有充分的富余，这就是 50 岁以上的国民群体，即所谓的"积蓄型消费者"。他们无论任何时候都能够外出旅行，而且，一旦外界稍有任何不妥情况或者不测性突发事件发生，就会立即取消旅行。即相对于经济方面来说，这一部分群体更关心

---

① 参见国家旅游局东京法旅游办事处：《日本旅游市场变中求进》，《中国旅游报》2003 年 11 月 14 日。

的是安全方面的问题。

其二，经济景气时期，在金钱方面略有节余的消费群体的出境旅游。这一消费阶层，其旅游消费对薪水有很大的依赖性，他们多以年龄在 20 岁到 40 岁的消费者组成，称之为"工薪型消费者"。他们虽然也很关心安全问题，相对来说主要是受经济状况的制约，所以他们对旅游商品的价格反应更为敏感。

3）"积蓄型消费者"将逐渐成为出境市场的主体

自 1990 年起，日本经济陷入持续性的零增长时期，到了 1997 年，日本人的年平均家庭收入已连续 5 年呈减少趋势，所以"工薪型消费者"也开始紧缩钱袋，其海外旅行消费也一直处于减少倾向。但是，到了 2000 年，日本国内经济状况开始稍有好转，随着企业效益的增加，人们的奖金也在增加，出游人数则逐渐呈现了上升趋势。而在此同期，"积蓄型消费者"的出游人数并未受制于经济不景气的影响，每年却都在以相对前一年 10% 的速度增加，所以说，至今日本的经济状况仍不是很好，但市场整体的出游人数却呈现了上升的现象，这正是因为"积蓄型消费者"对市场的推动作用，因为"积蓄型消费者"占到整个出游人数的 30% 至 40%，即使"工薪型消费者"出游人数不增加，市场整体也会以 3% 甚至 4% 的比率递增。

从日本的人口构成比例来看，由于人口构成不断趋向高龄化，所以，50 岁以上的"积蓄型消费者"增加也是理所当然的，因而，如前所述，日本的出境游市场不但有坚强的经济后盾，而且，还拥有着高规格的消费需求和市场规模。

4）安全问题正日益成为人们格外关注的敏感话题

在 2001 年的"9·11"恐怖事件之前，"积蓄型消费者"曾创下日本赴海外旅游市场上的最高纪录，但是，"9·11"之后，对安全问题极其敏感的"积蓄型消费者"赴海外旅游的人数减少了一半。同样，2003 年，受到伊拉克战争和"非典"等因素的破坏性影响，"积蓄型消费者"则出现了大幅度的减少。

日本赴海外旅游市场的"积蓄型消费者"之所以对安全、卫生问题之所以非常敏感，是因为"积蓄型消费者"的绝大多数人员是 50 岁以上的家庭主妇，她们容易受到传媒，特别是电视导向的影响。由于日本宣传媒体的极端报道，很多没有必要担心的情况也使得她们将旅行计划延期，或者取消，或者转向其他目的地。当然，恐怖及其他突发事件所引起的不安会随着时间的推移而被淡忘，市场的消费需求也会逐渐恢复。但无论如何，人们对安全问题的关注度的确是越来越高了。

5）30 岁的女性市场是最易争取的消费群体

当今日本家庭关系的特点是向密切型方向发展。最近在日本，结婚以后住在离女方的娘家距离较近的家庭在逐渐增加，虽然可能不住在一个社区或一个公寓之内，但那些年轻母亲的妈妈，即孩子的姥姥也会用她们的积蓄来支付日常生活中的开销。另外，即使不结婚，自己有工作又有收入的 30 岁女性和父母同住的也不少。根据对居住在首都东京圈内的年轻女性的调查，70%的未婚职业女性和父母生活在一起，而且近年来随着晚婚的盛行和不结婚女性的增加，相对于这一年龄层的女性们来说，她们可以随意支配的资金非常充足。据调查，参加海外旅行的 30 岁左右的女性半数以上为未婚者。

从目前日本的人口构成比例来看，30 岁左右的人口数量较大。所以 30 岁女性的出境旅游人数相对也会有所增加，这也将成为我们今后有望拓展的市场之一。也就是说，30 岁左右女性出游者增加的主要理由之一是，60 岁消费层的积蓄正在向 30 岁左右的女性阶层转移。

（2）出行方式的变化

"积蓄型消费者"的增加，给日本的出境游市场带来了质的变化。对于随时都能决定赴海外旅行的这一消费群体来说，可以避开外出旅行高峰和费用较高的时期，选择最好的季节和目的地，他（她）们也不受日本的休假制度所限制。这种可选择性高的出行方式对于旅游产业来说，有几点优势：首先，通过掌握这些人的旅游心态，引导其消费，可以消除旅游淡季的影响；其次，可以在最好的季节里生产出附加价值高的旅游商品。

（3）旅游目的地的变化

多年来，夏威夷和澳大利亚一直是日本人最喜欢去的地方。可是，1997 年之后，选择去这两个地方旅游的人数呈现出了明显减少的趋势。这正是因为 1997 年以后，赴海外旅游的市场结构发生了变化，才使得这两个最受日本人欢迎的目的地的游客人数出现了减少。夏威夷和澳大利亚无论对年轻人还是对以家庭为单位外出旅行的人们而言，都是理想的海洋观光型避暑胜地。作为主要客源层，对海外旅行经验少的 20 岁左右的年轻群体和 30 岁至 40 岁的家庭出游者来说，无论哪一方都是"工薪型消费者"，而近年来"工薪型消费者"的减少就成为这两个地方游客减少的真正原因。

1997 年以后市场的引导者成为 50 岁以上的"积蓄型消费者"。相对于海洋避暑地，他们则更喜欢有文化魅力的旅游目的地。调查结果显示，20 岁到 50 岁以上的女性出游比率根据地区排名依次是：亚洲、美国、大洋洲、太平洋地区和欧洲。

（4）旅游消费需求的变化

"积蓄型消费者"人数的增加，意味着追求旅行质量和个性，强调体验与参与型的人数增加了，而这也使旅行要求的实质发生了变化，因为对自己的兴趣爱好有着执著追求的旅行者增加了，所以，为了尽可能地满足他们的个性化要求，必须将旅行的多样化推上一个新的台阶，最重要的是正确理解"积蓄型消费者"和"工薪型消费者"各自旅行的目的和特征。

对于那些一边养育孩子一边工作的人们来说，旅行最重要的就是换个环境，改善心情。对于完成了养育孩子的任务和退休后的老年人来说，旅行就是重新找回个性和兴趣，寻求生活的价值和意义。

从旅行动机的调查结果来看，其中最重要的是"从日常生活中解放出来"，20岁到40岁的人，这种愿望最为强烈，"缓解工作中的紧张情绪与压力"以及"从家务中摆脱出来"等都是人们旅行的动机。伴随着年龄的增长，50岁以上的老人，持这种目的的人数就相应地减少了。而以"养生、保健"为旅行目的的人很多。虽然年龄越高持这方面要求的人越多，但与预想的相反，现实中20岁到45岁的人为了"休养"这个目的而出游的人也不在少数。总而言之，"工薪型消费者"的大多数是想通过旅游从繁忙的生活与工作压力中解脱出来。

另一方面，45岁以上旅行者的出游目的与20岁到45岁出游者的目的完全不同。"增加知识和提高教养"、"接触未知的领域"等，是大多数45岁以下旅行者的出游目的。值得一提的是，女性在这方面表现得较为突出。另外，"为了体验交朋友的快乐"、"了解其他地域的风土人情"也是以40岁的女性最多。看来，对于结束了养育孩子和退了休的"积蓄型消费者"而言，旅游是学习新的知识和扩展自己兴趣爱好的绝好机会。

综上所述，"积蓄型消费者"的旅行由"学习"、"惊奇"、"感动"、"交流"这几个环节构成，同样"工薪型消费者"的旅行由"缓解压力"、"转换心情"、"提高家庭凝聚力"、"制造美好回忆"等因素构成。正确区分其特征，是我们进行市场营销成功与否的关键。

（5）旅游吸引物的变化

"积蓄型消费者"的增加意味着许多东西都可视为观光资源。例如，人生经验丰富的"积蓄型消费者"对外国人的普通生活及生活方式表现出了很大的兴趣，他们通过旅行对其了解后，结合自己的生活经验去体会并从中寻找人生的乐趣。这对于旅游产业来说，是一个全新的，前景看好的商机。聪明的旅游策划者，一旦发现了这点，就会从新的视角开始，开发出适合相应需求的旅游商品。

例如，日本世界航空服务公司2001年推出了日本人不甚熟悉的德国一个小城市的一周游，结果却超出了预想的销售目标。其旅行产品的标题为"像生活在这个城市一样的旅行"。"积蓄型消费者"对此内容感兴趣的程度超出了预期。这个旅行产品有许多特别之处，它不单是介绍名胜古迹，而且是侧重以当地人的立场介绍好吃的面包店和买东西的方法，等等。更特别的是，从一开始就让报名者参加观光局主办的"入住培训仪式"，为参加者提供一些生活在那里所必需的信息，甚至特制了散步地图，这是观光局的人自己推荐的散步路线，将客人感兴趣的咖啡树等也写了进去，主要餐馆的菜单全译成日语，旅行者即使一点德语不会说也能在餐厅用餐。这家航空服务公司除欧洲外，还企划了澳门5日游、阿德莱德岛（南极洲）6日游，销售情况都很好。

由此可见，大多数的企划者印象中的"日本旅行者喜欢匆忙游览"、"日本旅行者只去有名的观光地"、"日本游客因语言障碍不会自由行动"等观念早已落伍，因为走向成熟的新型的日本旅行者已经产生。

（6）**旅游产品的变化**

日本海外青年旅行社和阿尔卑斯旅行社产品畅销的共同点是把体验作为焦点，前者侧重产品内容中的文化体验，而后者则将自然体验作为其卖点。

2001年年末，日本海外青年旅行社策划的上海4日3晚游的价格是19.8万日元，约1650美金。虽说是在岁末年初的季节，但这样的商品并不算便宜。尽管如此，却仍很畅销，因为其亮点是参加中国一流音乐家集中在一起举办的新年音乐会，这很吸引人们的关注。这些音乐家曾为2001年APEC会议演奏过欢迎乐曲。这种通过将音乐等文化交流活动作为体验目的进行策划的产品，很受那些对音乐感兴趣的"积蓄型消费者"的欢迎。

阿尔卑斯旅行社则是以漫步和长途跋涉等项目为主进行产品策划的旅行社，以前该社的男性顾客很多，现在60岁的女性顾客也多了起来。该社推出的新西兰漫步和长途跋涉项目，仅半年就组合了32种路线，而所推出的加拿大项目，像这样的路线有40多种。其中最受欢迎的是专业策划人介绍的漫步和长途跋涉一类的专项产品，例如加拿大南岛9日游，36.7万日元，约3600美金，这种产品绝不便宜，但却是很受欢迎的旅游商品。

（7）**日本海外旅游市场的巨大潜力**

目前，引导日本出境游市场发展的是"积蓄型消费者"，而且，"积蓄型消费者"的数量也在逐渐增加。被称为"出生高峰期"的人群是1945～1950年间出生的，人数为900万人，根据推算有240万人是理想的"积蓄型消费者"。而且，积蓄型消费者中，有50%以上的人希望退休后每年能够进行一次以上的海外旅游。那些认为自己"只攒了自己理想积蓄额的一半"的"出生高峰期"的人群中，每年想进行一次海外游的也有30%，基于这个调查推算一下，"出生高峰期"人群在退休后想去海外旅行的人数，一年间有390万人。现在，这一年龄层的女性在完成了生儿育女工作以后，已经开始了体验海外旅行的快乐；50岁的男性的海外旅行者也呈递增趋势，据调查，他们当中每年赴海外旅游的总人数有150万人左右。再过几年，这一数字有望超过240万人次，甚至比预期的还要多。照此推算，日本的海外出境旅游市场所具备的市场潜力可略见一斑。

不仅是数量，行业界更是期待着质的变化。正如前面所说，日本的海外出游市场，随着"积蓄型消费者"海外旅游经验的增加，他们对质量的要求也越来高。遗憾的是很多的旅行社仍然只注重旅行者人数的增加，如果提高了旅行的质量，推出高质量的产品，何愁没有更多的顾客呢？从现状来看，日本市场仅数量一项，就有巨大的潜力可以挖掘。通过有魅力的企划和增加旅行商品的种类，极有可能拉动这个潜在的巨大的消费需求市场。特别是"出生高峰期"成长起来的人群，他们对旅行质量的要求更高。相信在不远的将来，决定日本出境游市场的关键因素就是"高质量旅行"。

四、旅华市场

日本政府官方的统计报告显示，日本国民出国旅游目的地基本上都集中在亚洲地区。中国作为亚洲地区旅游资源最丰富的国家，从发展的条件上而言应该有足够的能力和实力争取到众多的日本游客。根据国家旅游局的调查，从 1980 年开始至今，日本一直是访华游客最多的国家。不仅访华人数多，而且所占比率也是最高的，足见日本游客在中国国际旅游客源市场上的重要性（见表 3-1）。

表 3-1　访华外国人/日本人数/与上年比/构成比　　　（单位：人、%）

年份	外国人访华人数	与上年比	日本人访华人数	与上年比	构成比
1998	7 107 747	95.6	1 572 054	99.8	22.17
1999	8 432 296	118.6	1 855 197	118.0	22.0
2000	10 160 432	120.5	2 201 528	118.7	21.7
2001	11 226 384	110.5	2 385 700	108.4	21.3

资料来源：根据旅游年鉴整理。

根据日本航空新闻发表的综合调查显示：2002 年，日本各主要旅游批发商所经营的中国旅游产品的预售状况良好，且远远超出同期欧美各国。这说明有大量的日本游客购买赴中国旅游的旅游产品。尤其是自"9·11"事件之后，2002 年日本各主要旅游批发商纷纷将销售重点转移到了中国方面。可以认为，中国市场的强势需求不仅有力地促进了市场的恢复，也成为了日本出境旅游消费需求的火车头。日本作为中国最大的入境客源国家之一，自 2000 年旅华客流总量首次突破200 万人次大关之后，即使在遭受突如其来的"非典"疫情的 2003 年，日本旅华游客人数也达 225 万人次。2004 全年，日本旅华人数更是一跃超过了 340 万人次，在我国前 30 位的主要客源国中，日本的旅华市场占 27.1%，连续二十多年稳居我国入境游客人数的前两位。

但是，横扫全球的经济危机给日本经济、社会带来了沉重的影响。受经济停滞和政局不稳定等多种因素的综合影响，日本人的出境旅游热情大不如从前了。随着日本政府数次下调经济发展预期，日本的海外旅游市场一度显现出严峻形势。

进入 2010 年后，日本旅华游客数量明显回升。据中国国家旅游局驻日本东京办事处统计，仅 2010 年前 4 月的统计数字显示，旅华人数高达 119.7 万人次，同比增长 19.8%。这一强劲势头在近几年旅华市场中实属少见，其原因主要有以下三点。

第一，金融危机的影响在消退。随着世界范围内金融危机影响的逐渐消退，日本国内就业压力有所缓解，民众生活水平开始恢复上升。此前持观望或"不作为"态度的大多数旅游企业也开始加大旅华市场的宣传力度及销售工作，同时此举也使业界及民众对旅华市场逐渐恢复了信心。

第二，日元汇率持续走高。自 2009 年以来，日元对人民币汇率持续走高，虽然时有起伏，但基本都维持在 100 日元兑 7 元人民币以上。日元汇率的持续走高，客观上使海外旅行及购物成本降低，同时也刺激了日本国民赴华旅游、购物的消费意愿。

第三，以上海世博会为契机，宣传促销工作有序开展。自 2010 年 2 月以来，东京全面拉开了世博旅游推广工作。加上中国国家旅游局适时地宣传推广，对提高日本民众对中国的认知，对提升中国旅游整体形象，对增强旅游业界组织旅华产品的信心，都起到了重要的推动作用。

总之，中日两国间的旅游交流，历来受两大因素的影响：政治和经济。鉴于中日间日益紧密的经贸往来，日本对华出口已成为拉动日本经济走出低谷的主要动力，相信两国近期的关系也将以平稳发展为主要基调。[①]

第二节　韩　国

一、自然环境

韩国系大韩民国的简称。它位于朝鲜半岛的南半部。西临黄海，与中国山东省隔海相望，最短距离约为 190 公里，东濒日本海（亦称东海），东南隔朝鲜海峡和对马海峡与日本相望，北同朝鲜民主主义人民共和国山水相连。半岛海岸线全长 17 000 公里（包括岛屿海岸线）。而韩国海岸线总长约 5 259 公里，东海岸长 415 公里，因受山脉走向的影响，海岸多悬崖绝壁。南海岸长 224 公里，海岸线曲折，形成许多海湾和良港。

---

① 市场调研，2010 年日本旅华市场分析，中国国家旅游局驻东京及大阪办事处。

韩国地形多为丘陵和平原，地势以半岛北部低。太白山脉是韩国最长的山脉，长约 500 公里，平均海拔 1 000 米。雪岳山是东部山地的最高峰，高达 1 708 米，五台山位于太白山脉的中部，最高峰海拔 1 563 米，名飞卢峰，山势雄伟，美不胜收。小白山脉是太白山脉向西南延伸的部分，长约 350 公里，为韩国西南部最高最大的山脉。平原主要分布在西海岸的河川流域及海岸地带，侵蚀平原多，冲积平原少。面积较大的平原有：湖南平原（约 500 平方公里）、全南平原（约 300 平方公里）。原野土地肥沃，气候温和，为韩国的谷仓。

韩国的河流大都经过半岛的西部和南部，分别流入黄海和太平洋，主要河流有 37 条，最长的为洛东江，全长 525 公里。

韩国湖泊较少，最大的天然湖是位于济州岛的拿山顶火山口的白鹿潭，海拔 1 850 米，湖面直径约 30 米，周长约 1 公里，深约 6 米，最大的人工湖是昭阳湖，面积 6 930 万平方米。

由于地壳运动的作用，韩国海域岛屿星罗棋布，其中最大的为济州岛，面积 1 840 平方公里，系韩国第一大岛。

由于受海洋暖流及东南亚潮湿季风的影响，韩国具有海洋性气候和大陆性气候的双重特征。一年四季分明，春秋短、夏冬长。一年中最热的月份是 7 月和 8 月，气温为 28℃～31℃。南海沿岸地带为 29℃左右。一年中最冷的月份是 12 月和 1 月，北部地区平均最低气温为零下 6℃～9℃。雨雪丰富，年平均降水量 1 000～1 200 毫米。由于受季风影响，雨季和旱季很明显。在 4～9 月的海洋季风季节，降水量约占全年降水量的 85%，特别是 6～8 月的降水量占全年降水量的 50～60%，7 月通常是一年中雨水最多的月份。年日照时数达 2 280～2 680 小时。

二、社会环境

1. 历史与文化

韩国是历史悠久的文明古国。公元 1 世纪后，朝鲜半岛一带形成新罗、高句丽、百济三个不同政权形式的国家。公元 7 世纪中叶，高句丽、百济灭亡。公元 10 世纪初，高丽取代新罗。14 世纪末，李氏王朝取代高丽，定国号为朝鲜。1910 年 8 月沦为日本殖民地。1945 年 8 月 15 日获得解放。同年，苏美两国军队以北

纬 38°线为界分别进驻北半部和南半部。1948 年 8 月 15 日大韩民国宣告成立。

韩国的文化丰富多彩，具有浓厚的民族特点。韩国文化的表现形式多种多样，主要有文学、戏剧、音乐、舞蹈、电影、绘画、书法等。公元 2 世纪，中国的汉字传入朝鲜半岛，并在上层人士中迅速推广，上层阶级出现了用汉字写诗的热潮。公元 1443 年创造了韩国文字后，才逐渐出现以韩文记录的文字。韩国从很早开始便浸润在中国文化无所不至的影响之中，表现之一便是其早期作品多贯穿着扬善惩恶的伦理主题，强调对国王要忠，对家长要孝，对长者要敬，对朋友要信和妇女要贞的行为准则，并蕴涵着典型的东方人的传统观念，即欣赏安贫乐道的思想，享受富而不骄的生活，秉持哀而不伤的情绪。

大韩民族天生富有音乐和舞蹈的才能，人人都会唱、个个都能舞。韩国的传统舞蹈主要包括迎神、拜佛、宫廷娱乐、儒教祭礼及民间舞蹈等。随着对外文化交流的发展，外国的芭蕾舞和现代舞于 20 世纪 20 年代传入韩国，并且发展很快，不少艺术家力图将民间题材与现代舞蹈相结合。

韩国的书法源于中国汉字书法，甚至在韩文出现以后，传统的韩国书法仍用汉字，至今未变。人们像欣赏绘画一样欣赏书法，赞赏笔画的布局、功力、结构、神韵等。传统的工具是毛笔、砚、墨、纸，俗称"文房四宝"。

2. 经济与政治

"二战"后，韩国政局混乱，经济瘫痪，民生凋敝，后来又发生历时三年的战争，国家遭受严重破坏，工农业生产急剧下降。停战后依靠美国的援助，工农业生产得到了恢复，在许多方面达到或超过战前水平，取得了一定成绩。但是就总体看，当时韩国还是以小农经济为主的落后农业国。20 世纪 60 年代中期，韩国提出"贸易立国"的口号，推行出口主导型经济战略，执行"先轻后重"的发展方针，以出口带动经济增长，并实行"国家创业制度"，建立政府主导下的宏观经济运行机制。70 年代，韩国经济崛起，发展速度居世界前列，成为举世瞩目的亚洲经济"四小龙"之一。80 年代以来，韩国经济向"民间主导型"过渡。官方、民间双管齐下，大力发展对外经济贸易，健全外向型经济管理体制，促使经济继续迅速发展，从 1953 年到 1989 年，韩国经济平均增长率为 8%。

1997 年 10 月，韩国爆发严重危机，经济受到严重冲击。在国际货币基金组织（IMF）及美国、日本等国的紧急资金援助下，韩国渡过危急关头，并对金融、企业、公共部门和劳动力市场等领域实行改革，对经济结构作较大调整，取得明显成效。1998 年韩国经济增长率为-6.7%。从 1998 年底开始，韩国经济开始恢复增长，2000 年经济增长 8.8%。但从 2000 年下半年开始，金融改革缓滞，经济增速放慢，股市、汇市不稳。2001 年 8 月下旬，韩国比预期提前 3 年还清 IMF 全部贷款，结束了 IMF 监管体制。2010 年韩国人均国民收入 2.2 万美元。

韩国属于资产阶级民主共和国，实行基于三权分立及制约制度的民主政体。按其宪法规定，主权属于人民，一切国家权力来自人民。宪法保障公民的基本权利——自由权、享受执行利益与执政权利。为最大限度地保护各种自由和权利，宪法又规定了行政、立法和司法这三个施政部门的独立。韩国最高立法权属于国会，国会实行一院制。国会由国民普遍、平等、直接、秘密选出的议员组成。国会议员的数量由法律规定，但须在 200 人以上，任期四年，不得兼任法定职务。韩国行政权属于国务院，最高行政权归总统。居于行政部门最高地位的总统，不仅在内政方面是国家元首，在对外关系方面也代表着国家。宪法明确规定总统有捍卫国家独立和为国家和平统一而努力的义务。宪法要求总统通过国民投票选出，任期五年，不得连任。总统通过由他主持的国务委员会来执行他的行政职能，并对决定政府各项重要政策负全部责任。国务总理由总统任命，并须取得国会同意。总理作为总统的主要行政助理，根据总统的指示来领导政府各部长官的工作。国务委员由总理提名，总统任命；他们作为国务会议的成员审议国政，辅佐总统处理国政事务，国务会议是政府最高决策机关，下设数个机构协助总统和国务委员会工作。韩国的司法权属于韩国的最高法院——大法院。大法院对上诉法院审理民事与刑事案件的判决所提出的上诉进行审查并作出最后判决。其判决是最终的、不容争辩的判决，可以构成判例。大法院院长由总统任命，须经国会同意，任期为六年，不得连任。大法院的法官由大法院院长推荐，由总统委任。韩国的宪法最初由国会于 1948 年 7 月 12 日通过，并于同年 7 月 17 日颁布。

3. 人口与居民

韩国有人口 5 000 万（2011 年 1 月）。为单一民族，即朝鲜族，通用韩国语，这是其强烈的民族共性中的一个至关重要的因素。现代韩语虽然有几种不同的方言，但它们都属于同一语种，讲起来彼此都能听得懂。现在韩国政府规定首尔语为标准语，首尔语以外的其他地方语为方言。韩国有 50% 以上的人口信奉某种宗教，主要有萨满教、佛教、儒教、基督教、天道教、伊斯兰教等。其中萨满教是韩国人最古老、最基本的一种宗教，韩国人今天仍保存和持留着这种信仰。

4. 社会风情与习俗

韩国人"血缘观念"、"乡土观念"非常强，亲戚关系网特别发达，即使是远亲，交往也都比较密切，同乡往往是见面熟。政治关系也受地域观念的影响，选民一般只支持本地区的候选人。

韩国的传统服装"韩袍"已经一成不变地流传了数百年，因为它的样式适合于韩国的气候条件和传统的起居习惯及文化背景。男子的基本服装由一件短褂、一条裤子和一件外套组成。女装有袄、长裙、长袍。现代韩国男子多穿西装，女子着连衣裙，款式多样。韩国妇女喜欢戴头巾。头巾分为三角巾和四方巾，料子有丝绸、缎及化纤等。韩国人喜欢穿白色的衣服，自古有"白衣民族"之称。据考证乃是由于古代韩国人崇拜太阳，自称是太阳神的子孙，认为白色象征光明，遂形成爱穿白衣的习惯。

韩国人对饮食很有讲究。韩国菜的特点是"五味五色"，即由甜、酸、苦、辣、咸五味和红、白、黑、绿、黄五色调和而成。韩国人的日常饮食是米饭、泡菜、大酱、辣椒酱、咸菜、八珍菜和大酱汤。韩国人特别喜欢吃辣椒，辣椒面儿、辣椒酱是平时不可缺少的调味料，这大概与韩国气候寒冷潮湿，韩国人传统上广泛种植水稻，需要抗寒抗湿有关。泡菜是具有韩国民族特色的冬季必备副食品。韩国人爱吃牛肉、鸡肉和鱼，不喜欢吃羊肉、鸭子以及油腻的食物。狗肉是他们喜欢吃的肉食之一。韩国多泉水，泉水干净清凉甘美，因而韩国人一般不喝茶和开水。韩国人都习惯在矮桌上吃饭。吃饭也使用筷子和汤匙。韩国人的饮食离不开腌制品。腌制品种类很多，主要为泡菜和腌鱼。韩国人喜欢喝汤，喜欢吃甜点、糕点和面食。韩国的男士普遍喜欢饮酒，而且酒量很大。在民俗传统上，韩国酒有浊酒、清酒、烧酒、甘酒、三亥酒、人参酒和蛇酒。

韩国人崇尚儒教，尊重长老，有注重礼节、热情好客的优良传统，素称"礼仪之邦"、"君子之国"。长者进屋时大家都要起立，祝他们长寿。和长者谈话时要摘去墨镜。早晨起床和用饭后都要向父母问安；父母外出回来，子女都要迎接。吃饭时应先为老人或长辈盛饭上菜，老人动筷后，其他人才能吃。乘车时，要让位给老年人。韩国人见面时的传统礼节是鞠躬，晚辈、下级走路时遇到长辈或上级，应鞠躬、问候，站在一旁，礼让老人先行，以示敬意。男人之间见面打招呼互相鞠躬并握手，握手时或用双手，或用右手，并只限于点一次头。鞠躬礼节一般在生意人中不使用。和韩国官员打交道一般可以握手或是轻轻点一下头。女人一般不与人握手。在社会集会和宴会中，男女分开进行社交活动，甚至在家里或在餐馆里都是如此。席间敬酒时，要用右手拿酒瓶，左手托瓶底，然后鞠躬致祝辞，最后再倒酒，且要一连三杯。敬酒人应把自己的酒杯举得低一些，用自己杯子的杯沿去碰对方的杯身。敬完酒后再鞠个躬才能离开。做客时，主人不会让客人参观房子的全貌，不要自己到处逛。客人要离去时，主人会送到门口，甚至送到门外，然后说再见。韩国人用双手接礼物，但不会当着客人的面打开。不宜送外国香烟给韩国友人。酒是送韩国男人最好的礼品，但不能送酒给妇女，除非你说清楚这酒是送给她丈夫的。在赠送韩国人礼品时应注意，韩国男性多喜欢名牌纺织品、领带、打火机、电动剃须刀等。女性喜欢化妆品、提包、手套、围巾类物品和厨房里用的调料。孩子则喜欢食品。如果送钱，应放在信封内。若有拜访必须预先约定。韩国人很重视交往中的接待，宴请一般在饭店或酒吧举行，夫人很少在场。

在日常生活中，韩国人普遍忌"四"字，因韩国语中"四"与"死"同字同音，传统上认为是不吉利的。此外，打喷嚏、打嗝时要表示歉意；剔牙要用手或餐巾盖住嘴；交接东西要用右手，不能用左手，因传统观念上认为"右尊左卑"，认为用左手交接东西是不礼貌的行为；等等。与年长者同坐时，坐姿要端正。由于韩国人的餐桌是矮腿小桌，放在地炕上，用餐时，宾主都应席地盘腿而坐。若是在长辈面前应跪坐在自己的脚底板上，无论是谁，绝对不能把双腿伸直或叉开，否则会被认为是不懂礼貌或侮辱人。未征得同意前，不能在上级、长辈面前抽烟，不能向其借火或接火。吃饭时不要随便发出声响，更不许交谈。进入家庭住宅或韩式饭店应脱鞋。在大街上吃东西、在人面前擤鼻涕等，都被认为是粗鲁的。

韩国的节日分为法定节日（放假）和民俗假日（不放假）。其中，法定节日主要有：

1月1日　新年元旦——一年中最大的佳节；

阴历正月初一　民俗日——阴历新年，在传统上祭祀祖先，晚辈向长辈拜年，领压岁钱；

3月1日　独立运动纪念日——纪念本民族在1919年3月1日为反抗日本殖民统治发表独立宣言和所展开的独立运动；

阴历四月初八　佛诞日——佛寺举行庄严的仪式，庆祝活动的最高潮是提灯游行；

8月15日　光复节——在1945年的这一天，韩国摆脱日本长达36年的殖民统治，获得了民族解放；

阴历八月十五日　秋夕节或称中秋节——是民间重要节日，家人团聚，祭祖并扫墓，晚上赏月；

12月25日　圣诞节——与其他西方国家一样，基督教徒和一般国民都欢度的节日。

此外，韩国的民俗节日主要有：

2月28日至3月3日　"3.1"民俗文化节——在庆尚水道昌宁郡举行摔跤、斗牛、拔河等各种民间体育比赛和文艺活动。

3月23日，9月19日　尊圣节——每年两次，在汉城成均馆大学的校园内，举行传统的儒教祭礼仪式，纪念中国的孔子、孟子及中国和韩国的古代儒家圣贤。

5月10日　世宗大王崇墓祭——为纪念第四代国君世宗的功绩，在京畿道骊州举行各种民俗文艺活动。

阴历五月初五　端午节——在这一天各地百姓要举行祭天活动，并展开各种民俗游艺活动。

10月4日至6日　旌善阿里郎节——在江原道旌善地区举行阿里郎歌曲比赛。

10月5日至7日 汉拿文化节——在济州岛举行当地特有的民间文艺活动和古代风俗活动。

三、旅游业的概况

1. 旅游业的发展历程

韩国对旅游业重要性的认识始于20世纪60年代。1961年在美国商业部主持下，提出了一份关于《太平洋及远东旅游事业前景》的研究报告，内有一章专门谈及韩国旅游业的潜力及可能带来的外汇收入，从而引起韩国政府的重视。由于缺乏经验，韩国运输部通过国际开发署转请美国旅游专家到韩国任旅游顾问。经专家考察后，提出了一项规划，韩国政府采取切实步骤付诸实施，并广为宣传，派遣一位官员和两位旅馆经理到美国考察和接受培训，此后韩国的旅游业逐步走上了高速发展的道路。

韩国政府很早就将旅游业定为战略产业，先后颁布了《旅游事业振兴法》和《旅游振兴开发基金法》等法令。为了便于统一领导，先后成立了韩国观光公社，观光振兴院和观光事业审议委员会等。

由于政府重视、措施具体，韩国的旅游业发展很快，1960年只有海外游客1.5万人，外汇收入43.6万美元，而到了1994年海外游客达350万人次，外汇收入26亿美元。随着生活水平的提高，韩国公民出国旅游业不断增加。年达170万人次，支出33亿美元。韩国公民出国旅游的地区主要集中在亚洲国家，约占70%（其中日本占48%），其次是美洲，占12%，欧洲占5%，其他地区占13%。

2. 旅游资源特色

韩国风景优美且有独特的文化、历史遗产，境内遍布许多博物馆、宫殿、寺庙、王陵、公园、风景区和遗址古迹，旅游资源非常丰富。过去的首都汉城是世界第十大城市，也是有名的古都。市内既有景福宫、德寿宫、昌庆宫、南大门、东大门、宗庙等著名古迹，又有国立博物馆、国立民俗博物馆、奥林匹克公园和巴黎公园等著名现代建筑和园林，还有三角山、冠岳山、仁旺山、南山、南汉山、北岳山、北汉山等旅游胜地，集古代特色和现代风貌于一身，商业和旅游业是其主要的经济支柱。釜山市是韩国最大的港口，有五个海水浴场，是夏季游人的好去处。

为了招揽游客，韩国非常注意开辟旅游资源，发展旅游设施，韩国在开拓旅游资源时，充分利用山河湖泊、钓鱼场、温泉、海水浴场等自然景观，并大力开辟新的旅游点，修建旅游、游乐设施。为了充实旅游内容，展示韩国文化，每年都举办各种民俗文化节，如"3·1"文化节、春香节、济州道美术节等。每年这样的活动多达70多个。近些年，还举办各种国际性的展览会，争取充当国际会议与活动的

东道国，跻身世界级会议城市之列，以此作为发展旅游业的重要途径。1994 年有
300 多个国际会议和活动在韩国举行，参加的外国人多达 11 万人。韩国还想方设
法争取外国学生休假团和见习团赴韩观览，以增加游客。1989 年，有 220 个外国
学校的 4.1 万中学生到韩国进行见习旅行，增进了对韩国的了解。2002 年韩—日
世界杯足球赛期间，吸引了众多的外国人。

3. 旅游业现状

韩国风景优美，有许多文化和历史遗产，旅游业较发达。全国有 42 家饭店达
到国际标准，其中部分已加入国际饭店预订系列。首都的洲际饭店、乐天饭店、
乐天世界饭店、新罗饭店、凯悦饭店、拉马丹文艺复兴饭店、希尔顿国际饭店、
广场饭店、喜来登—华克山庄饭店、瑞士大饭店和朝鲜饭店等 11 家饭店被列入超
豪华类别。

2001 年访韩外国游客 376.8 万人次，其中日本游客 229.9 万人次，中国游客
34.4 万人次，美国游客 31.5 万人次。旅游外汇收入 50 多亿美元。

四、旅华市场

中国与韩国在 1992 年建立外交关系后，韩国旅华游客最初只有十几万人次，
而到 2004 年猛增到 285 万人次，短短 13 年增长了 18 倍。自 2005 年上半年起，
韩国旅华市场增幅超过日本市场，而且游客人数也超过了日本，成为中国第一大
入境客源国。对于这一市场变化，业内人士认为，这与中韩两国良好的关系使经
贸和文教交往频繁有重要关系。此外，韩国出境旅游快速增长，韩国与中国距离
近、航班多，也是韩国旅华游客增长的主要原因。

对于韩国旅华市场的特点，中国驻韩国旅游办事处官员认为，韩国市场不仅
人数多，而且增幅快。在韩国出境游客中，每 3～4 人就有 1 人去中国。2002～
2004 年间，韩国旅华市场平均每年增幅为 14.84%，而同期日本增幅为 8.43%，美
国为 3.48%，俄罗斯为 8.92%。与韩国出境市场的整体相比，韩国来华旅游者的
主流是观光和商务客人，分别占 50.4% 和 36.8%，其中男性客人就占到 66.5%，且
69.9% 的客人是 41～60 岁的中老年客人，年轻游客较少。地域构成上看，目前 75%
的韩国游客主要流向我国山东、北京、上海、辽宁、浙江和江苏六大省市，这与
韩国人的独特国情有关。由于假期时间短，出行一般以短线旅行为主，尽量选择
交通便捷的目的地，这样就使上述六省市成为了韩国游客来华旅游的首选地。

2008 年以来，受全球金融危机等因素影响，韩国旅华市场遭到连续两年两位
数大幅度下滑的重创。2010 年上半年，"天安舰事件"导致朝鲜半岛局势紧张、
韩国中北部地区发生口蹄疫疫情、韩国执政党大国家党在地方选举中落败等，这
些变数亦使韩国旅华市场饱受磨炼。然而，受持续高涨的韩国国内旅游形势的影

响，2010 年韩国旅华市场实现 25%以上的大幅度增长，全年旅华人次超过 400 万人次。分析韩国旅华市场快速增长的成因，不外乎以下三点。[①]

第一，在全球经济整体恢复趋稳的同时，韩国是国际经合组织（OECD）30 个成员国中唯一率先实现经济全面恢复和稳定增长的国家。据韩国企划财政部预计，韩国 2010 年上半年的国民生产总值将同比增长 7.2%，全年平均增长率有望达到 5.8%。2010 年韩国增加 30 万个就业机会，经济收支为 150 亿美元，消费者物价上涨指数仍维持在 3%的水平，2011 年韩国人均收入将恢复到 2 万美元的水准。

第二，2010 年上半年韩元汇率相对稳定，没有太大的波动。虽然"天安号"警戒舰事件、地方选举等因素对汇率产生过些微的影响，但韩元对美元汇率始终维持在 1 220～1 280 韩元比 1 美元之间。韩元汇率走势基本沿袭了 2009 年 5 月以来的上升趋势，仍处在升值通道中，2011 年韩元对美元将接近或达到 1000 韩元兑 1 美元。

第三，在经济恢复趋稳向好的情况下，韩国政府对公务员出国旅行的限制已基本解除，对普通国民出国旅游和学校师生的海外修学旅行也不再发布禁止或劝诚之类的通告。

由于经济迅速恢复和增长、汇率逐渐稳定和升值以及官方政策趋向宽松这三大因素的作用，韩国民众较长期积压下来的出国旅游欲望得到了释放，加之中国是韩国近邻中距离最近、旅游资源最丰富、旅游产品最多样的目的地国，赴华旅游实现超预期增长就完全可以理解了。

第三节　蒙　古

一、自然环境

蒙古国是一个地处亚洲中部的内陆国，国土面积 156.65 万平方公里，是世界上最大的内陆国之一。边境线长 8 161 公里，北邻俄罗斯，南、东、西部与我国接壤。

蒙古地势较高，全境为一高原，平均海拔 1 580 米。地势由西向东逐渐下降，西部和北部多山，东部为丘陵，南部是约占全国面积 1/3 的戈壁地带（"戈壁"蒙语意为"荒漠"）。境内有阿尔泰山、杭爱山、肯特山等山脉，乃拉姆达勒山为全

---

① 市场调研，2010 年韩国旅华市场概况及市场分析，中国驻韩国首尔办事处。

国最高峰，海拔 4 653 米。

河流分属北冰洋、太平洋和中亚内陆三个水系。主要河流有色楞格河、鄂尔浑河、克鲁伦河等。河流上游水流湍急、蕴藏着很大的动力。湖泊多在西北部，有乌布斯湖、库苏古尔湖、吉尔吉斯湖等大小数百个湖。其中库苏古尔湖为第一大湖，面积 3 350 平方公里；东部的贝加尔湖横跨蒙中边境。

蒙古地处内陆，自然地理状况对其气候有非常大的影响。蒙古国属典型的大陆性气候，干旱多风，年降雨量 200～300 毫米。季温差和日温差都很大，且冬季气温偏低，平均－2.7℃，最冷月份 1 月在-15℃～-35℃之间，北部可达-54℃；最热月份 7 月，月平均气温 25℃，南部沙漠可达 41℃。

蒙古国可利用的土地面积为 15 646.64 万公顷，其中农牧业用地面积占 80%，森林面积 10%，水域面积 1%。蒙古的森林面积为 1 530 万公顷，木材总蓄积量为 12.7 亿立方米，其中落叶松占 72%，雪松占 11%，红松占 6%，其余为桦树、红杨树等。森林主要分布于肯特、库苏古尔、杭盖和阿尔泰等省区和山区地带。蒙古境内河流总长 6.7 万公里，平均年径流量为 390 亿立方米，其中 85% 为内流河。湖泊水资源量达 1 800 亿立方米，地下水资源量为 120 亿立方米。

二、社会环境

1. 历史与文化

蒙古民族有数千年历史，在公元 13～14 世纪，曾建立横跨亚欧大陆的蒙古帝国（中国境内称为元朝）。在清代，现蒙古国所在地区在中国版图之内，称为"外蒙古"或"喀尔喀蒙古"。

1911 年 12 月蒙古王公在沙俄支持下宣布"自治"。1919 年放弃"自治"。1921 年蒙古人民革命党领导的人民革命胜利，同年 7 月建立君主立宪政府。1924 年 11 月 26 日废除君主立宪，成立蒙古人民共和国。1945 年 2 月，苏、美、英三国首脑签订雅尔塔协定，规定"外蒙古（蒙古人民共和国）的现状须予维持"，并以此作为苏联参加对日作战的条件之一。1946 年 1 月 5 日，当时的中国政府承认外蒙古独立。1992 年 2 月改国名为"蒙古国"。

2. 经济与政治

蒙古的经济以畜牧业为主，曾长期实行计划经济。1991 年开始向市场经济过渡，实行国有资产私有化。1997 年 7 月，政府通过"1997～2000 年国有资产私有化方案"，目标是使私营经济成分在国家经济中占主导地位。2011 年人均国内生产总值约 4 212 美元。

近年来蒙古政局基本稳定。2000 年蒙古人民革命党执政后，制定了政府施政纲领，提出继续深化经济改革，保障经济稳定、高速增长；继续推进私有化进程，将大型企业单位私有化；恢复和发展民族工业，分区域发展经济。对外保持外交政策的连续性，继续奉行"多支点"外交政策，对外交往更加活跃。

蒙古现行的宪法为 1992 年通过的第四部宪法。宪法规定：蒙古国是独立、主权的共和国；视在本国建立人道的公民民主社会为崇高目标；在未颁布法律的情况下，禁止外国军事力量驻扎蒙古国境内和通过蒙古国领土；国家承认公有制和私有制的一切形式；国家尊重宗教，宗教崇尚国家；根据公认的国际法准则和原则，奉行和平外交政策；有宗教信仰与不信教的自由。根据该宪法，改国名为"蒙古国"，建立设有总统的议会制。

国家大呼拉尔是蒙古国最高权力机关，行使立法权。国家大呼拉尔可提议讨论内外政策的任何问题。国家大呼拉尔为一院制议会，其成员由有选举权的蒙古国公民在普遍、自由、直接选举的法律基础上以无记名投票的方式选出，任期四年；国家大呼拉尔主席、副主席从国家大呼拉尔委员中产生，任期四年。

法院行使司法权。法院的基本体制由国家最高法院和各级地方法院构成。国家最高法院由大法官和法官组成。

政府为国家权力最高执行机关，政府成员由国家大呼拉尔任命。

蒙古实行多党制。目前共有 18 个注册政党：其中蒙古人民党是执政党。现有党员约 16 万。

3. 人口与居民

蒙古全国人口 278.08 万（2010 年末），人口增长率为 1.4%。其中，2/3 为 30 岁以下的年轻人，2/5 为 14 岁以下的少年。城市人口将近 176 万，仅首都乌兰巴托市就有人口 80 万，约占全国总人口的 1/3。蒙古国地广人稀，人口密度非常低，全国平均人口密度为 1 人/平方公里，南戈壁省仅为 0.2 人/平方公里。

蒙古国是一个以蒙古族为主的国家，而蒙古族又分为多支。绝大部分蒙古人属喀尔喀人（也称哈拉哈族），他们在很大程度上保留了蒙古的语言和蒙古族的风俗习惯。目前，喀尔喀人占全蒙古人口的 80%，在语言和习惯上相似的还有杜尔伯特人、土尔扈特人、额鲁特人、扎哈沁人、明阿特人、浩托戈特人、布里亚特人，他们都属于蒙古族，因历史驻地的不同而单独成为部落。除蒙古族外，蒙古国还有哈萨克族（占全国人口的 5.2%，几乎全部聚居在最西端紧靠我国新疆的巴彦乌列盖省）；为数不多的俄罗斯人，散居在中、东部各省，基本上都是白俄的后代，现大都退出蒙籍，回归俄籍。

蒙古国是由众多同属蒙古血统的不同部落所组成的。唯一例外的是哈萨克人，他们属突厥血统，生活在蒙古西部的一些省份，拥有自己的语言和宗教信仰。90% 以上人口使用喀尔喀蒙古语，还有 7% 的人口讲突厥语。主要外语为俄、英、德、日语。

蒙古人在很长的历史时期内一直信奉萨满教。一直到 16 世纪，格鲁派喇嘛教传入蒙古，蒙古各部首领先后皈依喇嘛教。他们秉承清王朝的旨意，在政治上、经济上大力扶持喇嘛教，并大量兴建寺庙，这样，蒙古从统治阶层到普通百姓，由信仰萨满教纷纷改信喇嘛教。以后的数百年内，喇嘛上层拥有与世俗封建主同等的经济地位和政治统治势力，喇嘛教成为深入蒙古社会每一角落，支配全蒙古族人民精神世界和世俗生活的唯一宗教。1921 年前后，蒙古有寺庙 1 118 座，喇嘛逾 10 万人，占总人口的 1/6（男性的 1/3）。蒙古人民革命后，信教的人逐渐减少，剩余的寺庙也不多了。不过，喇嘛教仍在蒙古老百姓的信仰中占有主要位置，牧民凡移营、婚嫁、生老病死，往往还要请喇嘛卜凶问吉。乌兰巴托的甘登庙，仍有喇嘛百名，定时诵经，朝拜者络绎不绝，但多为牧区来的信徒。除喇嘛教以外，蒙古还有极少数人信仰伊斯兰教和基督教。

4. 社会风情与习俗

蒙古民族服饰的发展，是反映蒙古民族各个历史时期物质文明和精神文明的主要标志。蒙古民族服饰有自己独特的款式风格和精湛的制作工艺。蒙古民族服饰是蒙古民族传统文化不可分割的组成部分。从上古到蒙古汗国，从元、明、清到现在，随着历史的发展，历代蒙古人民在长期的生活和生产实践中，发挥自己的聪明才智，并不断吸收兄弟民族服饰之精华，逐步完善和丰富自己传统服饰的服饰种类、款式风格、面料色彩、缝制工艺，创造了许多精妙绝伦的服饰。蒙古民族服饰，作为蒙古民族物质文明和精神文明的主要标志之一，有两个突出的历史特点，即它独特的款式风格和代代相传的生命力。蒙古民族服饰千百年来始终与蒙古人民相依为命，从而不间断地延续着、发展着。

蒙古国居民饮食习惯特点浓郁，食品以羊肉、牛肉为主，喜饮酒，经常食用的蔬菜品种包括马铃薯、白菜、洋葱、萝卜等。他们住蒙古包（毡包），以驼、马为交通工具。

蒙古人性格豪放，待客热情，尤其是对远方的来客，统统当作贵宾招待。当游客来到草原的蒙古包中，女主人会把传统的奶茶和其他乳制品，特别是酸马奶端到客人面前，热情款待。蒙古人待客很重要的一项内容是置酒相待。当主人敬酒时，客人应举杯、昂脖、一饮而尽，表示对主人的尊敬和交友的诚意。按照古老的习俗，敬酒不喝，即话不投机。进入微醉状态之后，说话便十分随意，甚至可以推心置腹，即使客人酩酊大醉，主人也乐不可支，认为这才是真正的朋友，客人出毡包后，不要立即上车或上马，要步行一段路再上车上马。毡包里有病人时，在包门左侧系一条绳子，把绳子另一头埋在地下，这个信号表明一般来客不宜入内。

请安是蒙古男女老幼最普通的一种见面礼。同辈相遇先问好，遇到长辈要请安（单膝跪拜）。不过随着人们文化修养的提高，在外来影响之下，鞠躬礼、握手礼逐渐代替了传统的跪拜礼。在牧区，亲属之间还保留着亲吻的习惯，晚辈出远门或从外地回家时，长辈通常吻晚辈的面颊，而放学回来则亲他的左脸颊，表示对孩子的祝愿。

蒙古人喜欢借颜色来寄托自己的愿望和感情，将不同的颜色赋予不同的意义，红色象征亲热、幸福和胜利。许多蒙古人喜欢穿红色的蒙古袍，姑娘们爱用红色缎带来系头发。黑色被视为不幸和灾祸，故蒙古人不穿黑衣服。

在游牧和日常生活中，蒙古人相遇时，首先总要极有礼貌地相互问候家畜安好，其次再互问家人平安，最后才相互寒暄。这是因为以牧业为主的蒙古人，把家畜置于生活中的特殊重要位置。

蒙古人比较隆重的礼仪是交换鼻烟壶和献哈达。鼻烟壶是蒙古人常用的生活器具，让客人闻鼻烟是表示敬意。同辈相见，双手捧壶，对方右手接着，如此反复两次，最后物归原主。若来客为长辈，就请客人坐下。主人先赠礼，再交换鼻烟壶。哈达是藏语音译，是用绸帛制成的长条宽带。用于敬神佛、拜年、喜庆或隆重的迎送场合。要把哈达叠成双层，开口一方朝向客人。一脚跨前一步，身体微躬，双手献于贵客。对方也应以同样的姿势微笑接受。

蒙古人能歌善舞。他们一边骑马放牧，一边纵情歌唱。民歌中的"长调"字少腔长，节奏自由、豪放悠扬、传声久远，充分体现了辽阔草原上牧民的宽广情怀。蒙古舞蹈节奏欢快，多热情奔放的舒臂转身动作，表现了蒙古人纯朴热情的素质，也与他们的生活劳动习惯有关。马头琴是最具蒙古民族特色的传统乐器，已有千年历史。琴声古朴悠扬，听者如同身入茫茫草原。

摔跤、赛马和射箭是蒙古人最喜爱的三大民族体育项目。在一年一度全国的那达慕盛会上，都要进行这三项技能的比赛。摔跤又称角力，是最民族和最有名的蒙古体育竞赛，也是男子三种体育竞赛的主要竞赛项目。蒙古角力的技术和规则是具有民族性的，蒙古角力没有重量分级，也没有年龄限制，角力手希望使对方失去平衡，并让他用肘和膝碰地面。

蒙古人忌讳别人触摸自己的头部和帽子。与客人正式会面或共同进餐时要衣着整洁，男士应着西装打领带，女士应化妆并佩戴首饰。送客人离开时，主人不出门。

蒙古国主要的节日是春节和国庆节。春节，蒙语称"白月"，因为白色被认为是善良和纯洁的象征，日期与中国藏历新年相同。年节前夕，吃年夜饭，从初一起，人们相互走访贺年。国庆节为每年的 7 月 11 日，是为了纪念 1921 年 7 月 11 日蒙古成立人民革命政府。这一天全国各地都举行那达慕大会，首都乌兰巴托的那达慕盛会规模最大，届时各路高手纷纷登场献技，决出力挫群雄的全国冠军，观众如痴如醉，为他们心目中的英雄欢呼，把节日的欢乐气氛推向高潮。

四、旅游业概况

1. 发展历程

蒙古的旅游活动，是由 1954 年设立的国际经济旅游局负责组织和开发的，相当于前苏联的国营旅行社的"姿路沁"（蒙语"旅行者"的意思）。无论是以旅游还是商务为目的，国外的旅游业务都由"姿路沁"垄断。

然而，1990 年，随着民主化运动，门户顿然开放了。尽管"蒙古共和国"1992年在发布蒙古宪法的同时，宣布改名为"蒙古国"，但由于同前苏联的长期往来，生活方式等都是苏式的，加上民主化以后陷入了深重的经济困难，所以，蒙古仍在继续探索旅游立国的方式。国营旅行社"姿路沁"自不必说，不仅不能指望其会有资本运作式的服务，就连作为旅行社应必备的专门知识也没有。现在，正努力同日本的旅行社缔结业务合作条约。同时，也迫切要求加快饭店等旅游基础设施的建设。

除此之外，蒙古的旅游一般是季节性的。游客主要集中在夏季（6～8 月），在此期间在航空运输、饭店的接待上常常出现供不应求的现象。

2. 资源特色

蒙古地域辽阔，人口稀少，许多地区还处于未开发状态，自然风景得以保持原貌，旅游资源比较丰富。目前已形成了一系列的旅游景区，主要有位于西北部的阿尔泰湖、盐湖、喷泉旅游区，库布德四季雪山风景区，乌布斯河、斯特河、金沙风景区，位于北部的库尔斯古尔湖风景区，首都乌兰巴托市及周边风景带，东北部的成吉思汗故乡以及位于西南部的阿尔泰山脉两侧及珍稀动物自然保护区，等等。

3. 旅游业的现状

蒙古旅游业体系的最初建立与新近发展与同日本、韩国、美国、西欧等国家和地区的合作密不可分。蒙古与日本、韩国相互设立旅游代表处，对促进蒙古旅游业的发展起到了重要的作用。

进入 21 世纪以来，蒙古国旅游业发展迅速。到 2006 年，来自世界各地的游客人数已超过 10 万。不过，由于包括服务业在内的经济不景气，加之来自欧美和中国等主要客源国的游客减少，蒙古国外国游客人数和旅游业收入均有大幅度下降。由于旅游业每年给蒙古带来大量急需的外汇收入，政府对旅游业的发展日益重视，先后出台了一些优惠政策。特别是 2002 年末，蒙古国国家和政府的主要领导人分别在各自负责的领域就进一步发展旅游业作出了部署，将 2003 年定为"来蒙旅游年"，号召全国民众和政府一道，通过努力发展旅游业，增加外汇收入，减少失业人数，提高蒙古的知名度。

据蒙古国国家旅游中心公布的数据，2010 年蒙古国接待的外国游客达 33 万人次，同比增长 27.3%。头 8 个月的旅游业收入达到创纪录的 1.59 亿美元，同比增长 14%。数据显示，来自世界各国和各地区的外国游客数量均有大幅度提高。来自亚太地区的游客数量增长了 30%，来自欧洲国家的游客增加了 26%，来自美国的游客增长了 20%，来自澳大利亚和非洲的游客猛增 50% 以上。为促进旅游业的繁荣与发展，蒙古国政府和相关旅游部门采取了一系列措施：如恢复出口猎隼以吸引阿拉伯国家游客；举办多项国际性的文体活动及富有游牧文化特色的节日活动以吸引世界各地的游客等。值得一提的是，蒙古国以成吉思汗为主题的旅游策划取得良好效果，很多欧美游客来到蒙古国就是为了参观成吉思汗的出生地、蒙古帝国的第一座首都古城哈拉和林以及新建的成吉思汗雕像旅游综合区等。此外，每年举办的蒙古国国庆那达慕，也是吸引外国游客的重要活动。近年来，为促进西部地区旅游业的发展，蒙古国政府还决定在科布多省开通口岸，为中国、俄罗斯、哈萨克斯坦等周边国家的游客提供来往上的方便。

第四节　澳大利亚

一、自然环境

　　澳大利亚是世界上最小的大陆、最大的岛屿，它的国土面积仅次于俄罗斯、加拿大、中国、美国和巴西，是世界第六大国，也是唯一占据整块大陆的国家。澳大利亚面积 769.2 万平方公里，全位于南半球，因此得了"南方的土地"这一众所周知的名称。在纬度上，近乎 40% 的国土位于热带，更多的国土属于世界上最干燥的地区之一。

　　澳大利亚略呈矩形，南部有较浅的大澳大利亚湾，东北部有卡奔塔利亚湾，海岸线总长 36 735 公里。大陆周围的岛屿多属小岛。其中最大的要数塔斯马尼亚岛，它也是世界上最大的岛屿之一。一系列小岛与世界上最大的珊瑚礁大堡礁相连。它绵延 2 012.5 公里，从东北部海岸一直伸展到新几内亚群岛。

　　澳大利亚是七大洲中最为平坦的大陆，平均海拔不到 300 米，而世界的平均海拔则为 700 米左右。澳大利亚大约只有 5% 的陆地高出海平面 600 米，位于东南部的澳大利亚山脉是澳大利亚最高的地区，其中科修斯科山（2 228 米）是全国最高点。

　　澳大利亚位于南纬 10°41′和 43°39′之间，1/3 的地区处于南回归线以北，属于热带，而其余地区则属于温带。澳大利亚春季为 9 月至 11 日，夏季为 12 月至来年 2 月，秋季为 3 月至 5 月，冬季为 6 月至 8 月。由于受亚热带高气压和东南信风的影响，加之全国 35%的沙漠地带，澳大利亚气候比较干燥。北部年平均气温约 27℃，南部年均气温约的 14℃。澳大利亚西部和中部因沙漠气候，年平均降雨量不足 250 毫米；北部半岛和沿海地区属热带草原气候，年平均降雨量为750～2 000 毫米，是全澳大利亚雨水最多的地区；东部新英格兰山地以南至塔斯马尼亚岛属温带阔叶林气候，年平均降雨量 500～1 200 毫米；在墨累河下游地区的半岛和沿海岛屿以及澳大利亚大陆的西南角属夏热干燥、冬温多雨的亚热带地中海式气候。

澳大利亚最宝贵的农业资源是东部和中央地区广阔的牧羊草地。绵羊对澳大利亚的经济十分重要，以至有人说澳大利亚是骑在羊背上行走的。即使现在，羊毛出口仍然是澳大利亚外汇的重要来源。澳大利亚各洲都有重要的矿产资源，矿石往往是裸露的。西澳大利亚州、南澳大利亚州、北部地区和昆士兰州部分地区以及新南威尔士州西部，有铁、铅、锌、银、铜、镍和金矿。澳大利亚的桉树提供了许多优质硬木，同时也可供应国家的新闻用纸等需求。但是澳大利亚却缺乏一种最重要的自然资源——足够的水。在科学地利用现有水资源以供灌溉之需方面，澳大利亚已付出了不少努力，其中最大的发展是实施了雪山水力发电工程，它是一个包括水坝、坑道和发电厂等设施的巨大的网络系统，被誉为世界七大工程奇迹之一。

二、社会环境

1. 历史发展特点[①]

由于澳大利亚大陆与亚洲大陆相距较近，而且又有许多群岛相接，亚、澳两大陆借岛屿遥相呼应。在欧洲人未到此地之前，亚洲人早就长途跋涉，远渡重洋，到此并定居下来。欧洲殖民者最早踏上澳大利亚大陆的是荷兰人（1606 年詹森发现卡奔塔尼亚湾，并望见大陆后，陆续有人探测了北岸和西岸，1642 年塔斯曼又发现了塔斯马尼亚岛，但他们并没有长期定居）。1770 年英国人库克率领船队驶达澳大利亚东岸，并称这个地区为"新南威尔士"，宣布为英国的殖民地。英国人经过探测认为这里是一块富饶之地，于是 1788 年英军押送大批流放犯到达东澳地区，建立了第一个殖民据点。随着移民人数的增多，英殖民者便把当地的土著居民驱逐到内陆干旱地区，并对由亚洲来到澳大利亚的有色人种进行排挤，实行种种限制。从 1829 年起，澳大利亚沦为英国的殖民地。

英国殖民者曾于 1813 年和 1815 年两次越过东部山地，发现了中部大草原，这为英国后来的大规模移民和发展养羊业开辟了广阔场所。澳大利亚的移民主要

---

① 陈才主编：《世界经济地理》，北京师范大学出版社 1993 年修订版，第 284 页。

来自英国的产业后备军。从 1820 年起，英国开始向澳大利亚大规模移民，1850年移民人数达 40 多万，到 1860 年超过百万人。随着移民人数不断增加，各殖民区相继建立起来，同时澳大利亚的资本主义也逐渐得到了发展。

1797 年从西班牙引进美利奴羊，经不断选育改良，澳大利亚养羊业开始发展起来。当时，由于英国毛纺织工业原料严重不足，便把澳大利亚作为它的重要原料供应基地。因此，从 19 世纪 20～50 年代，养羊业便逐渐成为澳大利亚经济的主导部门。1849 年全澳已有羊 1 600 万只。养羊业的进一步发展和羊毛出口量的不断增加，使其在澳大利亚的国民经济中起着愈益重要的作用，致使澳大利亚成为"骑在羊背上"的国家。

1851 年在维多利亚州的墨尔本附近发现金矿后，这里又进入"黄金热"时期。当时澳大利亚黄金产量曾占世界黄金总产量的 38.6%。在这一时期中，又有更多的移民如潮水般涌入澳大利亚。1861 年移民增加到 120 万，1900 年则达 370 万。由此可见，黄金的开采不但为澳大利亚增加了人口，而且也刺激了殖民经济的进一步发展。但是，后来随着黄金产量的逐渐减少，英国殖民者便把"过剩"的劳动力转移到小麦种植业和制造业部门。1885 年澳大利亚首次向国际市场出售小麦，并使其成为英国农畜产品的供应地。自 1880 年冷藏运输船出现后，进一步促进了澳大利亚畜牧业的发展。到 1891 年羊已发展到 1.06 亿只，当年羊毛产量约达 40 万吨。此后农牧业便成为澳大利亚最重要的经济部门。

随着移民势力的扩张，英国的殖民者先后在澳大利亚建立了一些殖民区。到19 世纪末已建立了 6 个殖民区。由于各自为政的殖民制度不适应资本主义经济发展的要求，于是 1900 年 5 月英国国会通过了澳大利亚各殖民区合并法案，1901年 1 月 1 日组成澳大利亚联邦，成为英联邦的自治领，原殖民区改为州。联邦成立后，实行统一关税政策，从而加速了国民经济的发展。但是，由于英国资本的控制以及受英国工业品竞争的影响，直到第二次世界大战前，澳大利亚制造业发展缓慢，仍然是一个农牧业为主的国家，具有明显的殖民地属性。

在第二次世界大战中，由于战时经济和军事的需要，澳大利亚国民经济发展较快，采矿、钢铁制造业等部门都得到了发展，成为后起的发达资本主义国家。与此同时，澳大利亚的垄断资本也急剧膨胀起来，并且控制了国家的一些主要经济部门。"二战"后，英国、美国、日本等国的垄断资本也相继渗入。现在，澳大利亚已成为世界上资本主义经济高度垄断的国家之一。

澳洲原为土著人居住。1770 年英国航海家詹姆斯·库克抵澳，宣布澳为英殖民地。1788 年 1 月 26 日，英国首批移民抵澳，后来这一天被定为澳大利亚国庆日。1900 年 7 月，英议会通过"澳大利亚联邦宪法"和"不列颠自治领条例"。1901 年 1 日，澳各殖民区改为州，组成澳大利亚联邦，成为英国的自治领。1931

年成为英联邦内的独立国家。

澳大利亚的文化在很大程度上受英国和美国传统的影响。自19世纪80年代以来，所有的澳大利亚艺术，尤其在文学和绘画方面，都开始努力摆脱其英国传统。

"二战"以来，澳大利亚的文化发展迅速，并走出了民族主义的狭窄圈子。澳大利亚艺术家们开始在国际上崭露头角。澳大利亚的艺术形成也得到了发展，变得更加丰富多彩。

2. 经济基本特征[①]

澳大利亚是南半球一个后起的发达的资本主义国家。它的经济几乎完全是在外来因素影响下产生和发展起来的。在两次世界大战中，尤其是在第二次世界大战期间，暂时摆脱了外国商品的竞争，并成为英、美帝国主义在远东和太平洋地区的"兵工厂"。许多新兴的工业部门，特别是与军事有关的部门得到了很快的发展。到1942年，其工业产值占工农业总产值的3/5。第二次世界大战结束时，澳大利亚已进入了发达资本主义国家的行列，经济稳步持续上升。

"二战"后60多年来，澳大利亚已建成了包括冶金、机械、化工、食品加工等部门比较完整、规模较为强大的工业体系，从而使澳大利亚在资本主义世界中的地位大大提高。目前其工业产值的比重占工农业总产值的87.1%，产品出口率较高，农牧矿产品在出口中占有较大的比重。小麦、羊毛、肉类、乳制品、铁矿石、有色金属和稀有金属等的出口均居世界前列，而汽车、飞机等的出口也占相当大的比重。20世纪70年代末到80年代末，农牧产品出口额占全国出口总值的2/5以上，严重地依赖国外市场。近十余年来，由于日本等国对矿产品需求的急剧增加，澳大利亚就成了世界上主要的原料出口国之一。

澳大利亚的工业、农业、交通运输业和大城市大部分集中在东南沿海一带，而广大的内陆只有零星的采矿业和相当粗放的畜牧业，现仍有很多地方尚未开发利用。近年来，澳大利亚注意了内陆经济的发展，并积极鼓励国外垄断资本向内地投资，但是进展非常缓慢。

总之，澳大利亚经济发展的最大特点就是具有双重性：一是殖民地性（在长期的生产过程中，以输出农牧矿产品为主）；二是后起的高度发达的资本主义国家（第二次世界大战以来，澳大利亚各个经济部门均得到较快的发展）。

澳大利亚是一个后起的工业化国家。2000年其GDP排名高居全球第14位。澳大利亚农牧业发达，自然资源丰富，盛产羊、牛、小麦和蔗糖，同时也是世界重要的矿产资源生产国和出口国。农牧业、采矿业为澳传统产业。制造业不够发达，高科技产业近几年有较快发展，在国际市场上竞争力有所提高。自20世纪

---

① 陈才主编：《世界经济地理》，北京师范大学出版社1993年修订版，第285页。

70 年代以来，澳大利亚进行了经济结构调整，服务业得到迅速发展，占国内生产总值的比重逐渐增加，目前已达到 70%左右。近年来，澳大利亚经济持续增长，2011 年度澳人均国内生产总值为 6.6 万美元，位居世界第五位。

3. 人口与居民

澳大利亚人口 2 262.06 万人（2011 年）。其中 74.2%是英国及爱尔兰后裔，亚裔占 4.9%（其中华人、华侨 45 万人），土著居民占 2%，约 37.5 万人。澳大利亚人大多聚居在位于东部的太平洋沿海城市，是世界人口密度最低的国家之一。澳大利亚最早的土著居民在这块土地上已经生活了 4 万年，在自然环境下他们以打猎和采集野生植物谋生。现在土著人不是按照传统的部落方式生活，而是大部分生活在乡镇和城市里。1788 年澳大利亚成了英国的殖民地，在最初的 150 年里，大部分到此定居的人来自大不列颠和爱尔兰，但是在随后的 50 年里到此定居的人来自 140 多个国家，最近 40%以上的定居者来自亚洲。

澳大利亚的官方语言是英语，澳大利亚政府鼓励不同种族或民族的澳大利亚人，包括土著人在家里或公共场合像使用英语一样使用他们的母语。

澳大利亚居民中有 70.3%的人信奉基督教，信奉其他宗教的占 3.4%，少数人信奉犹太教、伊斯兰教和佛教。非宗教人口占 25.1%。

1993 年 2 月的统计数字显示，一个全职的成年工作人员每周收入为 628.30 澳元。澳大利亚女性的平均寿命为 80 岁，比澳大利亚男性的平均寿命长 6 岁，大多数澳大利亚人结婚年龄在 25～30 岁。每一对夫妇平均有 2 个孩子，而且大都已经拥有或将要购买自己的住宅，大约 70%的澳大利亚人居住在城市，99.6%家庭拥有冰箱，90%的家庭拥有洗衣机，99.4%的家庭拥有电视机，46.4%的家庭甚至有自己的冷库。84.4%的家庭至少拥有一部汽车，31.9%的家庭拥有两部汽车，11.6%的家庭甚至会拥有三部汽车。

根据澳大利亚"统计年鉴"公布的数字，其目前的人口总量是 1901 年建国时的 5 倍。从历史上看，澳大利亚的人口增长速度比较缓慢；其人口总数在 1905 年时为 400 万，1959 年达到 1 000 万，1990 年增至 1 700 万，1999 年才达到 1 900 万。目前澳大利亚的人口增长率为 1.2%，比全球人口 1.3%的增长率略低。每对夫妇的生育率则从 1961 年的 3.55 降至 2001 年的 1.74。这就意味着到 21 世纪中叶，澳人口的自然增长率将趋于负数。

从人口结构看，澳大利亚正在逐步进入老龄社会。1901 年，澳大利亚 65 岁及以上人口的比率仅为 4%；1971 年，该比率为 8%；2001 年，老龄人口比率增至 12%；2051 年，这一比率将翻一倍，达到 24%。22 世纪初，澳大利亚老龄人口比率将维持在 28%的水平。

表 3-2　澳大利亚人口结构

年　度	1901	1971	1999	2021	2051
总数（千人）	3 773.8	13 067	18 966	22 926	25 408

资料来源：《世界经济年鉴》。

表 3-3　澳大利亚人口的年龄结构（%）

0～14 岁	35.1	28.7	20.7	16.1	14.4
15～64 岁	60.8	63	67.1	65.5	59.6
65 岁及以上	4	8.3	12.3	18.4	26.1
男性/女性（每百人）	110	101	99.1	99.2	98.8
中位数年龄	22.5	27.5	34.9	41.2	46
居住在大城市比率	36.8	63.2	63.8	65.4	67.5

资料来源：《世界经济年鉴》。

　　据统计，澳大利亚总人口中，海外出生的人员数量占 1/4。1994 年至 1999 年，共有 130 万人在澳大利亚居留 1 年以上。同期，82.7 万人离开澳大利亚，并长期居住在海外。可以说，海外移民是保证澳人口净增长的重要因素。

　　澳大利亚是一个高福利国家，福利的种类多而齐全，主要包括：失业救济金、退伍军人及其家属优抚金、残疾人救济金、退休金以及家庭补贴等。2000 年至 2001年度财政预算中，社会福利开支为 631.26 亿澳元，占总支出的 42%。2001 年 11月，澳大利亚全职成年职工人均周工资 848.6 澳元。

　　所有永久居民享受澳大利亚全国性的医疗保健制度，其资金来源于政府的医疗保健税等税收收入。

4．社会风情和习俗

　　澳大利亚人餐饮习惯和英国人相似，但更喜爱吃鱼类和菜肴，对中餐非常喜欢，许多大城市都有很多中餐馆。

　　澳大利亚人十分喜欢野餐，野餐通常以烤肉为主，在市内进餐，也很喜欢烤肉。澳大利亚人口味有下列特点：

　　注重菜肴色彩，讲究新鲜、质高。口味爱甜酸味，不喜太咸。主食喜面包、面食，尤其喜欢中国的水饺。喜吃鸡、鸭、鱼、海鲜、牛肉、蛋类，也喜豆芽菜、西红柿、生菜、菜花等。偏爱采用煎、炸、炒、烤烹调方式制作的菜肴。喜冷饮（如冰激凌）、啤酒、葡萄酒，饭后喜咖啡，也很爱饮红茶、香片花茶，喜新鲜水果，以荔枝、苹果最受欢迎，喜食花生米。

　　在澳大利亚 1 600 多万人口中，白种人占 95% 以上，其中绝大多数为英国血统，余为意大利、希腊等国移民的后裔。这一人口结构自然形成了接近英国传统的习俗。当然，土著人仍保持着自己特有的习俗。

澳大利亚人交往时，在正式场合一般用全称，有时还要冠以"先生"、"女士"、"小姐"；口头称呼一般称"先生"、"夫人"、"小姐"加上姓；对不了解婚姻状况的女子多称"小姐"（Miss）或"女士"（Ms）；对地位较高者和年长者多称"先生"（Sir）或"夫人"（Madam），省略姓名；在家人和亲朋好友之间，不论年长年少，通常直呼其名或名的昵称。

对服务人员一般可称呼其身份，但是更多的人称服务人员为"先生"、"夫人"和"小姐"。如果知道姓名，也可直称其名。

一般而论，澳大利亚人性格爽快、粗犷、开朗，喜欢直截了当地表示自己的意见。他们待人接物较随便，喜欢与人交谈，并能很快地结交朋友。澳大利亚女性相对较为保守。澳大利亚人办事认真，时间观念强，很像其祖先英国人，但不像英国人那样斯文，墨守成规。澳大利亚人，特别是年轻人的权威感较差，对政治和政界要人表示淡漠。

澳大利亚人习惯以握手表示友谊，但在亲朋好友之间通常以吻礼或贴面礼表示感情。介绍时一般先介绍长者或地位高者。

澳大利亚人请客一般提前一周左右向被邀请人发出邀请。被邀请者是否赴约应明确告知邀请人。接受邀请后因故不能前往者，应及时通知邀请人，否则便是失礼。在澳大利亚与人相见或到家做客一般都要事先约定，避免突然造访这类不礼貌的行为。应邀赴约者最好带瓶酒、甜点、糖果、画册、小工艺品等，或者一束鲜花。

澳大利亚人崇尚自信、自强，对弱者不大表示同情，也无意打探他人的事情。与澳大利亚人交谈时不要涉及金钱、婚姻、年龄、职业、宗教等私事，避免提出"您上哪儿去"、"您挣多少工资"、"您吃饭了吗"这类问题。

澳大利亚人在公共场所都自觉排队等候服务，买票、购物、乘车、存取钱等都按顺序排队。人与人之间要留有一定的距离，绝不能紧靠前后的人。加塞儿更是失礼行为。

澳大利亚的主要节日有：

澳洲建国日　1月26日（首都领地、北领地，新南威尔士州），1月30日（昆士兰，西澳、南澳、维克多利亚、塔斯曼尼亚）；

英女王寿辰　6月10日；

圣诞节　12月25日。

三、旅游业概况①

1. 发展历程

澳大利亚的旅游业发展可分为三个时期。第一时期从 19 世纪至第二次世界大战。这时的旅游开发主要表现在自觉的城市建设和环境绿化方面，为后来的旅游业发展奠定了一个良好的基础。这一时期的客源市场主要在国内。商务旅游为重要的旅游形式。第二时期为"二战"后至 20 世纪 60 年代末，这一时期为澳大利亚旅游业发展的起步阶段。在旅游和建设方面做了大量的工作，由于受世界政治、经济和全球旅游业的影响，澳大利亚旅游业还不够发达，无论是旅游景点的建设，还是宾馆、酒店、交通等基础设施的建设都还处在初创阶段。第三时期从 20 世纪 70 年代开始至今，为澳大利亚旅游业高速发展阶段。1968 年澳大利亚接待外国游客为 24 万多人次，旅游外汇收入为 8 100 万美元。到 1981 年，外国游客增至 93.7 万人次，平均每年增长 11%以上，高于同期国际旅游人数的年平均增长率。旅游外汇收入 1980 年达 7.25 亿美元。年平均增长率为 20%。7 年后的 1987 年，赴澳大利亚的国外游客增至 180 万人次，比 1980 翻了一番，创汇 37 亿美元。而到 1991 年赴澳大利亚旅游人数达到 237 万，比 1981 年增加了 140 万人，在世界旅游业中排行第 34 位，该年旅游业创汇 41.83 亿美元，在世界上排第 13 位，使澳大利亚一跃成为旅游大国。

2. 旅游资源特色

虽然从人类学、考古学方面来考察，澳大利亚亦有悠久的历史，但由于人口稀少、与其他大陆长期隔绝，土著人文化停滞落后，因而澳大利亚人文旅游资源不够丰富，然而自然资源却得天独厚，澳大利亚自然旅游资源主要有如下几方面。

①神奇的大堡礁

大堡礁是一种垄状的珊瑚礁。大部分分布在海面下，退潮时露出海面，或成片分布，或沿着海岸线的轮廓分布，如同护卫海岸的堡垒，故名。由于堡礁同岸礁不同，总是同海岸保持一定距离，中间隔着潟湖，故又称离岸礁。澳大利亚大堡礁是地球上最壮观的珊瑚礁，是闻名全球的自然奇观之一。1981 年世界遗产委员会把澳大利亚大堡礁列为世界自然遗产。在澳大利亚东北部海岸，南自昆士兰州的马里博罗，北至巴布亚湾的东北岸外海域，分布着面积约 25 万平方公里的珊瑚礁。它像一道举世无双的天然城堡，绵延在 2 400 公里长的海岸线外。

②美丽的海滩

澳大利亚海岸线总长 36 735 公里，其中大陆海岸线长 19 600 公里，海岛海岸

---

① 李溢：《世界热带亚热带海岛海滨旅游开发研究》，旅游教育出版社 1997 年版，第 143～144 页。

线长 17 135 公里。除塔斯马尼亚岛及南部沿海外，绝大部分分布在热带或亚热带地区。在漫长的海岸线上分布着许多可供旅游、体育活动的沙滩浴场。

澳大利亚海滨沙滩除沙细、坡缓、水碧、浪轻、阳光充足外，还有两大特点：一是沙滩特别长，面积特别大，如昆士兰州东南部的黄金海岸，洁白的沙滩蜿蜒15 公里，而阳光海岸的沙滩长达 140 公里，这一特点不仅使黄金海岸、阳光海岸的接待游客的容量大，而且大大增强了综合利用率，使旅游投资收到事半功倍的效益；二是东北部一些珊瑚岛上的沙滩，不仅沙细、水碧、鸟白，可供游人观赏、海水浴和阳光浴，而且退潮之后，可在沙滩上拾贝、鱼、虾、珊瑚等，更增添了旅游者体验滨海旅游的乐趣。

③珍稀的动物

由于澳大利亚独特的地理位置使它在漫长的生物进化中与其他大陆一直保持着隔离状态，直到近代才被发现和开垦。因而它的生物进化具有独特的路径和过程。至今还保持着许多世界上其他地区见不到的珍稀动物和植物，成为最为珍贵的"世界活化石博物馆"。

澳大利亚的稀有动物种类繁多，最有代表性和独特性的有三类，它们分别是有袋类、单孔类原始哺育动物和各具特色的鸟类。为了保护这些珍奇动物，澳大利亚建立了许许多多的自然保护区、国家公园和动物园，吸引着慕名前来观光和科学考察的旅游者。

④奇异的植物

从地质时代上看，澳大利亚和亚洲、非洲、南美洲及南极洲曾是连成一片的冈瓦纳古陆。以后由于美洲板块向西漂流，才出现了大西洋。非洲、亚洲和澳大利亚板块北移的结果，形成了今日的海陆分布。正因为过去同属于一个大陆，所以今天澳大利亚北部的植物和亚洲的植物有部分相同，西南部的植物和非洲的植物有部分相同，南部的植物和南美洲、南极洲的植物部分相同。但由于大陆分离，海洋阻隔了澳大利亚同各个大陆之间的联系，使澳大利亚的植物形成了独特的风土性。

据统计，澳大利亚植物总数达 12 000 多种，其中大约 9 000 多种是澳大利亚特有的。占整个植物区系的 75%。桉树和金合欢是其中最有代表性的两个种类。

桉树和金合欢是作为一种普遍的地理景观成为澳大利亚特有的旅游资源的。而像爪花、袋鼠爪、黑孩子、山茂、沙漠豆、瓦拉塔竺等，都是其他大陆见不到的奇花异卉，有的则是世界上绝无仅有的品种。当境外的科学考察工作者和旅游观光的人看到澳大利亚无数奇异的植物时无不兴奋激动，流连忘返。为了保护和开发这一特有的旅游资源，澳大利亚在许多城市兴建了门类繁多的植物园、国家公园，在大街小巷处处都种植着奇花异草，使澳大利亚成为人均拥有绿化面积和园林最多的国家之一。来到澳大利亚的游客，少不得要专门去植物园观光，而不少游客甚至到澳大利亚来的主要动机就是为了参观考察这里的稀有植物。

四、旅华市场

澳大利亚一直是中国的传统旅游客源市场，20多年来旅华人数稳步增长。1990年时，澳大利亚旅华游客全年只有5.02万人次，占我国入境游客的不足3%。2000年澳大利亚旅华人数达23.41万人次，比上年增长了15.02%。2010年，澳大利亚旅华游客达到66.13万人次，在我主要客源市场国中排名第11位。表3-4～表3-6是近年来澳大利亚旅华市场变化情况。

表3-4　澳大利亚旅华游客的数量变化

年份	旅华人次（万人）	较上年增长%	占所有入境游客比例%	排位
1995	12.95	11.2	2.2	13
2000	23.41	15.1	2.3	12
2005	48.30	28.4	2.4	11
2010	66.13	17.8	2.6	11

资料来源：据各年度《中国统计年鉴》整理。

表3-5　澳大利亚旅华游客的人口学特征　　　　　单位（%）

		2006年	2007年	2008年	2009年	2010年
性别	男	66.7	61.9	62.5	61.8	61.1
	女	33.3	38.1	37.5	38.2	38.9
年龄构成	14岁以下	6.8	6.7	7.0	7.6	7.4
	14～25岁	6.4	6.3	6.7	6.4	6.7
	25～44岁	41.3	39.0	38.0	37.3	35.9
	45～64岁	39.4	41.0	41.3	41.5	41.9
	65岁以上	6.2	7.0	6.9	7.2	8.1
出游目的	观光、休闲	58.0	59.7	63.1	64.7	64.8
	会议、商务	24.1	27.1	20.7	18.7	18.1
	服务、员工	5.1	5.2	5.2	4.7	4.0
	探亲、访友	1.4	0.1	0.1	0.1	0.1
	其他	11.4	8.0	10.9	11.8	13.0

资料来源：据国家旅游局各年度入境游客抽样统计数据整理。

表3-6　2004-2009年澳大利亚旅华游客人均消费与平均停留时间

年份	人均消费（美元/人天）	平均停留时间（天）	人均总消费（万元人民币）
2004	168.3	7.1	0.9
2005	137.5	9.3	1.0
2006	143.3	9.9	1.1
2007	196.8	10.9	1.7
2008	206.8	9.6	1.4
2009	191.3	7.0	0.9

资料来源：据国家旅游局各年度入境游客抽样统计数据整理。

（一）澳大利亚旅华市场稳步增长的原因[①]

中国是一个有着5000年光辉灿烂历史的文明古国，拥有广袤辽阔的疆域、56个民族多姿多彩的民俗风情、数不胜数的人文古迹以及风景名胜。以长城、秦始皇兵马俑等为代表的世界级的文化遗产是吸引包括澳大利亚游客在内的国际游客的具有无穷魅力的旅游资源。

20多年里，中国政治稳定，经济实现了持续、快速、稳定的增长，经济实力和综合国力进一步增强，为世人瞩目。中、澳两国关系良好，两国政府和人民之间友好往来增加，使越来越多的澳大利亚人认识到中国是一个伟大的国度，希望到中国一游，了解中国。随着中、澳之间双边贸易愈来愈频繁，到中国的商务游客也会日渐增加。

目前，来中国旅游手续的办理越来越简便、快捷、高效。如办理签证，以往需要6个工作日，而现在减少到4天，加急的两天即可。海南岛对包括澳大利亚在内的21个国家持普通护照公民组团旅游15天内免签证、上海实行落地签证、珠江三角洲扩大落地签证的范围等消息在澳洲市场反响良好。

随着中国旅游知名度的进一步提高，澳大利亚出现了一批专门经营组织澳大利亚游客赴中国旅行的旅行商。

这些旅游批发商们看好中国市场，积极努力推广中国旅游产品和线路，在广告宣传方面也作了一定的努力和投入，成为推动澳大利亚游客来华的直接动力。

澳大利亚一些传统的旅游目的地因为种种因素限制了游客的到访，客观上推动了澳大利亚游客来中国旅游。从传统而言，印度尼西亚是澳大利亚人出游的主要目的地之一，而受内乱的影响，许多澳大利亚人取消或者推迟赴印尼旅游的计划；太平洋岛国的政局不稳，如斐济、索罗门群岛等，也使许多澳大利亚人改变旅行计划，这一变化，在某种程度上也成为推动澳大利亚人赴中国旅游的动力。

---

① 罗卫建：《澳大利亚出境及旅华市场》，《中国旅游报》2001年3月26日C2版。

中国一些周边国家和地区的旅游也很发达，但旅游资源有限，如新加坡等，他们在宣传促销时，经常推出连线中国的旅游产品，将中国作为其旅游线路的延伸。这些线路通常也符合一部分澳大利亚游客的需求，即在不大幅度增加费用的前提下，一次出行旅游 2～3 个目的地，停留 2～4 个星期等。

（二）澳大利亚旅华市场出现的新的特点[①]

近年来，澳大利亚旅华市场在稳定增长的同时，也出现了一些新的特点，其主要表现如下。

1. 区分时段选择度假

大部分澳大利亚人近年来不再像 20 世纪八九十年代初那样喜欢把一年的假期攒在一起进行一年一度的长假旅行，而是喜欢分几次去不同城市进行短期旅行。特别是尚未退休者，经过一段时间的工作后，逢节假日就外出度假，调整生活节奏。

2. 旅行计划更具灵活性

近年来随着我国各目的地竞相在澳大利亚促销招揽，推出物美价廉的旅游产品，使澳洲人外出旅游选择更多，手续更简便。人们不再过早预定，而是伺机挑选，临时现购。这样，就迫使旅行社提高开展业务的灵活性。

3. 希望拥有更多的自由时间

由于人们希望在旅游中自我支配时间增多，所以散客越来越多，即使是包价团队，人们亦喜欢选择半包式，以便有更多的自我支配时间。

4. 年龄结构发生变化

以前，来中国的澳大利亚游客主体是老年人，而如今，这种单一的年龄结构已经被打破，吸引不同年龄段的澳洲人的不仅是中国的历史、文化和古迹，还有现代文明的魅力。25～44 岁年龄段的澳大利亚游客已经成为旅华市场的主力军。

5. 对旅游目的地的了解更加深入

由于近年来宣传、推广的不断深入，旅华线路已在传统意义上延伸，覆盖面进一步扩大。除京、藏、沪、桂、粤、滇、长江三峡、丝绸之路等长线旅游明显增长外，以往只在华人市场有影响的张家界、九寨沟等偏远的风景地区和黄山等地也逐渐被澳大利亚人了解。

6. 会奖旅游势头强劲

中国渊远的历史和丰富的文化底蕴，以及目前北京、上海等大城市良好的接待设施和服务，对这一市场有着巨大的吸引力。澳大利亚会议、奖励业协会（MIAA）于 2000 年将北京选择为年会的会后旅游目的地。这一举动对开发会奖市场将起到积极作用。

---

① 罗卫建：《澳大利亚出境及旅华市场》，《中国旅游报》2001 年 3 月 26 日 C2 版。

7. 修学旅游方兴未艾

为了增加学生的阅历，了解异国文化，一些学校将海外修学作为学生课程之一，在经济条件许可的条件下，鼓励学生海外学习。随着中国政治、经济地位的不断提高，越来越多的学校开设了中文选修课，越来越多的学生选修有关中国的课程。2000 年 0～14 岁和 15～24 岁年龄段出境总人数约为 70 万人次，而到中国的仅占 3.5%左右，因此非常具有开发潜力。

8. 探亲旅游渐成潮流

目前在澳洲的华人已超过 50 万人，他们在澳大利亚旅华市场中占有一定的比例。当今，新一代大陆移民也加入这一行列中。华人旅华的主要目的是以探亲访友和商务为主，约占澳旅华总人数的 25%～30%左右，是一支不可忽视的旅华主力军。

（三）影响澳大利亚旅华市场的主要因素[①]

虽然历经连续多年的持续稳定增长，但是澳大利亚旅华市场基数不大，还无法同日本、美国等首要客源国相比，而且，澳大利亚出境游市场出现的一些新的情况，对澳大利亚旅华市场也产生一些影响。

1. 开征消费税

2000 年 7 月 1 日，澳大利亚开始征收消费税，税率为 10%。征收消费税定会直接或者间接地影响澳大利亚出境旅游市场，旅华市场也会不可避免地受到冲击。出境旅游受可支配收入水平及国内和海外旅行及住宿价格等综合因素的影响。新税制中收入税的减少可望导致家庭可支配收入的增加，而新的消费税又将抬高国内旅行和酒店的价格，上述因素短期内可能引导出境旅游，但是随着税制的变化影响的稳定，随后几年的增长率将降低。

2. 澳元贬值

近年来，由于国际集团的大量抛售，加之澳大利亚政府的不干预政策和澳联邦储备银行拒不加息等多方面综合影响，澳元一直萎靡不振，与美元的兑换率甚至跌至历史最低点，即使 2000 年悉尼奥运会这样的国际大型活动对澳元升值亦无能为力。澳元贬值对澳大利亚出口产品、入境旅游带来实惠，但对出境旅游、人们的日常生活都带来很大的冲击。这对做出境游的旅行商而言是一个不小的打击，因为他们通常以美元报价。如果这一跌势仍然持续，旅游市场将受到严重影响。据了解，许多旅行商不得不经常调高团队报价。

3. 国内航空公司价格战

为争夺市场份额，澳大利亚几家国内航空公司之间爆发了一场价格大战，部

---

① 罗卫建：《澳大利亚出境及旅华市场》，《中国旅游报》2001 年 3 月 26 日 C2 版。

分内陆航线的价格达到 20 世纪 70 年代中期以来 30 年间的最低票价。尽管这种特价票的数量有限，但其广告效应是惊人的，主流媒体纷纷以大量篇幅加以报道。有专家分析，如果澳元贬值的趋势不止，这场航空价格战的继续将引导澳洲人选择国内旅游，出境游将会受到更大的影响。

近来，由于新兴的两家国内航空公司的激烈竞争，澳大利亚最大的一家航空公司宣布退出中国航线，集中精力稳固和加强国内市场的拓展。在此之前，该航空公司曾在中澳之间提供了该航线 18% 的运力、约近 1/3 的地区中转航班。它的退出，将对澳大利亚游客来华旅游产生不可避免的消极影响。

4. 政府倡导国内游

澳大利亚政府以及旅游业内联合出资 1 600 万澳元，推出以"看澳洲"为主题的国内旅游系列活动，鼓励国民进行国内旅游。这一政策的实施，也会对澳旅华市场产生冲击。

5. 以中国为目标市场的旅行社规模偏小

澳大利亚国内做中国生意的旅行商基本上都是一些中小型的旅游经销商，虽然专门以中国为目标市场的旅行社数量不少，但这些旅行社本身规模均不大，公司员工约 4～20 人不等；市场覆盖率、影响力也就很有限，远不能左右澳大利亚游客的出境选择。

6. 周边国家的激烈竞争

澳洲经济的稳定增长，为其国民出境旅游奠定了基础。因此，许多目的地国家和地区，尤其是周边国家和地区，对这一市场虎视眈眈，都纷纷加大对澳大利亚市场的投入和宣传。有的航空公司、酒店和旅行社联手，推出各种优惠报价，极具竞争力。一些国家和地区驻澳大利亚旅游办事处为部分大旅行社提供宣传广告资金，印刷宣传册。相比较而言，中国的旅游企业之间的联合促销意识还不够，形式也不灵活，仅仅依靠国家有限的宣传经费很难保证澳大利亚旅华市场更快地发展。

第五节　新西兰

一、自然环境

新西兰位于西南太平洋，由两个主要岛屿和一些小岛组成，面积 27.05 万平方公里，相当于日本或不列颠岛的大小。

新西兰主要的南北两岛被库克海峡分隔开。库克海峡最窄处只有20公里宽。除低洼的北岛半岛外，南北岛屿位于东北—西南的一条轴线上。新西兰的领土管辖范围在南纬33度到南纬53度、东经162度到西经173度之间。除主要岛屿和附近的岛屿外，新西兰还拥有以下一些有人定居的外围小岛：查塔姆岛，位于克赖斯特彻奇向东800公里处；克马德克群岛的拉奥勒岛，位于岛湾东北向930公里处；以及斯图尔特岛向南590公里处的坎贝尔岛。新西兰还对托克劳和罗斯属地享有领土管辖权。

新西兰南北最长1 600多公里，东西最宽450公里，围绕着它的领土的是漫长的海岸线（海岸线长度约为15 811公里）。犬牙交错的海岸为新西兰提供了许多天然的港口。新西兰多山地，只有位于西南不到1/4的国土海拔在200米以下，最低处位于海平面306米以下。

从地质角度看，新西兰是一个年轻的国家，处于印澳板块与太平洋板块碰撞地带，坐落在世界上著名的火山地带。因此新西兰有"二多"：火山多，地震多。新西兰火山集中在北岛，特别是陶波地区，火山活跃、屡有喷发。新西兰像日本、智利和菲律宾一样，处于环太平洋地震带，地震频繁。平均每年发生六级以上地震一次，每十年发生七级以上地震一次，每百年发生八级以上毁灭性地震一次。新西兰有两大地震体系：即北岛地震区和南岛地震区。由于地震不断，新西兰的地震科学比较发达。同时新西兰人防震意识普遍较强。

新西兰属于南温带，节气变化与我国相反，那里冬无严寒，夏无酷暑。一年四季温差不大，北岛夏天最高时达26℃，冬天最冷时15℃，南岛夏天有时达19℃，冬天10℃上下。全国而言，7月最冷，平均8℃；1月最热，平均17℃。新西兰雨量充沛，年降水700～1 500毫米。有些地方多些，如南岛的米尔福德湾超过6 200毫米；有些地方少些，如中部奥塔哥地区仅350毫米。新西兰日照充足，大部分地区年日照超过2 000小时，少数地方超过2 350小时。新西兰气候的另一特色是风。首都惠灵顿是闻名世界的风城，这里多风，是因为南北两岛在此交汇，库克海峡从中穿过，似一过道，形成过堂风。

二、社会环境

1. 历史发展

早在公元1350年，毛利人就在新西兰定居，他们过着原始公社制的生活，以渔猎为生，能造船，会织网，擅长航海，有较高的文化和艺术水平。公元1642年，荷兰航海者在新西兰登陆，被毛利人赶走。1769～1777年，英国库克船长先后5次到达新西兰，发现这里是一个富饶的地方，有利于发展农牧业。此后英国向新西兰大批移民并宣布占领，发展资本主义经济。1840年2月6日，英国迫使毛利人族长签订《威坦哲条约》，规定新西兰为英殖民地。1907 年，英国同意新西兰独立，成为英帝国自治领，但政治、经济、外交仍受英国控制。1947 年，新西兰获得完全自主，成为主权国家，现在新西兰是英联邦成员。从"二战"以后，美国和日本等垄断资本不断渗入新西兰，英国的势力相对受到削弱。

2. 经济概述

新西兰长期受英国的殖民统治和剥削，经济发展片面，成为英国的农畜产品及工业原料的供应地。"二战"后，20 世纪五六十年代新西兰经济得到持续稳定的发展。60 年代末，工业产值超过农业，且占到国民生产总值的 30%以上。人均国民生产总值居世界前列。70 年代后，受资本主义世界经济危机的影响，新西兰的经济增长速度缓慢。至 80 年代后期，新西兰经济虽有好转，但不稳定。1990 年，国家党政府执政，进一步深化前工党政府的经济改革，严控社会福利和政府开支，推行低通货膨胀、低利率政策，促进投资和外贸出口，成效显著。经济增长率曾达 6.3%，政府财政连年盈余，通货膨胀率和失业率下降。

新西兰的经济是以畜产品的高效生产和出口为基础发展起来的。依靠出口畜产品换取燃料、原料、工业产品和粮食。迄今为止，农牧业依然是新西兰经济的基石。它的畜产品绝大部分供出口，而本国所需的工业制品主要依靠进口，所以，新西兰的国民经济对外依赖性很大。不过，在近 20 年的稳定发展过程中，新西兰的经济有了飞速的发展，现在不失为发达的国家。2000 年至 2001 年度人均国内生产总值 11 399 美元。

3. 人口与居民

新西兰人口约 437 万（2010 年），是一个以英国移民为主的移民国家，它的民族主要有：欧洲人，约占 80%左右，他们的先辈们主要来自英国，也有的来自德国、意大利、荷兰、前南斯拉夫和其他国家；毛利族人口占第二位，约占总人口的 12.9%；来自太平洋岛屿如西萨摩亚、库克群岛、托克劳、汤加和斐济等的人口占 5%。由于新西兰与太平洋诸岛国的历史渊源及日益发展的政治、经济关系，目前在新西兰的纽埃人、托克劳人和库克群岛人比在他们各自的国家的人数还多。他们中的许多人定居在奥克兰，因此，奥克兰被誉为"世界上最大的波利尼西亚城"。

中国人和印度人在新西兰移民总数中为数可观。据统计，在新西兰，来自中国台湾的移民总数仅次于英国。新西兰政府的移民政策时有变化，但总体上采取较为欢迎的态度，到 1994 年 12 月止，有 42 629 人获准在新西兰永久居留。

新西兰 85%的人口居住在人口超过 1 000 人以上的集镇和城市中。直到 20 世纪 60 年代后期，新西兰人口中还是男性多于女性，自那以后女性人口持续增长，并超过了男性人口。1991 年的人口普查数字中，男女人数之比为 972∶1 000。

与大多数西方发达国家相比，新西兰的人口结构较为年轻；这是因为20世纪大部分时间的移民多为年轻人，并且在他们那时的出生率较高。到2031年，一半人口将大于41岁。而在1994年，一半人口仅为32岁。

新西兰居民的流动性很大，但他们大都喜欢迁至一邻近地区，迁进移出大体平衡，大规模地从一处迁至很远的地方或移民出国却很少见。

新西兰人口城市化较高，是世界上都市化程度最高的国家之一（1980年其城市人口已达85%）。与其他发达国家相比，最突出的特点是没有大城市，人口超过50万的城市只有奥克兰一处。20个最大城市（人口2万以上，排在前三位的城市为：奥克兰，人口952 600人；惠灵顿，331 100人；克莱斯特彻奇，324 400人）居住了将近全国70%的人口。

新西兰的官方语言是英语和毛利语，但人们主要讲英语，全国95%的人把英语作为第一语言，所以新西兰是世界上语言最简单的国家之一。新西兰国内的新闻媒体、学校教育、政府机关、司法部门普遍使用英语。

新西兰是一个宗教信仰自由的国家，人们可以信仰任何宗教。新西兰没有国教，实行政教分离，大部分新西兰人信仰基督教。据1990年统计，信教人数自20世纪70年代开始呈下降趋势。70年代，新西兰信教的人数占其人口的69.1%；80年代降至63.6%，90年代又下降到57.6%。

在人民生活方面，20世纪80年代末以前，新西兰实行免费教育、免费医疗、国家养老金及失业补助、子女补助、病残补助、单亲补助、家务女佣补助等高福利政策。此后，新西兰政府为控制福利开支，对高等教育和医疗实施部分收费政策。

4. 社会风情和习俗

新西兰人的穿戴颇受英国和其他欧洲国家影响，绅士遗风犹存。他们平时衣着比较随意，参加宴会和重要庆典时穿着讲究，参加上流社会的活动时，可谓衣冠楚楚，文质彬彬。新西兰毛利人的传统服饰鲜艳而简洁，富有民族特色，一看便知是毛利人。最常见的是"比乌比乌"（PiuPiu）短裙，此裙不分男女，现在多作为演出时道具。最讲究的是羽毛大氅，过去是酋长才能披戴的，现在只在遇有盛大庆祝活动时才穿上迎接贵宾。

新西兰人吃饭并不讲究，饮食文化也不够发达，没有那么多流派。这不是说他们不懂烹调，也不是说他们没有条件，而是他们对饮食看得平淡，日常饮食无非是牛羊猪肉、鸡鸭鱼肉、蔬菜水果、黄油奶酪面包、啤酒饮料。新西兰人重视喝，啤酒有许多品牌，饮料名目繁多，如可口可乐、雪碧、橙汁、西红柿汁、西瓜汁、菠萝汁、矿泉水、冰水、苏打水。酒类花样更丰富，毛利饭独具一格，可称为新西兰的"民族饭"。

新西兰人有文身习俗，以毛利人著称。毛利人的文身不仅是一种装饰，也是一种艺术，更是一种地位的标志。文身根据文刺在身体的不同部位，大体可以分为全身文身、局部文身和脸部文身。其中以脸部文身最讲究，技术要求最高，花纹图案最复杂。

新西兰的欧洲和亚洲移民均遵从各自的传统风俗习惯。生活在城市里的毛利人仍然继承了毛利人的传统文化。

毛利人热情好客，对客人的礼遇很讲究。每当客人到来时，他们首先选出一名村里跑得最快的人在客人面前挥舞剑或长矛，表示欢迎；然后，妇女们边高声喊叫，边跳起迎宾的"哈卡舞"。最后，村里深孚众望的长者走到客人面前，向客人致毛利人的最高敬礼——碰鼻礼。有的地方碰一次，有的地方碰两次。碰鼻子的时间越长，说明客人受到的礼遇越高。由于有这样高规格的礼遇，毛利人以高鼻子为自豪。母亲为了让自己的孩子的鼻子长得高一点，常常用双膝来夹孩子的鼻子。

新西兰的节日大体上分为全国性节日和地方性节日。全国性节日如元旦、国庆、复活节、安塞日等。新西兰的节日有一个特点：往往不是某月某日，而是某月的第几个星期一，这种情况在地方性节日中尤为突出。作此规定是为了与周末联在一起，形成长周末，有三天假，人们可以安排较多的游览活动。据不完全统计，新西兰大约有二十多个长周末，平均每月有两个长周末。全国性的节日中，除了国庆庆祝活动外，安塞日的庆祝活动非常隆重。安塞日（4 月 25 日）是 Anzac Day 的译音，意为"澳新军团日"。

三、旅游业概况

1. 发展历程

新西兰旅游业的历史十分久远。早在 1901 年 2 月 1 日，新西兰就成立了全球第一个致力于发展旅游业的政府部门——新西兰旅游局。成立之初只有 5 000 名国外观光客，如今每年有多达 230 多万名海外游客到访新西兰，旅游业也成为新西兰最大的外汇来源之一。旅游业每年为新西兰带来超过 66 亿新元的收入，这个数字仍在快速成长中。澳洲是新西兰旅游的最大市场，每年约有 87.5 万游客来自澳大利亚。

新西兰政府积极鼓励和支持旅游事业的发展，旅游业从过去在国民经济中无足轻重的地位一跃成为举足轻重的支柱产业之一。1975 年，旅游收入约 1 亿新元，1995 年旅游收入猛增至 48 亿新元，是原来的 48 倍。旅游人数也跳跃式增长，1975 年约 36 万人次，1998 年达 150 万人次，为原来的 4 倍多。

1995 年，到新西兰的外国游客为 138.6 万人，全国直接从事全职旅游工作的人员约为 12.5 万人，其最高收入每天可达 1 320 万新元，旅游业的外汇收入是新西兰外汇收入的主要来源之一。至今旅游业仍在不断为新西兰人提供新的工作机会。

新西兰政府对发展旅游业很重视，主要表现在保护历史遗迹、文化遗址、环境、提供旅游设施，包括建设并提高道路等级，建设或扩建博物馆，增加展品等方面。从 1985 年开始通过旅游委员会实施了一项旅游项目，每年在 6 月和 12 月受理申请。1995～1996 财政年对这一项目的拨款是 60 万新元。

新西兰的旅游管理机构为新西兰旅游局和商务部旅游政策小组。前者在澳大利亚的悉尼、布里斯班、墨尔本，新加坡，中国的台北、香港，日本的东京、大阪，韩国的首尔，泰国的曼谷，美国的洛杉矶、芝加哥、纽约，德国的法兰克福以及英国的伦敦等地设有 16 个海外旅游促销与促进办事处，在国内的奥克兰、罗托鲁阿、克赖斯特彻奇以及皇后城设有 4 个地区办事处。后者的主要作用是给政府提供具有国内国际意义的旅游问题的建议。此外，还有新西兰旅游产业协会（1953 年成立，当时名为"新西兰旅游与假日协会"）。

每年到新西兰的 100 多万国际游客中，将近 70%为度假，15%与家人及亲戚团聚，10%从事商务活动，其他占 5%。

2. 旅游资源特色

在过去的 30 多年间，新西兰旅游业能够迅速发展，除了政府积极鼓励和支持外，新西兰最大限度地开发利用并妥善保护旅游资源也是一个重要因素。新西兰的旅游资源极为丰富，概括地说有"五好一严"：即风光好、环境好、交通好、旅馆好、节目好，海关严。

风光好：新西兰有得天独厚的自然条件，相对没有污染，天蓝、地绿、水清，吸引着人们来此休闲度假。风光好的另一方面是多层次的旅游景点。奥克兰、惠灵顿、达尼丁等大城市有繁华的商业区，灯红酒绿的娱乐场所，有现代化的交通，也有大型博物馆值得一看。再就是旅游胜地，例如罗若鲁阿、皇后镇、萤火洞、米尔福德峡湾。这些景点，以风光旖旎著称，是旅游的热门地方。风光好的再一个方面是新西兰南北两岛，北岛的地热景观确是一绝，南岛的冰川世界也属罕见。地热之处，花红柳绿宛如杏花春雨江南；冰川之地，碎石如斗，犹似金戈铁马塞北。呈现一柔一刚、刚柔相济的自然景观。

环境好：可以用"六面净"来描写，即路面干净、地面干净、屋面干净、河面干净、湖面干净。

交通好：新西兰交通方便，各城市之间有定期航班，大城市之间基本上一小时一趟飞机。陆路旅行坐大巴舒适安全，走一路看一路，沿途景色尽收眼底。

旅馆好：不仅是指五星级、四星级的高档酒店，更是指普通旅店。不论是地近闹市，还是远离尘嚣的乡间，每家旅馆都既卫生干净，又经济实惠。

节目好：新西兰根据自己的具体情况，安排富有特色、别具情趣的旅游节目。新西兰的毛利文化饮誉全球，外国人去游览无不想看看毛利人的风俗习惯。据此，在罗托鲁河设立了毛利公园、毛利工艺学院，向观光介绍毛利木雕、毛利编织、毛利会堂等典型的毛利文化。新西兰畜牧业发达，牛羊满山坡。因此开发了"牧羊犬大表演，剪羊毛表演"节目，让游客了解新西兰畜牧业情况。新西兰林业著名，加利福尼亚辐射松漫山遍野。为此开辟了森林幽径徒步游，专门辟出一条徒步路线，任人走动。旅游部门还根据不同季节，推出一系列名目繁多的节目。如尝酒节、组织游人去葡萄产区游玩，欣赏葡萄园美景，同时品尝葡萄美酒。新西兰文化艺术与旅游结合起来，如惠灵顿艺术节，各种艺术团体来此演出，吸引四方游人，并带来不少商机。

海关严：新西兰海关出奇的严，旅客行李一律检查，外交使节也不能幸免，一般游客入境，所带物品必须按其规定申报，如有违者，必遭严罚。

3. 旅游业发展现状

2001 年旅游相关收入达 52.36 亿新元，来新西兰的游客人数较上年增长 6.9%，主要来自澳大利亚（63.1 万人次）、英国（21.2 万人次）、美国（18.7 万人次）、日本（14.9 万人次）、韩国（8.7 万人次）和中国（5.3 万人次）等国家。

新西兰近几年提出了全世界统一的主题"100% PURE NEW ZEALAND"（100%纯净的新西兰），实施了由"有时会去的国家"到"现在马上就要去的国家"的大转换宣传。这是新西兰国家旅游局开展的全球性促销活动。

新西兰的海外客源地中占第一位的是邻国澳大利亚，第二位是美国，第三位是英国，第四位是新加坡。

四 旅华市场①

新西兰游客旅华的特点，总体概括就是：旅华基数很小，增长速度很快。1998 年新西兰旅华人数只有 3.1 万人次，到 2000 年，新西兰旅华人数就达到了 3.8 万人次，增长率达到 19.6%。2006 年旅华人数 8.23 万人次，2007 年全年旅游人次突破 10 万人次，达到 10.5 万人次，同比增长超过 30%。

由于地理位置、历史渊源的关系，新西兰和澳大利亚的文化品位和生活习惯十分相近，因此，新西兰游客在旅华方面的特点基本上与澳大利亚游客的兴趣、爱好有很大的相似性。

相对而言，中国对于新西兰是一个远程旅游目的地，因此在一定程度上限制了新西兰游客来华旅游的数量。但是近年来，中国在世界上的影响越来越大，新

---

① 罗卫建：《新西兰出境及旅华市场》，《中国旅游报》2001 年 4 月 16 日 C2 版。

西兰游客对中国的了解也越来越深入；同时，丰富多彩的中国旅游资源和产品，独具魅力的东方文明，也吸引着越来越多的新西兰游客来中国旅游。

新西兰游客来华旅游的主要目的地都集中在北京、西安、上海、桂林等传统旅游景点。因为属于远程旅游，所以很多新西兰游客在日程安排上一次出行旅游2～3 个旅游目的地，停留 2～4 个星期。即在来华旅游前后顺便前往其他的旅游目的地，如：中国香港特别行政区、马来西亚、新加坡等。

近年来，新西兰旅华市场出现了值得重视的两大新现象：

第一，移居新西兰的华人探亲访友、商务旅游逐渐成为热点，并将有望成为新西兰旅华游客的生力军。

由于相对来讲人口密度小，特别是新西兰北、南两岛中的南岛人口稀少，新西兰实行比较开明的移民政策，每年有计划地进行技术性移民。新西兰气候温和湿润，环境优异，加上经济较发达，现代化程度、生活水平比较高，吸引了很多海外的移民前去新西兰定居，其中有不少华人。这些华人移民探亲访友旅游正在积极地增长。

第二，新西兰同亚洲的空中联系越来越紧密，有望拉动出境旅游市场。

为了加强竞争力，进一步拓展洲际航线，2000 年，新西兰航空公司宣布购买News Limited 持有的 Ansett 航空公司的 50%的股份，实现对 Ansett 航空公司及其子公司的独家拥有。6 月，Ansett 公司实现了同新西兰航空公司的合并，成立了新西兰航空公司—澳洲 Ansett 联合公司。Ansett 公司原来就曾经在中国航线上有过尝试，新成立的公司有望在拓展亚洲，特别是以中国香港特别行政区为中心的中转航线上进一步加强力量。2001 年 3 月，新西兰航空公司将同德国汉莎航空公司实行代码共享，延伸其欧洲的航线，并实际上可因此享受星空联盟会员的各种优惠。新西兰航空公司的这一系列市场拓展活动，客观上增加了新西兰游客通过中国香港特别行政区旅华的几率。

有迹象表明，新加坡航空公司也将加入该联盟。总部设在中国香港特别行政区的国泰航空公司也不断加强对澳洲航线的开拓。继 2000 年在澳洲—香港航线上出现强势增长，国泰航空公司对未来充满了信心。香港已成为连接中国内地和亚洲的重要的交通枢纽。

航空交通的便利、快速将使远程旅行不再可怕，也必将引导更多的新西兰游客前来探寻光辉灿烂的东方文明。

复习思考题

1. 近年来日本的海外旅游有哪些显著的变化趋势？
2. 韩国旅华市场迅速增长主要原因是什么？
3. 对比分析日、韩两国旅华市场的变化。
4. 蒙古国旅华市场的有哪些主要特征？
5. 澳大利亚的旅游资源有什么特色？
6. 对比分析澳大利亚与新西兰在旅华市场上的差异。

第四章 东南亚地区主要客源国

【学习导引】

东南亚地区是我国传统的旅游客源地。通过本章的学习，应该对该地区整体的经济、社会、环境等一般情况有一个大致的了解，尤其是对新加坡、马来西亚、泰国、印度尼西亚、菲律宾这五个国家的社会风情与民俗习惯应加以区分与辨别，一些国家在发展旅游业中的先进经验也是我们值得学习和借鉴的。

【教学目标】

1. 了解东南亚地区旅游资源特色。
2. 掌握东南亚五国的空间分布。
3. 深入理解新加坡的旅游业发展模式带给我们的启示。

【学习重点】

东南亚地区旅游资源特色；新加坡旅游业发展的独特模式；新加坡、马来西亚、泰国旅华市场差异；泰国、印度尼西亚的社会文化特征。

第一节 东南亚地区概况

东南亚地区在全球旅游客源市场中虽不是一个独立的区域，但是，由于其与我国在地域上的近距离，在经济、文化和社会生活上都有着特殊的联系，尤其是东南亚地区中的新加坡、马来西亚、泰国、印度尼西亚和菲律宾五国，长期以来一直是我国海外旅游客源市场中的一支主要力量。五国中，新加坡旅游市场发展较为成熟；马来西亚人口基数相对较大；而泰国凭自身快速增长的经济实力，旅华人数呈现跨越式发展；印度尼西亚市场因受一些客观因素的限制，未能充分发挥潜力。

近年来，随着我国安全、有魅力的旅游目的地形象在这一地区深入人心，东南亚各国游客来华旅游信心大增，入境旅游人数呈迅猛增长势头。据中国驻新加坡旅游办事处介绍，新加坡、马来西亚和泰国三个国家与我国关系友好，在今后一段时期内，这三个国家仍然是该地区旅华市场的主力军。

下面，重点介绍一下该地区五国的相关情况，以期对我国在东南亚地区的海外旅游市场有一个全面的了解。

东 南 亚 五 国 示 意 图

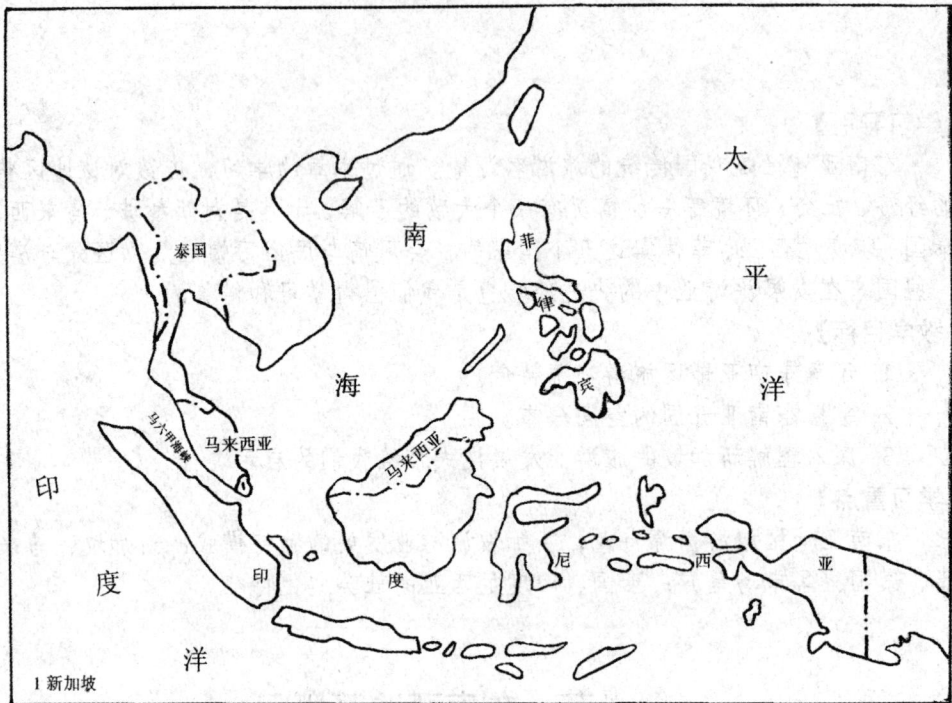

一、自然地理概况①

"东南亚"是第二次世界大战后使用的一个新地名。此前中国人把这一地区称为"南洋"、"南海"，西方则称之为"远印度"、"外印度"、"印度群岛"。"二战"期间盟军设立"东南亚最高统帅部"后，"东南亚"这一名称便被普遍地接受并使用。

东南亚共有 10 个国家，其中越南、老挝、柬埔寨、泰国、缅甸 5 国位于中南半岛（又称中印半岛，或印度支那半岛），故称"半岛国家"；菲律宾、马来西亚、文莱、新加坡、印度尼西亚 5 国位于马来群岛，故称"海岛国家"。1967 年海岛 5 国与泰国组成"东南亚国家联盟"，简称"东盟"。

---

① 李溢：《世界热带亚热带海岛海滨旅游开发研究》，旅游教育出版社 1997 年版，第 176～178 页。

1. 地理位置

东南亚位于东经 93°～141.5°，北纬 24°～南纬 10°之间。北与中国接壤，南与澳大利亚大陆隔海相望；东濒浩瀚的太平洋，西临印度洋，与南亚次大陆上的孟加拉国、印度接壤。

东南亚地处亚洲和大洋洲、太平洋和印度洋之间的"十字路口"，是联系两大洲和两大洋的桥梁与纽带。无论是历史上的亚洲、非洲、澳洲各国人民的交往，西方国家对东方殖民地的侵掠，还是现代世界各国之间的政治、经济、文化往来，都要经过这个"十字路口"。龙目海峡、巴士海峡、巽他海峡、托雷斯海峡等，都是重要的海上通道。介于马来半岛与苏门答腊岛之间的马六甲海峡，是沟通两大洋的咽喉，扼守东西方交通的要冲，包括新加坡海峡在内全长 900 公里，最窄处仅 37 公里，水深 25 113 米，常年风平浪静，潮差小，可通航 25 万吨级巨轮。航行于太平洋两岸与南亚、欧洲、非洲各国的船舶绝大部分经由此处，目前每年航经马六甲海峡的各类船舶就逾 10 万艘，是世界上最繁忙的海峡之一。

东南亚的陆地由中南半岛和马来群岛两部分组成，总面积约 448 万平方公里，其中中南半岛约 200 万平方公里。马来群岛由吕宋岛、棉兰老岛、加里曼丹岛、苏门答腊岛、爪哇岛、苏拉威西岛、伊利安岛等几万个大小岛屿组成，最大的岛为伊利安岛，面积达 43 万平方公里。

2. 气温气候

东南亚地区是亚洲纬度最低的地区，绝大部分位于北回归线和南纬 10°之间。属热带气候区。具体可分为热带季风气候和热带雨林气候。

马来群岛的大部分地区和马来半岛南部（大约北纬 5°以南），属热带雨林气候。终年高温多雨，各月气温在 24℃～28℃，气温年差不超过 3℃。由于这里靠近赤道，太阳经常强烈地直射四周海洋，造成大量的对流雨，年降水量在 2 000 毫米以上。因受海洋调节，虽终年高温，但无闷热酷暑之感。

在热带雨林气候区以北，即北纬 5°以北，包括中南半岛绝大部分和菲律宾北部，属热带季风气候。分为干、湿两季。每年 5～10 月盛行西南季风，降水充沛，形成雨季；11 月至来年 4 月盛行东北季风，干燥少雨，形成旱季。在热带季风气候区，年均降水量在 1000 毫米以上。在中南半岛北纬 20°以北地区，一年可分为热季、（3～5 月）雨季（6～10 月）和凉季（11 月至来年 2 月）。

马来群岛的另一个特征是多台风。菲律宾以东的太平洋洋面上是台风源，每年 6～11 月数次台风自东向西运行，带来丰沛的降水，同时也兼具破坏性。

二、旅游资源特征①

1. 星罗棋布的海岛

马来群岛拥有的岛屿之多，为世界之最。据不完全统计，菲律宾拥有 7 000 多个大小岛屿，而印度尼西亚则拥有 13 000 多个岛屿，故菲律宾、印度尼西亚均有"千岛之国"的美称。其他国家虽称不上千岛之国，亦有众多的海岛，就连弹丸之地的新加坡，也有 50 多个小岛。许多岛屿风光秀丽，景色迷人。有的岛屿长期与外界隔绝，仍保留着独特的土著文化和民族风情；有的岛屿则植物茂盛，保持热带森林的风貌，还有的岛屿具有神秘的自然现象，保持着神秘的传说。过去由于交通不便，经济落后，许多散落的小岛被看成无用之地，如今则成了取之不尽的独特的旅游资源。

2. 曲折蜿蜒的海岸线和优质海滩

海岛多，海岸线必定长，马来群岛与中南半岛海岸线总长近 10 万公里，亦堪称世界之最。漫长的海岸线曲折蜿蜒，形成许多天然良港和优质沙滩，海滩外围生长着热带雨林。碧清的海水、湛蓝的天空、松软的沙滩、茂密的雨林，的确令人心旷神怡。尤其是对于那些从冰天雪地的温带、寒带飞过来的远方游客来说，来到这里就像进入了另一个天地。现在已建成的著名海滨旅游点有泰国的帕塔亚海滨、宋卡海滨、洛坤海滨，马来西亚的马六甲海滩、波德申海滩、边佳兰海滩，菲律宾的马尼拉海滩、宿务海滨，缅甸的仰光海滨、毛淡棉海滩等。

3. 壮丽的火山景观

马来群岛除加里曼丹等小部分地区属于印度—马来板块外，其余群岛均为新地壳运动形成的支离破碎的高峻地貌。群岛地形崎岖，山岭纵横峻峭。由于这一地区正处在环太平洋和地中海—喜马拉雅造山带的汇合处，地壳极不稳定，故常有火山活动。据统计，在世界上的 600 多座火山中，印度尼西亚就占有 100 多座，菲律宾亦火山众多。

火山爆发给这一地区的人民带来了灾难，但火山堆积物也形成了大量的自然奇观，为发展旅游业提供了宝贵的资源。它吸引着各学科的科学工作者前来考察研究，吸引着大量的旅游者前来观光，探奇寻异，探索大自然的奥秘。

4. 丰富的动植物资源

由于受海洋气候的影响，东南亚地区植物资源十分丰富，印度尼西亚、马来西亚、缅甸、老挝的森林覆盖率都超过 50%。像马来西亚彭亨州的塔曼·尼瓜拉森林是亚洲最大、历史最悠久的自然保护区之一。四季盛开的热带兰花为东南亚

---

① 李溢：《世界热带亚热带海岛海滨旅游开发研究》，旅游教育出版社 1997 年版，第 178~181 页。

的代表花卉，在世界上享有盛誉。在马来群岛的许多岛屿上，生长着茂密的热带原始森林，有的至今尚无人探过险。

东南亚有许多珍禽异兽，如大象、老虎、犀牛、鳄鱼、孔雀等。在泰国、缅甸等国，大象被看成最珍贵、最神圣的动物，人们对其倍加爱护，由于大象与民俗紧密结合在一起，更增添了旅游者的兴趣。

5. 优越的地理位置

地理位置虽不算旅游资源，但优越的地理位置却是发展旅游业的一个优势，但事实上，东南亚旅游业突飞猛进的发展，其重要原因之一就是地理位置优势。由于马来群岛是世界交通的汇合口，处在东西方、南北半球的"十字路口"上，每天都有络绎不绝的船只在这里的海峡中穿梭，这些船只要在这里加油、加水、修理，遇到台风要在这里避风，许多货物要在这里中转或分流。这些过路客，为推动东南亚的旅游业起了重要的作用。

6. 灿烂的历史文化

东南亚具有悠久的历史，不仅是人类的发祥地之一，而且是澳、亚两大陆早期人类交汇、聚合、繁衍的地区之一。在漫长的历史发展过程中，东南亚人创造了自己灿烂的文化，留下了许多辉煌的历史文物古迹。其中最有名的有帝王宫殿和宗教寺塔。另外还有泰国的大王宫、印度尼西亚的日惹苏丹王宫、菲律宾的马拉卡南宫；泰国的卧佛寺、玉佛寺、德佛塔寺院，马来西亚的泰禅寺、国家清真寺，印度尼西亚的婆罗浮屠。其中印尼的婆罗浮屠始建于公元8世纪，是世界上最大的佛塔。据传是由几十万奴隶和农民用15年时间建成的。这些富有东南亚特色的历史文化遗产，对探胜访古的境外游客具有极大的吸引力。

7. 多彩的民族风情

东南亚在地理上处于"十字路口"，是东西方经济、贸易、文化的交汇处，同时这里也是一个民族大家庭。这里共有100多个民族，几百种语言。既有古老的民族，如伊班族、卡达山族、爪哇族、巽他族、马来族、泰族、高棉族、京族等，又有后来迁徙到此的华人、印度人、阿拉伯人，还有欧洲一些国家的白人。在文化上既有本地区的传统文化，又有伊斯兰文化、佛教文化、天主教文化和儒教文化，还有西方现代文化。因此，东南亚，尤其是东南亚的海岛国家几乎可以称为"民族博物馆"和"文化博物馆"。虽然在现代化的发展过程中，东南亚欧化的倾向比较明显，但许多民俗风情依然得到保存。民俗旅游几乎成为东南亚各国吸引旅游者的一个最重要的部分。

三、旅华市场①

中国与东南亚各国交往历史悠久，现阶段在政治、经济、科技、旅游等领域保持了良好的合作关系。据中国经贸部的统计，1999 年中国与东盟各国的经贸总额达到 272 亿美元，同比增长 15%，显示了良好的发展前景。

东南亚一直是我国重要的传统入境旅游客源市场。1997 年，东南亚各国来华旅游入境总人数为 127 万人次。1998 年，由于受到金融危机的强力冲击，东南亚旅华客源市场出现大面积下滑，当年东南亚地区的新加坡、马来西亚、菲律宾、泰国、印度尼西亚五国旅华总人数为 112.19 万人次，平均下降了 11.7%。随着国际社会的救助和各国经济的不断改革、调整，从 1999 年开始，东南亚各国经济开始出现好转迹象；与此同时，经济的好转也刺激了人民的出游热情，主要国家旅华市场客源亦呈现出了良好的恢复增长态势。2000 年，上述东南亚五国来华旅游总人数为 166.6 万人次，同比增长 18.18%，较之金融危机前最好的 1997 年增长了 31.18%。

在"9·11"事件、伊拉克战争和 SARS 肆虐等一系列不利因素影响下，东南亚地区的旅游业也和世界各地一样遭受了沉重的冲击。然而，受中国政治经济持续稳定增长的影响，东南亚地区旅华市场恢复迅速，尤其是在 SARS 疫情过后的恢复期，在全球各地旅华人数同比下降的情况下，东南亚地区旅华人数却唯一保持同比 11.3%的增长势头，充分显示了其巨大的市场基数和活力。表 4-1 反映了近年来的东南亚五国旅华人数变化情况。

表 4-1　近年来东南亚 5 国旅华人数变化趋势　　　　单位：万人次

	2003 年	2004 年	2005 年	2006 年	2007 年	2008 年	2009 年
新加坡	37.81	63.68	75.59	82.79	92.20	87.58	88.95
马来西亚	43.01	74.19	89.96	91.05	106.20	104.05	105.90
菲律宾	45.77	54.94	65.40	70.42	83.30	79.53	74.89
泰国	27.54	46.42	58.63	59.20	61.16	55.43	54.18
印度尼西亚	23.18	34.98	37.76	43.30	47.71	42.63	46.90

资料来源：《中国旅游统计年鉴》。

东南亚地区是我国传统客源市场，旅华市场发展早。经过多年的发展，东南亚地区的主要客源市场尤其是新、马、泰三国的华人旅华市场，是我国较为稳定的入境旅游市场。虽然自全球金融危机爆发以来，入境旅游市场呈现整体下滑，但东南亚地区市场下滑幅度相对较小。

---

① 徐岩：《东南亚旅华市场——机遇与挑战并存》，《中国旅游报》，2001 年 3 月 12 日 C3 版。

下面分别介绍东南亚五国的一些基本情况。

第二节　新加坡

一、自然环境

新加坡共和国是位于马六甲海峡北岸、马来半岛南端的一个城市岛国，由新加坡岛和附近 50 多个小岛组成，总面积 699.4 平方公里（仅相当于中国的一个乡的面积），主岛为新加坡岛，占全国总面积的 91.6%。新加坡地势平坦，平均海拔 17 米，最高处为中部的锡山，海拔也仅 166 米。

新加坡具有非常优越的地理位置，它东临辽阔的中国南海。与加里曼丹遥遥相对；西面是马六甲海峡，并与苏门答腊岛相望；南面是新加坡海峡；北面隔 1.2 公里的柔佛海峡与马来半岛为邻，现有一条长 1 056 米的花岗岩长堤与马来西亚的柔佛州相连。新加坡地处太平洋与印度洋之间的航运要冲，为马六甲海峡出入口的咽喉要地，有"东方直布罗陀"和"远东十字街头"之誉称，还是亚、非、欧和大洋洲的重要国际海、空航线的枢纽，战略地位十分重要。

新加坡地处北纬 1.17 度，南距赤道仅 136.8 公里，属赤道型气候，或称热带海洋性气候，常年高温多雨，年温差小，年平均气温为 26℃左右，最高气温达 35℃，年平均降水量 2 400 毫米。

二、社会环境

1. 历史与文化

新加坡古称淡马锡。公元 8 世纪建国，属印尼室利佛逝王朝。18～19 世纪是马来亚柔佛王国的一部分。1819 年，英国人史丹福·莱佛士抵达这里，与柔佛苏丹订约设立贸易站。1824 年沦为英国殖民地，成为英国在远东的转口贸易商埠和在东南亚的主要军事基地。1942 年新加坡被日本占领。1945 年日本投降后，英国恢复殖民统治，次年划为直属殖民地。1959 年新加坡实行内部自治，成为自治邦，英国保留国防、外交、修改宪法、颁布"紧急法令"等权力。1963 年 9 月 16 日并入马来西亚。1965 年 8 月 9 日脱离马来西亚，成立新加坡共和国。同年 9 月成为联合国成员国，10 月加入英联邦。

2. 经济与政治

新加坡的经济以电子工业、石油化工、金融、航运、服务业为主，对美国、日本、欧洲和周边市场的依赖性很大。新加坡独立后坚持自由经济政策；加紧发展资本密集、高增值的新兴工业；大力投资基础设施建设，力求以最优越的商业环境吸引外来投资。以制造业和服务业作为经济增长的双引擎；为进一步促进经济增长，自 20 世纪 90 年代起大力推行"区域化经济发展战略"，加速向海外投资。1997 年亚洲金融危机爆发后，新加坡经济所受冲击较小，因而回升迅速，2000 年经济增长率达 9.9%。受全球经济增长放缓和国际电子产品周期性衰退等因素影响，2001 年新加坡经济陷入独立以来最严重的衰退，全年负增长 2%。为此，政府两次出台总值相当于 GDP 8.4% 的配套计划来刺激经济，同时开始酝酿调整经济发展战略，提出要攀登知识经济的新高峰，"打造新的新加坡"。

在政治上，新加坡实行共和制政体，采用议会制，按三权分立原则组织国家机构。自新加坡独立以来，人民行动党长期执政，政局一直保持稳定。多年来新加坡政府对内重视维护种族和谐，酝酿经济发展战略调整，对外奉行立足东盟、大国平衡的全方位外交政策。

3. 人口与居民

新加坡人口 518 万（2011 年），华人占 75.2%，马来人占 14.7%，印度人 7.7%。其他种族 2.4%。马来渔民是当地的土著居民，但自从史丹福·莱佛士（stamford Rattles）爵士来到并建立英国贸易中转站后，新加坡逐渐成为一块吸铁石，吸引了成千上万的移民和商人。新加坡政府为了巩固国家统一，奉行各个种族一律平等的政策，强调各种族之间要相互协调，相互宽容，和睦相处。

新加坡国语是马来语，有四种官方语言：马来语、华语（即汉语普通话）、泰米尔语和英语，英语是行政语言，使用最为广泛，大多数新加坡人都会讲母语和英语两种语言。

多民族的新加坡，宗教信仰也十分复杂，世界上的主要宗教在这里都有信徒。按照传统习惯，中国血统的人大多数信奉佛教或道教，少数信天主教和基督教；马来血统和巴基斯坦血统的人基本都信奉伊斯兰教，印度血统的人信奉印度教。各种宗教信仰人数的比例大约为：佛教 31.9%，道教 21.9%，伊斯兰教 14.9%，基督教 12.9%，印度教 3.3%，天主教 14.5%，其他宗教 0.6%。

早期的华人移民，如同其他种族的移民一样，带来了自己的宗教信仰与习俗。在新加坡，华人所信奉的佛教，是与道教和儒家学说混成一体的，其范畴涉及信仰、习俗和体制。

前来新加坡的印度人，也把他们的宗教、文化和艺术带到了新加坡。他们早期的宗教事迹，是在新加坡不同的地区兴建印度庙，其中大部分是以南印度的风格为主。印度庙成为许多印度节日与庆典的焦点。印度家庭都设有祭坛或祷告室。

基督教的宗教信仰在新加坡吸引了各个民族，除了欧洲人，华人和印度人中也有很多基督徒，每年的复活节和圣诞节，基督徒都热烈庆祝。

4. 社会风情与习俗

新加坡不同民族的人在穿着上有自己的特点。马来人男子头戴一顶叫"宋谷"的无边帽，上身穿一种无领、袖子宽大的衣服，下身穿长及脚踝的纱笼；女子上衣宽大如袍，下身纱笼。华人妇女多爱穿旗袍。政府部门对其职员的要求较严格，在工作时间不准穿奇装异服。

新加坡人的主食多是米饭，有时也吃包子等，但不喜食馒头。马来人用餐一般用手抓取食物，他们在用餐前有洗手的习惯，进餐时必须使用右手。饮茶是当地人的普遍爱好，客人来时，他们常以茶水招待，华人喜欢饮元宝茶，意为财运亨通。

新加坡政府从维护本国各民族团结出发，把各民族的节日均列为公休假日。此外，还把每年的 8 月 9 日定为国庆节，作为全国各民族人民的共同节日。华人大多数遵守祖宗的习俗，除夕要过年，大年初一要拜神；元宵节要迎神，演戏，赶庙会；端午节要吃粽子；中秋节吃月饼。马来人最大的节日是禁食节。印度血统的妇女额头上点着檀香红点，男人扎白色腰带，一年一度的屠妖节（一般在公历 10 月到 11 月间）家家户户房屋周围要点上蜡烛、油灯，迎接守护神和幸运女神。在这天，印度教徒要打扫房屋，清算一年的账目和个人恩怨。

三、旅游业概况

1. 发展历程

新加坡的旅游业始于 20 世纪 50 年代初期，当时规模很小，游客稀少，更谈不上对国家的经济有什么影响。1964 年，全国的旅馆客房仅有 1 100 多间，游客 9 万人多一点，所赚外汇只不过 6 000 多万新元。

旅游业开始兴旺是在 20 世纪 60 年代末和 70 年代初。为了统筹安排和促进旅游业的开展，1964 年成立"新加坡旅游促进局"。从那时起，该局在有关部门的积极配合下，充分利用本国的一切有利因素，大力地促进旅游业的发展。1970 年，入境新加坡的游客首次打破 50 万人的纪录；1973 年，游客超过百万，成为亚洲第二个打破旅客百万纪录的国家。

旅游业的高速发展不仅增加了外汇收入，扩大了就业门路，而且大大提高了作为弹丸之地的新加坡在国际上的知名度和美誉度。从此新加坡政府对发展旅游业的信心更足，目标更高，因而投资也更大，管理也更合理。到 1978 年，新加坡接待境外旅游人数突破 200 万大关，1980 年达到 256 万人次，超过当时本国人口（233.5 万），被誉为"亚洲的旅游王国"。1988 年接待国际游客 420 万人次，旅游创汇达 57 亿美元，居亚洲各国首位。1994 年接待外国游客达 618.1 万人次，是本国人口的 2 倍多，国际旅游创汇 64.59 亿美元。1996 年接待外国游客增至 660.8 万人次，旅游创汇达 94.10 亿美元，占国民生产总值的 10.7%。1998 年接待入境过夜旅游者 560 万人次，居世界第 26 位，旅游外汇收入 65.01 亿美元，居世界第 17 位。其主要客源市场是东盟各国，以及日本、澳大利亚、英国、美国、印度以及中国台湾等国家和地区，旅游者平均停留 3.3 天。新加坡也是亚洲的主要客源产生国之一，1996 年出国旅游达 330 万人次，超过全国人数，出国旅游支出 7.83 亿美元。中国已成为新加坡人出境旅游的首选地之一。

新加坡的旅游业发展大致经历了三个阶段。第一阶段为 20 世纪 50 年代初到 1965 年，可称之为自发阶段，游客来新加坡的目的主要是从事政治和经贸活动。1965 年至 1974 年为第二阶段，可称之为自觉阶段。新加坡于 1964 年成立了旅游促进局，采取了一系列有效的措施，促使旅游人数高速增长，1974 年首次突破百万大关。但这一时期的旅游，尤其是景点建设还存在一些不足，离世界发达国家还有一定距离。1974 年之后为第三阶段，可称之为繁荣阶段。其主要特征是，新加坡经济高速发展，跨入世界发达国家行列；旅游设施健全，跨入世界先进行列，但由于面积太小，加之周边国家，尤其是东盟各国旅游业的高速发展，进入 90 年代后新加坡的旅游发展速度开始放慢，但仍以稳健的速度增长。

2. 旅游业现状

旅游业是新加坡外汇主要来源之一。2001 年新加坡全年共接待外来游客 751.9 万人次，比上年下降 2.2%，客源主要来自印度尼西亚、日本、马来西亚、中国台湾、澳大利亚等国家和地区。新加坡现有酒店客房 3.2 万间，酒店住房率高达 71%。

从 20 世纪中期开始，新加坡的国际旅游业已达相当规模。国外旅游者前往被称为"清洁和绿色之城"、"安全之乡"的新加坡旅游，在 1996 年，其数量已稳步升至 730 万人。但 1997 年，由于金融危机的影响，来自近邻的马来西亚、印度尼西亚和韩国等国的游客人数急剧下降。近几年，日本游客增长也呈停滞趋势。相对于企业的业务出差和国际会议等活动参加者的增加，以休假为目的的旅游者市场呈现低落状态，这表明到该国访问的人员的旅游目的在发生变化。由于人们普遍认为新加坡缺乏吸引一般游客的魅力等因素，现在，新加坡以政府旅游局为核心，在抓住本国是"亚洲的娱乐之都"、"享受都市生活的国家"等特点，试图重新构筑新加坡的旅游环境。

自 20 世纪 80 年代中期开始，新加坡便成为享誉世界的"国际会议之城"。在长达 14 年间的时间里，在新加坡召开国际会议的数量不仅居世界前 10 位（自 1983 年以来持续），在亚洲地区也是连续 15 年独占鳌头。因此，新加坡被称为国际会议之城，的确名副其实。1996 年，在新加坡召开国际会议 996 次、展示会 106 次、奖励集团会议 3 693 次。

新加坡政府在国际会议上下功夫是基于这样的考虑：国际会议的参加人员比游客停留天数长，人均支出也高。也就是说，国际会议有直接的消费效益，诱发生产效益、附加值效益及创造就业的效益，等等。对会议召开地区经济的影响效果好，对新加坡经济的活跃也起了很大作用。的确，在招徕国际会议方面新加坡有很多优势：会议展示设备充足；同世界各航空公司衔接顺畅；通信服务优良；无灾害性气候；治安良好；作为会议通用语言的英语普及程度高；如此等等。还有，拥有注册的导游员1 292人（1998年），大都会讲包括英语在内的欧洲或亚洲的语言。此外，新加坡政府还为招徕国际会议设立了援助基金制度，从饭店的供给到由政府所属的城市开发局实施土地的用地配给等都给予细致的援助政策。可以说，新加坡为了招徕国际会议，已经完善了硬件和软件吻合的综合接待系统。

表4-2　国际会议召开的数量（据 UAI 国际协会联合认可）

都市 年	新加坡		（参考）东京	
	会议数量	排　名	会议数量	排　名
1985	74	10	53	17
1990	136	8	81	16
1993	116	7	90	14
1994	118	6	55	26
1995	140	6	51	28
1996	136	7	64	25
1997	138	6	64	25

资料：摘自 UAI 的《CONGRESS & CONVENTION》No.64, Jul-sep, 1999.

大约在150年以前，新加坡还是一个默默无闻、居民不足万人的渔村。如今，新加坡已成为屹立在马来半岛南端的一座现代化城市，旅游业迅猛发展，成绩斐然。新加坡是世界上为数不多的接待外国游客人数是其本国人口2倍的国家之一，被世界公认为利用城市发展旅游的独特模式。

新加坡模式之所以能在竞争激烈的国际旅游市场中脱颖而出，主要原因是：①新加坡人充分利用其优越的地理位置，创建国际通商口岸、免税购物中心和国际金融中心；②建造花园城市景观，开展"礼貌运动"，树立良好的社会风尚，营造适宜开展旅游活动的环境氛围；③重视投入，重视旅游景区、景点的建设；④塑造价廉物美的旅游地形象，赢得各国旅游者的赞赏；⑤大力进行宣传促销，积极开拓旅游市场；⑥实行严格的科学的管理。

与绝大多数旅游发达国家和地区相比，应当说新加坡的旅游资源是贫乏的。既缺乏天然的优质海滩，又没有原始森林、名川大河、高山峻岭，也没有悠久的历史所遗留下来的文物古迹。除了造物主赐给新加坡人优越的地理位置外，要发展旅游业，一切都得凭空而起。正因为如此，新加坡的旅游开发措施更值得我们借鉴。①

第一，发挥优势，扬长避短。

新加坡国小人少，自然和人文旅游资源并不丰富。然而，新加坡人从自己的国情出发，扬长避短，发挥优势，旅游资源不足，人工创造弥补，有一点旅游资源便"借题发挥，小题大做"。新加坡充分利用其得天独厚的地理位置条件，创建国际通商口岸、免税购物中心、国际金融和国际会议中心，从而使该国成为东南亚名副其实的区域中心。

新加坡海港是世界上最繁忙的港口之一。全球共有 600 多家航运公司使用此港。1984 年按进港船舶总注册吨位计，已超过荷兰的鹿特丹而成为世界第一大港。1990 年货物吞吐量超过 1.88 亿吨，亦居世界最前列。新加坡的航空事业也高度发达，1989 年国际航空客运周转量为 305 亿人公里，次于美国、英国、法国、日本，居世界第五位。

在新加坡，购物中心比比皆是，几乎所有的购物中心都是华丽的现代化建筑，有冷气设备，商品琳琅满目。所有商品除烟、酒、汽车以外全部免税。新加坡堪称购物者的天堂。

随着世界经济的飞速发展，对于发达国家和中等发达国家的国民来说，旅游已不再是少数有钱人的活动，而成为一项群众性的普及活动。由于大多数人都是利用自己的积蓄出国旅游，因而节约开支，降低消费成为大多数旅游者的普遍需求。根据旅游者的这一特征，新加坡在世界各旅游城市消费上涨的情况下通过降低旅游费用来争夺客源市场。毫无疑问，这种价廉物美的旅游地形象具有极强的竞争力，赢得了各国旅游者的赞赏。

新加坡具有良好的投资环境，地理位置优越，交通电信事业发达，政局稳定，法规健全。这些因素使外国银行云集新加坡，这里的银行总数次于伦敦、纽约和中国香港，成为世界第四大金融中心，股票上市量也达到居世界第九位的巨大规模。从每年召开的国际会议的次数来看，新加坡已成为居亚洲首位、世界第六位的会议中心。国际会议的类型主要包括政治协商、经济研讨、贸易谈判、技术合作、商品展销、体育竞赛等。为此，早在 1974 年新加坡政府就专门设立了国际会议局，同时还建立了 100 多座国际会议馆。

较早在新加坡召开的国际会议，是 1971 年英联邦国家首脑会议。由于这次会议级别高，安排接待好，此后国际组织纷纷来新加坡考察、联系。据统计，1971

---

① 李溢：《世界热带亚热带海岛海滨旅游开发研究》，旅游教育出版社 1997 年版，第 186～195 页。

年至 1974 年，在新加坡召开的国际会议不到 100 个；1975 年至 1979 年增至 634 个，展览会 102 个；进入 80 年代后，每年接待国际会议都超过 1000 次，1986 年达 1360 次。如今新加坡已成为世界第六大会议中心。

由于这些会议大都具有参加人数多、逗留时间长、消费水平高、购买能力强等特点，因而大大增加了主办国的外汇收入，提高了其国际地位及其知名度，最终带动了国家旅游事业的发展。

第二，树立大旅游环境意识，营造适宜开展旅游活动的环境氛围。

所谓大旅游环境，有两层含义：其一是指狭义的旅游环境，可称之为"硬环境"；其二是指旅游接待服务质量、水准，可称之为"软环境"。在这方面，新加坡人牢固树立大旅游环境意识，积极营造适宜开展旅游活动的氛围。早在 1971 年新加坡政府就掀起了全国性的、行之有效的植树造林运动，同时还一再明文规定：任何个人或集体建房都必须达到一定的绿化标准，否则即予以重罚或拆毁。由于政府重视，措施得力，目前全国各地都已被绿荫覆盖，即便是工业区也无一块裸露的土地，整个国家就好像是一座大花园，素以"花园城市"闻名于世，对各国游客吸引力极大。

新加坡给游客的最大印象是：无论大街小巷，还是偏僻的角落，都找不到一粒尘土、一片纸屑、一个烟头。城市地面只有两种东西：草坪和水泥。无论政府机关、企业，还是居民住宅，房前屋后都是由花坛、草坪、树木构成的一个个小花园。为了让现代化的城市回归自然，新加坡政府规定任何单位和私人不得筑起高高的围墙；在一些高耸的马路灯柱、天桥和房屋的墙壁上，种植着许多攀缘植物。为了保持城市清洁卫生，让市民养成良好的习惯，一方面通过各种渠道宣传教育，另一方面对随地吐痰、乱倒垃圾的人严加处罚。

新加坡政局稳定，社会治安好，旅游接待服务质量、水准高。新加坡有一套完整的旅游服务机构，有态度殷勤热情的接待人员，食宿、交通、参观游览等都安排得十分周到。同时开展了"礼貌运动"，树立了良好的社会风尚，建立了相互关怀的社会秩序，给人以宾至如归的感觉。

新加坡自建国以来政治稳定，经济持续增长，从未有过政变、暴动、骚乱，更谈不上战争冲突。这是新加坡游客持续增长的一个重要原因。由于新加坡政府在学习西方先进的科学、文化、管理经验的同时，注意拒斥和剔除西方发达国家的社会病，如吸毒、暴力、性混乱、黄色读物等，因而新加坡的社会治安为世界上最好的国家之一，犯罪率很低。

新加坡的华人占 76%，新加坡政府根据这一特点在社会上进行儒家优良传统教育，开展礼貌运动和敬老运动，提高全社会的道德水平。旅游者在新加坡不仅感到生命和财产特别安全，而且感到特别的亲切和受尊重。

第三，重视投入，重视旅游景区、景点的建设，突出以旅游为中心。

发展旅游业必须有相当的投入，没有投入，也就谈不上产出。新加坡政府重视投入，致力于发展公用设施，其旅游业发展基金主要是通过征收旅游促进税来解决的。根据新加坡《旅游促进税法》的规定，纳税方为旅游饭店、旅游餐饮和用于接待游人的公寓房屋。其纳税额是根据企业的营业额计收的，目前为 4%。征收的旅游税全部存入旅游促进基金，用于促进旅游业的发展。

新加坡重视景区、景点的建设，不断发展和完善旧项目，增辟新项目，是其旅游业长盛不衰的奥妙之所在。

由于新加坡没有出类拔萃的自然风光和人文资源，只能通过人造公园和发展现代娱乐业来吸引旅游者。而旅游者对人造公园和现代娱乐业的兴趣又是随着社会的前进而不断变换的，因而对于新加坡这个旅游资源匮乏的国家来说，只有不断地改善原有的景点，不断增加新的旅游项目，以保持在世界竞争中的领先水平，才可能立于不败之地。新加坡充分利用其地处热带雨林气候的有利条件，建造了许多旅游场所，诸如热带植物园、珊瑚馆、海豚馆、鳄鱼馆、裕廊飞禽公园、度假营，等等。这些场所不仅布局合理、独具匠心，而且寓知识性、教育性于娱乐之中，因而很受旅游者的青睐。

第四，实行严格、科学的管理。

新加坡是一个十分注重法制建设的国家，社会生活的各个方面都纳入法制的轨道。新加坡主要依靠政策和法规对旅游业实行严格、科学的管理。

为保证出售的商品质优价廉，新加坡旅游局和消费者协会联合推行"优秀零售计划"，对有信誉的商店颁发红白相间的鱼尾狮标志，作为信得过商店。倘若外国游客购物时受到诈骗，可向旅游局或消费者协会投诉，该局会立即派人调查核实，不但责令诈骗者加倍赔偿顾客损失，还要吊销其营业执照。这种保护政策及有效的管理使广大游客可以放心购物。

为了依法管理旅游业，目前已经颁布实施的法律有《新加坡旅游促进法》、《新加坡旅行社法》、《新加坡饭店法》、《新加坡旅游促进税法》等。新加坡法规之严格，世界闻名，有"清规戒律新加坡"之说。新加坡公共卫生法令指出：法庭有权发出劳作悔改令，判处乱抛垃圾者到指定的公告地去打扫卫生，最高刑罚是 3 个小时。扫地时，须穿上统一的劳改服，用完洗干净后归还。如果违反庭令，将被处以 5 000 新元罚款和 2 个月以内的坐牢。在新加坡，最有效的是对闯红灯过马路者的处罚。违者一经被发觉，将被处以往返过马路 200 次惩罚。惩罚虽说不重，但尴尬的情景令人生畏。

第五，加强区域合作，扩大对外宣传。

新加坡政府在旅游促销、争取客源市场中特别注重地区合作和对外宣传。从

20 世纪 70 年代开始，新加坡先后加入"远东旅游协会"、"东南亚贸易、投资及旅游促进中心"、"太平洋地区旅游协会"、"东南亚国家联盟旅游协会"。"远东旅游协会"帮助开拓欧洲市场；"东南亚贸易、投资及旅游协会"帮助开拓日本市场；"太平洋地区旅游协会"帮助拓展美国市场；"东南亚国家联盟旅游协会"既拓展欧、美、日、澳市场，又在区域内促进旅游市场的开发。除了区域性合作外，新加坡还通过多种渠道扩大对外宣传。如通过海报、宣传册、幻灯、录像等形式向客源国提供旅游资料；与客源国的旅游界、旅行社、航空公司、旅馆、船务公司及各种旅游团体合作，免费组织观光团来新加坡考察旅游；刊登广告，参加旅游研讨会、博览会，开展其他旅游促销和旅游公共关系活动。如 1972 年为开拓日本市场，新加坡政府拨款 100 万元在日本电视台作宣传介绍，在东京主要报刊上主办"认识新加坡竞赛"，邀请新婚的旅行作家及旅游代表到新加坡度蜜月。结果1973 年到访新加坡的日本人比上年增加了 59.1%。针对印度尼西亚和马来西亚，新加坡竭力塑造购物天堂的形象。由于香港的购物比新加坡更便宜，因而针对香港人爱吃，新加坡在香港人面前则宣传它是一个荟萃多种食物的天堂。

新加坡常派出"海外促进团"去国外宣传。每次派出四五个人，每到一国一地，邀请当地旅游协会成员和旅行社负责人座谈，然后请与会者进餐。有时还邀请演员、运动员、厨师一起去，现场表演，以提高宣传效果。

新加坡政府积极参加各种国际旅游展览会、博览会。为了吸引人们的注意，有意让参展人员穿着东方服装，主动招呼参观者，询问姓名，然后帮助顾客将外文名字翻译成中文，并当场用毛笔书写出来，免费赠送给参观者。通过这种别出心裁的办法吸引观众后，便借机展开宣传。

第六，塑造国际形象、提高美誉度，以无形的资源吸引游客。

"国际形象"和"美誉度"是现代公共关系学的概念。所谓国际形象，亦可称之为国家形象，它指一个国家在国际公众中印象的总和。主要包括一个国家的政治制度、综合国力、文化传统等因素。美誉度即一个国家获得公众信任、赞许的程度，实践证明，一个国家的国际形象如何，对旅游业的发展有着巨大的影响。

新加坡是个旅游资源贫乏、国土面积狭小的小国，从一般意义上来说，应当难于发展旅游。之所以成为东方旅游王国，除了上述具体措施外，其在国际上的良好形象也是一种无形的旅游资源。下面一组数字反映了新加坡的综合实力：

新加坡是世界海运枢纽，1984 年吞吐量超过荷兰鹿特丹，居世界第一；

新加坡是世界上的航空中心，客流量超过 1 000 万，除美国、英国、法国、日本之外，居世界第五；

新加坡是世界十大旅游中心之一；

新加坡是世界第六大会议中心；

新加坡是世界金融中心，仅次于英国伦敦、美国纽约、中国香港，居世界第四；

新加坡是贸易中心，据 1986 年统计，人均进出口总额 4 万美元，比世界平均数高出 25 倍，比东南亚平均数高出 50 倍；

新加坡为世界第三大炼油中心，仅次于美国休斯敦、荷兰鹿特丹；

新加坡是仅次于美国的世界第二大钻井平台制造国；

新加坡 1990 年人均国民生产总值由 1960 年的 440 美元提高到 1.23 万美元，居亚洲第二，仅次于日本；2011 年人均 GDP 达 4.93 万美元，一举超过美国。

新加坡自"二战"后无战争状态，无政局动荡；

新加坡为世界犯罪率最低的国家之一；

新加坡城市绿化、卫生居世界前列；

……

一个土地面积仅相当于中国大陆的一个乡、人口总数仅大于中国大陆的一个县的小国，竟创如此多的世界之先，神奇中透着智慧。正是这一个个神奇的事实，构成神秘的魅力，吸引着无数好奇者、崇拜者前来新加坡观光考察。

四、旅华市场[①]

新加坡一直在我国入境市场中占有重要份额：2000 年，新加坡旅华入境人数达 19.9l 万人次，2005 年旅华入境人数猛增到 75.59 万人次，2009 年受全球金融危机的影响，旅华人数同比上年略有回落，依然达到 88.95 万人次，位居我第六大客源市场。多年来，在新加坡市场上销售的中国传统旅游线路产品维持平稳，其中北京、西安、桂林、云南、广州等线路销售情况良好；华东及东北冰雪线路开始出现较大增幅，九寨沟线路由于推出时间较早，目前热度有所降低。

中国是新加坡第四位出境旅游目的地。由于其特殊的地理和经济优势，加强其市场开发尤显重要。目前，新加坡大多数旅华游客是中年以上、对中国有一定了解的华人或商务游客。巩固和发展该客源层，是保持新加坡旅华市场的基础。同时，我们也应着手加强对新加坡年轻人市场的开发力度，尤其要抓紧开拓做欧美市场的旅行商的工作，以保持新加坡旅华市场的后劲。新加坡年轻一代受英文教育影响，向往西方生活方式，且攀比心理较强，虽然大多数年轻华人不如上一辈了解中国，但该市场只要跟进针对性的宣传促销，潜力还是巨大的。

新加坡旅华市场是一个成熟的客源市场。当地华人比例占总人口的 75% 以上，与我国有着地缘、血缘、商务等多方面、多层次的联系，中国文化的精髓深深影响着新加坡独特的生活形态，因此，要加强在该市场的宣传，尤其要展开对公众

---

① 徐岩：《东南亚旅华市场——机遇与挑战并存》，《中国旅游报》，2001 年 3 月 12 日 C3 版。

的大规模促销活动，设计一些周期短和参与性强的专项产品，不断在新加坡掀起新的市场兴奋点。要充分利用媒体力量，针对不同客源层开展不同层面和侧重点的宣传促销活动。

新加坡出境旅游市场的复苏与发展，对我国既是一个机遇，也是一个挑战。如何把握并利用好这一时机，充分发挥出我国旅游产品在地缘、文化等方面的优势至关重要。今后几年，新加坡出境市场估计不会有大的变化，只是客源的流向竞争将更为激烈。

第三节　马来西亚

一、自然环境[1]

马来西亚（Malaysia）位于北纬 1°～7° 的赤道地带，由西马来西亚（又称马来亚，简称西马）和东马来西亚及近海岛屿组成，总面积 33.03 万平方公里。西马位于马来半岛南部。北与泰国、南与新加坡接壤；东临中国南海，西濒马六甲海峡，与印度尼西亚的苏门答腊隔水相望。位于西马和苏门答腊间的马六甲海峡，扼守着太平洋至印度洋的咽喉，为马来西亚的经济、文化、政治，特别是旅游业的发展提供了优越的交通便利。

东马位于加里曼丹岛北部，由沙捞越和沙巴地区组成。南与印度尼西亚接壤，北部陆地与文莱为邻，海上与中国南海的曾母暗沙、南沙群岛相望。东马和西马由中国南海隔开，相距 650 公里。东马面积为 19.77 万平方公里，西马面积为 13.18 万平方公里。由于西马既濒临马六甲海峡，又与中南半岛和整个亚洲大陆相连，开发历史早，集聚人口多，与外界交往频繁，故与东马在经济、文化上形成很大的差异。马来西亚的政治、经济、文化，居民都集中在西马。据统计，西马在经济上占全国国民生产总值的 85%，商品出口额的 73%，制造业的 94%。东马除沙捞越的石油和橡胶种植初具规模外，大部分内陆地区人迹稀罕，尚待开发。

马来西亚属热带雨林气候，终年炎热多雨。年平均气温沿海平原地区为 25℃～30℃，内地山区为 22℃～28℃，无四季之分。全境年平均降雨量西马为 2 000～3 000 毫米，东马则在 3 000 毫米以上。6～7 月降雨量较少，10～12 月降雨量多。

---

① 李溢：《世界热带亚热带海岛海滨旅游开发研究》，旅游教育出版社 1997 年版，第 221 页。

二、社会概况

1. 人口与居民

马来西亚是一个由移民和原住民共同构成的国家，共有 30 多个民族，2010年人口 2 757 万。其中马来亚族占 60.3%，华族占 22.9%，印度族占 6.8%。主要土著民族有沙捞越的伊班族，沙巴的卡达山旗族。马来西亚人口分布极不均衡。西马人口众多，东马人口稀少。在西马大多数人口分布在西海岸。西海岸人口占全国的 3/4。

马来语为国语，通用英语和华语。

马来西亚的宗教主要有伊斯兰教、佛教、印度教和基督教。其中伊斯兰教为国教。马来人信奉伊斯兰教，华人信奉佛教，印度人信奉印度教。

马来西亚历史悠久。公元初在马来半岛上就建起了羯荼、狼牙修等古国。15世纪初以马六甲为中心的满剌加王国崛起，先后征服彭亨、柔佛、霹雳等，成为强大的王国，并发展成为东南亚主要的国际贸易中心。16 世纪后，葡萄牙、荷兰相继入侵马来亚。1786 年英国占领槟榔屿、新加坡、马六甲，1826 年组成海峡殖民地。沙捞越、沙巴历史上属文莱，1888 年沦为英国殖民地。1948 年 2 月 1 日马来亚成立马来亚联合邦。1957 年 8 月 31 日马来亚联合邦在英联邦内独立。1963年 9 月 16 日马来亚联合邦和新加坡、沙捞越、沙巴合并为马来西亚。1965 年 8月 9 日新加坡宣布退出。

自马来西亚建国后，经济发展较为迅速，现已成为东南亚 10 国中经济水平仅次于新加坡的国家。2001 年人均收入为 3 509 美元。

2. 社会风情和习俗

马来西亚居民最普遍的衣着是"巴迪"服，这是一种由蜡染花布做成的长袖上衣，五颜六色，质地薄而凉爽，适宜于当地的热带气候，即使在正式的社交场合都可以穿，既美观又实用，为人们所喜爱，被称为"国服"。马来人喜欢穿自己的传统服装。男子上身穿无领长袖衣，下身围一大块布，叫"纱笼"。女子穿"克巴亚"，即无领长袖的连衣裙。马来人不分男女，在公共场合的衣着不得露出胳膊和腿部。

马来人的食物以米饭、糯米糕点、椰浆、咖喱为主，喜辣。马来风味食物以沙爹（烤鸡、羊肉串）尤为出名，是各种宴席不可缺少的一道佳肴。马来人习惯用手抓饭进食。进餐时，桌子上备有两杯清水，一杯供引用，一杯供清洁手指用。华人的菜肴则亦"色、香、味"出众，多是中国广东、福建风味，在饮食行业里占有一定的位置。

在马来西亚，朋友间无论是见面、话别还是相遇，都要轻微点头，以示礼貌。马来人介绍人们相互认识时，通常先介绍年长者或比较有身份的人物；先介绍妇女，后介绍男子；当你被别人介绍时，你应该对他人一一问候。

在马来西亚，公开表示亲热是不受欢迎的。要避免接触异性，在马来人和印度人面前，不要用左手触摸人，传递物品。

马来人忌讳乌龟，认为乌龟是一种不吉祥的动物，给人以色情和侮辱的印象。在马来，不要穿着鞋子进清真寺，也不要穿着鞋子进别人家客厅。

3. 主要节日

开斋节：马来西亚穆斯林最重要的节日。每逢伊斯兰教历9月，全国穆斯林都要实行长达一个月的白天禁食（即斋戒日），然后恢复正常的生活习惯。节日的早晨，穆斯林们都走向教堂，举行隆重的祷告仪式。仪式过后，人们相互热烈祝贺，表示互相忘记已经过去的恩恩怨怨，一切从头做起，人们还喜气洋洋地互相登门拜访，每家每户都准备了丰盛的糕点招待来访客人。

国庆节（8月31日）：又名独立日。

哈吉节：是穆斯林除"开斋节"外的另一个盛大节日，回历十二月。

屠妖节：印度人的新年，在印度历的第七个月，即公历10月或11月间，在月圆后第15天看不见月亮的日子举行。

三、旅游业概况

1. 旅游业发展历程

马来西亚的旅游业起步于20世纪60年代，从70年代开始得到迅速发展。1970年接待外国游客仅7.6万人，到1980年增加到153万人。10年间平均增长率达14.4%；同期旅游外汇收入从52.8万美元增加到3.1亿美元。进入80年代后，旅游业发展进一步加快。1989年接待外国游客达359.2万人次，比1980年增加了1.35倍，国际旅游接待人数排列世界第21位。1988年旅游外汇收入达7.66亿美元，比1980年增加1.47倍，旅游外汇收入排列世界第38位。1990年马来西亚从泰国1987年旅游年中吸取成功经验，举办"马来西亚旅游年"，同年获得巨大成功。当年接待人数达到624万，居亚洲之首。外汇收入达15亿美元。

表4-3　1970～2000年马来西亚接待游客数及创汇额

年　份	接待人数（万人）	创汇（美元）
1970	7.6	52.8 万
1980	153.0	3.1 亿
1990	624.0	15.0 亿
2000	1 022.1	49.5 亿
2010	2 460.0	181.7 亿

资料来源：根据旅游统计年鉴整理。

与泰国、新加坡相比，马来西亚旅游业起步晚。新加坡和泰国在 1960 年接待境外游客分别超过 9 万和 8 万，而马来西亚到 1970 年才接待 7.6 万人次。而到 1990 年，马来西亚在接待人数上却超过了新加坡和泰国，马来西亚为 624 万，新加坡为 530 万，泰国为 560 万。可见马来西亚旅游业发展之快。但马来西亚旅游业发展中却有一个特别值得注意的问题，接待人数增长速度快，而旅游创汇发展速度却相对较慢，旅游业效益与接待人数未能成正比。1990 年新加坡旅游收入为 45 亿美元，泰国为 44 亿美元，印度尼西亚为 21 亿美元，菲律宾为 13 亿美元，马来西亚只有 15 亿美元，仅略高于菲律宾。从游客消费情况来看，平均每个外国游客在马来西亚的一次消费为 188 美元，仅为在新加坡消费的 30% 和在泰国消费的 38%。

马来西亚旅游业为什么出现游客人数多而外汇收入少的现象呢？按照通常的国民经济收入和消费水平决定游客人均消费水平的原理是难以作出解释的。因为马来西亚在东盟各国中，人均国民生产总值仅次于新加坡，却高于泰国、印度尼西亚和菲律宾。同样以旅游地的国土面积来说明游客逗留时间也是难以自圆其说的。在东盟各国中，印度尼西亚面积最大，泰国、马来西亚、菲律宾比较接近，新加坡最小。除新加坡外，菲律宾最小，然而游客逗留时间最长。由此可见，马来西亚旅游业的发展矛盾自有特殊的内在原因。

2. 马来西亚发展旅游业的有利因素[①]

（1）较为丰富的旅游资源

马来西亚既有自然旅游资源，又有人文旅游资源；既有阳光、海水、沙滩，又有森林、山川、民俗。从自然资源方面看，马来西亚有三大资源。一是用于发展游泳、划船等水上活动的海滩。马来西亚全国海岸线长达 4 192 公里，不少地段有美丽的沙滩。目前著名的海滨有柔佛州丹戎泊拿洼附近的迪沙鲁，槟榔屿的巴株菲冷宜。

第二大自然资源是：热带原始雨林。马来西亚森林资源极为丰富，马来亚、沙捞越、沙巴三地森林覆盖率分别为 52%、76%、82%。许多地区人迹罕至，保持着原始生态。据科学家考察，马来西亚的热带森林历经一亿三千多万年，没有任何改变，森林中动植物的生态演进，比地球上任何其他地方都更久远。这一宝贵的资源可用来开展森林探险、科学考察和度假观光。目前沙巴西北岸的金纳巴鲁山已辟为探险旅游中心，西马西海岸的郎卡威岛则是最新开辟的原始森林和海滩相结合的旅游胜地。开辟森林旅游，马来西亚的潜力还很大。第三大自然资源是石灰岩溶洞。在马来西亚，石灰岩溶洞分布很广。著名的石灰岩溶洞旅游地有黑风洞、怡保、尼亚洞穴国家公园等。

在人文旅游资源方面，马来西亚市亦有三大资源。第一大人文资源是庙宇。

---

① 李溢：《世界热带亚热带海岛海滨旅游开发研究》，旅游教育出版社 1997 年版，第 225～230 页。

马来西亚著名的庙宇有吉隆坡的国家清真寺，槟榔屿的极乐寺、泰禅寺、蛇庙，吉兰丹州的菩提威寒庙，黑风洞的印度教庙宇等。第二大人文资源为各具特色的历史建筑。由于马来西亚是一个移民社会，加之自16世纪后葡萄牙、荷兰、英国的入侵，对马来西亚实行长期的殖民统治，因而留下许多不同民族风格和特色的建筑。最突出的是马六甲市，那里有葡萄牙人建的圣地亚哥城堡，以及荷兰村、英国式建筑、中国古式建筑、印度建筑、马来式建筑等，其中不少建筑还同历史人物和历史事件融为一体，记载着历史的沧桑。第三大人文资源是民族风情。马来西亚有三十多个民族，无论是占社会主体的马来人、华人、印度和巴基斯坦人，还是土著人或其他民族，都保持着自己独特的风俗民情，这对于发展民俗旅游是一大宝贵的资源。

（2）便利的交通

马来西亚交通运输海陆空综合发展，已被世界银行定为交通发达的A级国家。实现了经济发展、旅游业腾飞，交通就要先行。马来西亚交通特点是公路运输量大于铁路运输量，海洋运输量大于陆地运输量，国际运输量大于国内运输量。

马来西亚交通网络主要分布在西马。西马公路四通八达，纵横交错。由两条南北干线和两条东西干线构成现代化的公路网络。

此外马来西亚还有5条高速公路将西马各主要城镇联系起来，西马高速公路总长达11 700公里，公路质量在东南亚属第一流，几乎可跟新加坡公路媲美。

马亚西亚铁路发展较早，现在铁路线覆盖整个西马，且已全部实现电气化。铁路南端可通新加坡，北接泰国。

马来西亚航空业如附近的新加坡和泰国，亦较为发达，现全国已有四大国际机场，50多条国际航线。

马来西海运事业发达，马六甲海峡集中了许多重要航线。马六甲海峡通航船舶仅次于欧洲的多佛尔海峡。此外马来西亚还在海峡沿岸建有十多个重要港口，港口通往世界各地。

（3）稳定的客源市场

马来西亚与新加坡仅一桥之隔。新加坡在地理、历史、经济和种族方面与马来西亚有着千丝万缕的联系。由于新加坡是一个高度发达的城市国家，一方面国民收入高，乐于出国旅游；另一方面新加坡国土面积小，缺少田园风光，为了摆脱城市工作的压力，往往需要在周末或假期外出旅游。马来西亚正好符合新加坡人的需要。原因是，不仅因为地理上一衣带水，一桥相连，而且语言、文化都极接近。从新加坡到马来西亚旅游，就如同在自己的国土上旅游，没有陌生感和不方便的地方。人们总结新加坡人到马来西亚旅游有四大好处：方便、快捷、省时、省钱。从新加坡到马来西亚过境无须签证，既可坐火车，又可自己开车，还可坐飞机。从新加坡驱车到马来西亚的新山只需一个多小时,乘火车到吉隆坡不过几小时,乘飞机则只有 45 分钟。由于新加坡经济比马来西亚发达很多,新币高于马币(约 1:2),这样到马来西亚消费就相当合算。尤其是农产品,物美价廉,对新加坡人具有特别的吸引力。此外不少新加坡人在马来西亚有亲属,或在马来西亚有贸易和经济往来。去探亲访友,或开展经贸活动的同时顺便旅游的现象极为普遍。新加坡现有人口 320 多万,许多人一年数次去西马。据统计,新加坡游客每年都要占访马来西亚游客的一半以上。

（4）优越的语言环境

马来西亚是一个移民社会,加之长时期受英国殖民统治,大多数马来西亚人都会说英语,马来西亚除把马来语定为国语外,也将英语定为官方语言。此外,在占人口 30% 以上的华人社会中流行汉语。语言作为文化认同的核心要素,对吸引旅游者起着极为积极和重要的作用。

（5）优惠的投资政策

为了鼓励外商投资旅游业,马来西亚制定了优惠的投资政策。其重点在旅馆业奖励和旅行社奖励。旅馆业奖励的目的是鼓励新建和改造酒店、旅馆和旅游综合设施。如新建设施的地点是在政府指定的岛屿、山区或指定的地区,2～5 年内可完全豁免所得税、发展税、赢利税,或者获得折旧回扣的奖励。旅行社奖励的目的是为了鼓励在马来西亚注册的旅行社尽可能多地招揽游客。政府规定,如旅行社能介绍 500 名观光者,可以获免征收所得税的奖励。

3. 旅游业发展中存在的问题

上述五个方面对马来西亚旅游业的发展起了极大的推动作用,这五个方面对马来西亚未来旅游业的发展仍将发挥巨大作用,但是同世界发达的旅游国家相比,同东南亚其他国家相比,马来西亚的旅游业还存在着一些不足,主要表现在如下几个方面。

（1）缺乏特色

马来西亚最突出的旅游项目是沙滩和森林。然而这些项目不仅在东南亚(新加坡例外)其他各国都有,而且在其他地区海岛海滨旅游中亦普遍存在。泰国有诱人的娱乐场所和金碧辉煌的佛寺;新加坡、香港有购物、饮食中心;印尼和柬埔寨有闻名遐迩的古庙等。马来西亚却拿不出我有人无或人有我更好的项目来,这是旅游业发展中的大忌。近年来马来西亚政府决心摆脱这种不利状况,把马来西亚建成“亚洲高尔夫球活动中心”。能否成功有待事实作出回答,但从自觉追求特点和优势这一点来说,无疑是可取的。

（2）基础设施不够健全

马来西亚旅游业起步比新加坡晚 15 年,比泰国晚 10 年,而政府对旅游业的真正重视，20 世纪 80 年代后期才开始。许多基础设施的配套、健全、一条龙服务还处在发展建设之中，与新加坡、泰国、中国香港相比，还有一段明显的距离。这些基础配套，包括旅馆、交通、游览目的地、饮食、购物、娱乐等系统工程。目前有的景点还处在初级观光阶段。如著名的黑风洞景点，没有正式停车场，正面小广场到处是鸟粪，卫生条件差。仅广场右侧有一家简陋的饮食店，独此一家，没有竞争。

（3）管理服务素质较低

旅游管理和旅游服务是同旅游基础设施的配套建设相联系的、相依存的。要让游客感到方便、舒适，心情愉快；要让游客增加停留时间；要让游客在有限的停留时间内实现最大的消费；既要靠丰富多彩、独具特色的旅游产品，又要靠与之相配套的基础设施，还要靠科学的管理、热情周到的服务。同样，马来西亚在管理服务方面落后于新加坡和泰国。一个突出的例子仍然是黑风洞景点。黑风洞有一处曲折蜿蜒长达两公里的洞穴，过去曾用来作探险旅游。据说，由于有一些游客在洞中迷路就把它关闭了！如此著名的黑风洞景点竟既没有讲解员，也没有文字说明，游客游完后对黑风洞仍知之甚少。

尽管马来西亚旅游业中还存在着一些并非一时能够解决的问题，但是马来西亚的旅游业仍然是生机勃勃高速发展的。除了前面我们介绍的马来西亚发展旅游业的有利因素外，马来西亚政府决心在 2020 年把马来西亚建设成为发达的新兴工业国家。旅游业是未来发展的重点之一。政府确定在未来 10 年内旅游业以不低于12%的速度发展，到 2005 年，接待外国游客已突破 2 000 万人次。

四、旅华市场[①]

随着马来西亚经济环境的改善，收入水平的不断提高，人民的消费信心不断增强，出国旅游，尤其是旅华消费需求也日渐旺盛。1999 年，中马建交 25 周年，朱镕基总理和马哈迪尔首相首先进行了互访，当年两国的经贸额达到 50 亿美元，两国关系的健康发展带动了两国旅游业的进一步交流与合作；加之我国各地方加大了对马来西亚的宣传促销力度，这都在一定程度上促进了人们对中国旅游的认识，前往中国的旅游消费逐渐稳步增加。除了传统旅游线路以外，东北冰雪之旅、四川九寨沟，湖南张家界等旅游产品开始出现热销场面。目前马来西亚旅游市场与新加坡基本相似，只是马来西亚客人对新景点新线路的追逐速度要慢于新加坡客人；一般在新加坡市场上可以推广的新产品，6～10 个月以后会在马来西亚得到良好的市场响应。2000 年，马来西亚访华客人增长了 18.27%，达到 44.10 万人

---

① 徐岩：《东南亚旅华市场——机遇与挑战并存》，《中国旅游报》，2001 年 3 月 12 日 C3 版。

次，位居我国在东南亚市场上的第一客源国，充分显示出马来西亚旅华市场的重要性及巨大潜力。

但是，我们也应注意到目前马来西亚旅华产品价格与其他国家相比偏高，在价格方面与周边国家还缺乏一定的竞争力，而且占其人口60%的马来人，经济收入与当地华人仍有一定差距，旅游价格的居高不下势必会影响这些人士的出游热情。

面对蓬勃壮大的马来西亚旅华市场，我们认为今后其市场销售对策应该是：巩固华人市场，开发马来人客源层，细化专项产品，加大公众促销力度。

马来西亚华人比例大，同时在其经济、商业等方面占有重要地位，经济实力普遍比马来人高，是旅华市场的主力：马来西亚的中产阶级（月收入在3 000马币以上的家庭）约占马来西亚人口的60%～70%，其主要构成为华人和马来人。马来人信奉伊斯兰教，虽然基数大，但其主要出国旅游目的地为中东的穆斯林国家及周边国家，如新加坡、印度尼西亚和泰国，为此，应重视和加强对马来西亚中产阶级中马来人的市场调研，开发适销对路的穆斯林旅游及相关产品，从而起到稳定市场，扩大客源层的目的。

据马来西亚旅行社提供的材料，旅华客源仍以华人为主，客源主要分布在吉隆坡（约占旅华总人数的55%）、槟城（22%）、和新山（20%）。在吉隆坡聚居的华人人数最多，是旅华客源的主要始发地。槟城几乎80%的居民都是华人，因此也是一个重要的客源城市。新山的旅华游客大多是安排先前往新加坡，然后再前往中国的旅游行程。马来西亚来华旅游的主要线路依旧是以北京、华东地区为主，其次是华南地区，代表城市有桂林、深圳、香港、海南等地。相对于东南亚其他国家来说，马来西亚人口基数较大，中产阶层数量多。由于对中国了解比较深，因此在加强对马公众的宣传之外，还应加强专项产品的促销力度，适当开发穆斯林旅游产品及线路。

第四节　泰　国

一、自然环境[①]

泰国（The Kingdom of Thailand）为泰王国的简称。泰国原名暹罗，是16世纪初叶来泰国的首批葡萄牙人取的名字。1939年废除"暹罗"，恢复旧称泰国。

---

① 李溢：《世界热带亚热带海岛海滨旅游开发研究》，旅游教育出版社1997年版，第197页。

1945 年又废除"泰国"，改名暹罗。1949 年 5 月再度恢复原国名，称泰国。"泰国"一词是"自由之地"的意思。

泰国位于中南半岛中部，北纬 5°37′～20°27′和东经 97°22′～105°37′之间。东邻柬埔寨，西、西北与缅甸接壤，东北与老挝毗邻，南与马来西亚相接，东南濒临泰国湾，西南濒临安达曼海。国土总面积 51.4 万平方公里。从北向南延伸大约 1 600 公里，东西之间最大宽度为 780 公里。地势北高南低，北部和西部是山地，东北部是海拔 100～300 米的呵叻高原，西南部是狭长的丘陵地带。因他暖峰为泰国境内最高峰，海拔 2 576 米。

湄南河是泰国最长的河流，自北至南全长 1 200 公里，流域面积 15 万平方公里。他里式湖是泰国最大的淡水湖。

泰国地处热带，除克拉地峡以南马来半岛上的地区为热带雨林气候外，其余大部分地区属热带季风气候。一年可分为热季、雨季、凉季三个季节。2 月中旬至 5 月中旬为炎热干燥的季节，5 月中旬至 10 中旬为漫长的雨季，11 月至翌年 2 月中旬为少雨的凉季。月平均气温约在 22℃～28℃之间。年平均气温 33℃～34℃。全年平均降水量为 1 600 毫米。由于地形的影响，各地降水分布不均。

泰国热带森林茂密，森林覆盖面积约占全国土地面积的 54%，近 30 多年来由于砍伐和其他破坏，锐减为 31%。植被以热带乔木为主，榕树、樟树、金鸡纳树、柚木都较珍贵。桂树为国树。

二、社会概况

1. 历史

泰国（暹罗）自公元 1238 年就开始形成较为统一的国家。先后经历了素可泰王朝、大城王朝、吞武里王朝和曼谷王朝。16 世纪，葡萄牙、荷兰、英国、法国等殖民主义者先后入侵。19 世纪末，曼谷王朝五世王大量吸收西方经验进行社会改革。1896 年，英法签订条约，规定暹罗为英属缅甸和法属印度支那之间的缓冲国。暹罗成为东南亚唯一没有沦为殖民地的国家。1932 年 6 月，民党发动政变，改君主专制为君主立宪制。1938 年，銮披汶执政，次年 6 月改称泰国。

2. 人口与宗教

泰国现有人口约 6 540 万（2010 年）。城市人口约占全国人口的 20%。全国有 30 多个民族，以泰族（又称暹罗族、空泰族）为主，占总人口的 52.5%，寮人占 26.9%，华人占 12.1%，其次还有高棉人、党伦人、库伊人、卡龙人、棱人、孟人、阿卡人、马来人、苗人等。

泰国国语为泰语或称暹罗语，中部泰语即"曼谷语"是全国通用的标准泰语，通用的书写文是高棉文。泰国是佛教国，国家规定佛教为国教。国民中 90% 以上者信仰佛教。

泰国人拜佛虔诚，一般笃信佛教者都在自己生平中出家当一次和尚，出家的年龄和时间不限，可一周、数日或一年。泰国人出家当和尚是一件大喜事。当一人决定为僧时，他的亲朋好友互相传告，表示庆喜祝贺。举行出家仪式时，主僧对出家人讲二百五十条佛教戒律，列入僧伽位。礼毕，送行者向僧众奉献礼物，载光而归。出家人留在庙中念经拜佛。

在泰国社会生活中，佛庙占有重要地位，古时的学校都设在佛庙中，现在民间的节庆活动都在佛庙及其广场举行。男女青年常借佛庙为定情之所。

3. 经济

泰国原是一个典型的农业国，以种植和出口稻谷为主。自20世纪60年代后经济发展较快，年平均增长率为7%。80年代后期，经济高速增长，如1987年增长率为8.4%，1988年为11%，1989年为10.8%，1991年人均国民生产总值为1 605美元，比30年前的1960年，人均国民生产总值增长了16倍。被列入亚洲"四小虎"之一。1997年金融危机发生后，经济衰退，泰币贬值、股市急挫，人民生活水平和质量受到较大影响。其后泰国经济恢复较快，2010年人均国民生产总值约4 355美元。

4. 社会风情与习俗

泰国人的衣着打扮朴素大方，华丽而不俗，表现了他们高尚的精神面貌。男女学生身穿白上衣、黑短裤或黑短裙。少女穿着鲜艳的民族服装"纱笼"，或色彩悦目的各式现代衣裙。成年男子的衣服各式各样，节日服装色调明快。在庆典和宴会上，男女衣着都很讲究，男的身穿西装革履或素雅的白色民族制服，妇女的衣裙多姿多彩。在泰国访问或旅游，处处感到温暖、亲切，使人时刻沐浴在微笑和友谊之中。

泰国人主食大米、副食以鱼和蔬菜为主。最喜欢的食物是"咖喱饭"。用餐时，人们围桌跪坐，不用碗具而以右手抓食。泰国人用餐离不开鱼虾露和辣椒糊，喜欢中国广东菜和四川菜，不喜吃红烧、甜味的菜肴。槟榔和榴梿是泰国人最喜欢吃的水果。泰国人喜欢喝茶，许多茶馆在热茶中放一冰块来招待顾客。

泰国人喜欢挂小佛像于胸前，经高僧或住持抚摸祷告过的佛像更加珍贵，不仅日常挂于胸前，而且早晚还要将其放于掌心，然后合掌拜祷。

泰国被称为"大象之邦"。白象被视为佛教圣物、佛的化身，只能由王室供养。

泰国人民爱和平、重礼仪，是一个礼仪之邦。以"微笑的国土"著称。踏上泰国国土，使人感到泰国人民待人热情，礼貌周到，宾至如归。泰国人举止文雅。彬彬有礼，青年人温顺恭谦，老年人和蔼可亲，妇女端庄持重。他们遇到任何人，都会含笑，并双手合十，向对方问候"萨瓦迪卡"（泰语"您好"），低声细语谈话，予以热情接待。如果从别人面前走过时，都会躬着身子，以示歉意。在坐着与人谈话时，总是双腿并拢，两手放在膝盖上，倾听对方的讲话。在进入或离开会场时，都先向主席台鞠躬行礼，表示对会议主持人的尊敬。在公共场所，处处秩序井然，人们相让而行，表现出良好的社会道德。在公共汽车上，青年人常给老弱妇孺让座。走进商店，售货员满面笑容，对顾客殷勤接待，耐心地解答询问，介绍各种商品。如果到泰国人家里做客，他们便捧出好茶，油炸品和各式花样的点心，席地半蹲着双手献给客人。泰国人十分注意礼节，一些良好礼节已形成习惯。泰国人见面时通常双手合十，稍稍低头，互致问候"萨瓦迪卡"。一般地位较低或年纪较轻者应首先向对方致双手合十礼，而且双手必须举至前额。但地位或年纪较高者还礼时，双手不应高过前胸。平辈相互致礼时，双手举至额与胸之间；合十以后可不必再行握手。现在的政府官员和知识分子，有时也握手问好，但男女之间见面是不握手的，都互致合十礼。和尚不受这种约束，他们不必向任何人还合十礼。即使国王向他致合十礼，也不用还礼，只是微笑致意。泰国人非常重视头部，而轻视两脚，认为头是神圣不可侵犯的。如果用手摸泰国人的头，被视为极大的侮辱。小孩子的头只能让国王，高僧和父母摸，别人是不能摸的。如果用手打了小孩的头，就认为一定会生病。如长辈在座，小辈必须坐在地上，或蹲下跪下，以免高于长辈的头部，否则就是对长辈莫大的不尊敬。当坐着时，切忌别人拿着东西从头上掠过。在住宅门口的上方，也禁忌悬挂衣物。泰国人睡觉时不能头朝西，因为他们认为日落西方象征死亡，只有在死后才将尸体的头部朝西放。泰国人递东西给别人时用右手，在比较正式的场合要双手奉上，用左手则会被认为是鄙视他人。至于抛东西给别人，则更是不容许的。在别人面前盘足或翘腿是不礼貌的，把鞋底对着别人，意即把别人踩在脚下，被认为是一种侮辱性举止，坐时要双腿并拢，席地而坐时，要双腿合并、双脚朝后，否则被认为缺乏教养。泰国人认为脚除走路之外，不可作其他用途，如用脚踢门、用脚给人指东西，都是失礼。泰国人到寺庙烧香拜佛或参观，都须衣冠整洁，进庙时要先把鞋脱下。穿背心，短裤或袒胸露背进入寺庙，都被视为玷污圣堂，亵渎神灵，是严格禁止的，甚至挽起长衣袖，也会被守门人员制止入内。泰国人绝不用红笔签名，因为人死后是用红笔把他的姓氏写在棺木上的。《颂圣歌》是歌颂国王的歌曲，在大型宴会、酒会、各种公共集会及影剧开始时都要演奏或播放。在演奏或播放《颂圣歌》时，全场肃立，不得走动或说话，否则被认是对国王的不尊敬。每天下午六时降旗播放《颂圣歌》时，即使是在路上行走的人，听到歌曲也都立即停止走动，军队和警察还要致以军礼。

泰国主要民间节日有宋干节和水灯节。"宋干"是求雨的意思，宋干节是泰国的传统吉祥节日，每年公历 4 月 13 日至 15 日，人们都要举行"浴佛"庆典。善男信女们手持鲜花、食品去寺庙斋僧，聆听和尚美好祝福，并接受桃花瓣香水的淋洒。然后把佛像搬至院里，用香水洒于佛身以涤除邪恶，人们互相泼水祝福，迎吉祈雨。

水灯节是在泰历 12 月 15 日。当夜幕降临时，身穿节日盛装的男女老幼拥到江河两岸，漂放和观看水灯。河里漂浮各式各样水灯，闪闪烁烁，充满诗情画意。

三、旅游业简况

1. 概况

泰国的旅游业是其经济发展中超前的行业。在亚洲仅次于中国香港，新加坡，居第三位。泰国旅游业起步于 20 世纪 60 年代，当时全年接待外国游客才 8 万多人，旅游创汇不足 1 000 万美元。经过 20 多年发展，1988 年接待外国游客达 423 万人次，创汇 24.3 亿美元，1990 年接待 589 万人次，创汇 44 亿美元。泰国政府非常重视旅游业，并鼓励旅游业的发展。1994 年，接待外国游客 601.7 万人次，旅游收入 65.92 亿美元，居各项外汇收入之首，成为泰国最大的创汇行业。1995 年，接待外国游客达 690 万人次，旅游创汇 75.56 亿美元，分别在世界排名第 19 位和第 10 位。1996 年接待外国游客人数又有所增加，达 730 万人次，旅游创汇达 86 亿美元。1998 年，接待入境过夜旅游者 772 万人次，居世界第 20 位；旅游外汇收入 63.92 亿美元，居世界第 18 位。泰国的主要客源市场是马来西亚、日本、韩国、中国（含港台地区）、新加坡、美国、德国、澳大利亚、英国等。

2. 旅游业现状

旅游业是泰国当今外汇收入的主要来源。旅游业的迅猛发展，使泰国成为世界闻名的旅游胜地之一。2000 年，泰国接待外国游客 912 万人，增长 6.27%，创汇 72.94 亿美元，增长 6.27%。2001 年赴泰外国游客首次突破 1 000 万人次大关，达 1 013 万人次，比上年增长 5.82%。2001 年泰国赴外国旅游人数共 201 万人次，比上年增长 5.2%。赴泰外国游客主要来自日本、马来西亚、中国、新加坡、韩国等国及中国香港和台湾地区。据泰国旅游机构统计，2000 年中国赴泰游客约 77.5 万人次。2001 年约 65.23 万人次，比上年减少 7.49%。泰国主要旅游点除曼谷、普吉、清迈和帕塔亚外，清莱、华欣、苏梅岛等一批新的旅游点发展较快，服务业比较发达，宾馆、饭店、餐饮、购物等配套设施齐全。全国现有客房约 6 万间。著名的曼谷东方饭店以其优质服务而连续多年位居世界著名旅游饭店之首。

3. 出境游客特征

泰国游客的年龄跨度较大。年轻游客（25 岁以下）只占市场的一小部分，他们要么跟着家里人一道出游，要么和朋友结伴一起进行经济型旅游。中年人手头较宽余，出境人数相对较多，一直是游客的主流，不过旅游界认为，老年（60 岁以上）市场正在崛起，不可忽视。

　　年轻的单身女性和商人的太太被认为是最常出国的客源层，而且，他们的旅游消费观念与男性有很大差别。单身女性随时可以跳槽，自主性较强，也可以休较长时间的假期；家庭主妇不承担养家糊口的责任，平日悠游自在，无甚多牵挂；相比之下，作为一家之主的男人，担负着养家的重任，工作牵挂也多，感到无力进行远程旅游，一般情况下，他们愿意省下钱来买些实在的东西。

　　在泰国旅居两代以上的华人是出境旅游的重要组成部分。其特点为：自己有生意经营，家庭较为富庶。

　　赴中国香港和新加坡这两个一流城市的游客中非组织接待的人数最多（占各自接待总数的80%以上）。而在赴两地的泰国游客中，家庭式出游所占比例最高。在泰国，5～10个家人和朋友一起出游的现象最为普遍，五、六个朋友或家人夹在一个大团中间远行的现象也不少见。

　　一般来说，泰国游客每年出国度假一至两次。通常一次远程，一次短程。远程一般两周或两周以上，短程则3～4天。

四、旅华市场

　　多年来，泰国一直是我国重要客源市场。除受1998年东南亚金融危机和2008年全球金融危机的影响，泰国旅华人数相应出现负增长外，其他各年增幅均较大，（见表4-4）。从长远发展的角度来看，随着泰国经济的进一步发展，国民收入的提高，泰国旅华市场仍将保持持续增长的势头。

表4-4　泰国旅华人数

年　份	接待人数	增减（%）
1997	168 508	—
1998	144 332	-14.4
1999	206 424	43.0
2000	241 074	16.8
2001	298 417	23.8
2003	275 429	-28.7
2005	586 267	26.3
2007	611 615	3.3
2009	541 796	-2.25

资料来源：据《中国旅游年鉴》。

第五节　印度尼西亚

一、自然环境

印度尼西亚（以下简称印尼）位于东经 94°45′至东经 141°05′，北纬 6°08′至南纬 11°15′，地处亚澳两大陆之间，是连接太平洋和印度洋的重要通道。印尼是一个富饶美丽的国家，由大小 13 776 个岛屿组成，被誉为"万岛之国"，是世界上最大的群岛之国。在 190.5 万平方公里的领土面积中，65%的陆地被森林和各种植物覆盖，郁郁葱葱，加之地跨赤道南北，因而素有"赤道翡翠"之称。

印尼地理构造复杂，全境岛屿分布较分散，其疆域南北走向 1 888 公里，东西走向 5 100 公里，由大巽他群岛、努沙登加拉群岛、马鲁古群岛、伊里安岛西部等组成。其中加里曼丹、苏门答腊、西伊里安、苏拉威西和爪哇岛是其五大岛屿，海岸线全长约 35 000 公里。爪哇岛及其延伸的马都拉岛称为内岛及内省，其余各岛通称为外岛和外省。

印尼属于典型的赤道海洋性气候，高温、多雨、微风和潮湿是其四大特点。年平均温度在摄氏 26 度左右，因此被称为"长夏之国"。年降雨量平均为 3 000 毫米左右，西部雨水多于东部。风力一般保持在 2～3 级左右，全年昼夜时差平均在半小时左右，东西日差约 3 小时，太阳终年几乎在同一个方位，即正东正西出没。

印尼的物产丰富，盛产棕榈、槟榔、咖啡、胡椒、橡胶和檀木、铁木、乌木等热带贵重植物；热带动物种类很多，有虎、豹、犀牛、狮、印度水牛；还有各种珍奇鸟类。矿产资源中的石油蕴藏量约 500 亿桶，主要分布在苏门答腊、加里曼丹、爪哇和西伊里安等岛屿。印尼是世界石油输出国组织的重要成员，还是全球第二大产锡国、第四大产铜国、第五大产镍国、第七大产金国和第八大产煤国。

二、社会环境

1. 历史

印尼是一个历史悠久的国家。公元 3～7 世纪建立了一些分散的王朝。13 世纪末至 14 世纪初，爪哇出现强大的麻喏巴歇封建帝国。15 世纪先后遭葡萄牙、西班牙和英国入侵，1602 年荷兰在印尼成立具有政府职能的"东印度公司"，开始长达 300 多年的殖民统治。1942 年日本入侵，1945 年日本投降后爆发争取民族独立的 8 月革命，于 8 月 17 日宣告独立，成立印度尼西亚共和国。

2. 人口

人口 2.38 亿（2010 年），是世界第四人口大国。有 100 多个民族，其中爪哇族 47%，巽他族 14%，马都拉族 7%。民族语言 200 多种，通用印尼语。约 87% 的人口信奉伊斯兰教，是世界上穆斯林人口最多的国家。6.1% 的人口信奉基督教新教，3.6% 信奉天主教，其余信奉印度教、佛教和原始拜物教等。

在印尼，伊斯兰教的习俗的影响很大。目前，在全国各岛屿上，共有清真寺和小礼拜寺 36.9 万多座，仅雅加达一地就有清真寺 100 多座，小礼拜寺 4 000 多座。

3. 经济

历史上印尼先后沦为荷兰、英国和日本的殖民地，尤其是荷兰长达 300 余年的殖民统治，致使印尼经济长时期畸形发展。

独立初期，印尼在政治上获得独立，但经济上并未摆脱外国资本的控制，加之政局不稳，经济处于崩溃的边缘。20 世纪 60 年代中期，着手解决经济问题，逐步改变了畸形的国民经济产业结构，摆脱了外国垄断资本的控制，国家掌握了经济主权。70 年代，印尼政府以经济建设为中心，发动全体国民投入国家建设，并取得显著成绩。1965～1980 年，国内生产总值年平均增长率为 7% 左右，1995 年高达 24.3%；通货膨胀率由 1966 年的 650% 降至 1989 年的 5.97%，1995 年为 8.64%；1995 年人均 GDP 530 美元，2010 人均 GDP 3 000 美元。

由于世界经济危机和国际市场石油价格的影响，印尼经济发展速度亦受到影响，时快时慢，不够稳定。印尼政府吸取教训，及时采取措施，扩大非石油产品的出口，以改变过分依赖石油产品的状况。1987 年，非石油产品出口额首次超过石油产品出口额，即石油产品出口额 82 亿美元，非石油产品出口额为 85 亿美元。近几年，非石油产品出口额逐年增加，1992 年 1～8 月份已达 190 亿美元。

印尼政府发展大型企业的同时，十分重视扶持中小型企业合作社。自 1992 年全国开展了"义父"运动，即大企业支援中小企业、大部门支援小部门，形式不限，有力出力，有钱出钱。几年来，这项运动的范围不断扩大，花样不断翻新。

4. 社会风情和习俗

印尼服装各具特色，服饰习俗主要有四种惯例：实用、礼仪、信仰和观赏。随着社会进步和生活水平的提高，观赏作用日渐突出。印尼人的民族服装一般为巴迪克上衣和纱笼，并配有色调一致的腰带和披肩。服装材料一般为针织、印花、蜡染布和丝绸。印尼妇女传统的克巴亚上衣为长袖、无领、无纽扣，穿时用别针将左右两片襟边别住。便服以单色式花棉布制作，不加绣饰，用于日常穿用，别针为铁丝别针。礼服料子极为考究，通常为纱、绸式浮花锦缎、在印尼、男女老幼皆可穿纱笼。纱笼一般长 2.5 米，宽度因人体而异，一般为 1.5 米左右。布料多为蜡染布，有的用丝线织成方格或线条图案，有的染有花、鸟、鱼、虫或植物图案。其基本色调为棕、蓝、红、黑、白、灰、金色。印尼妇女着民族服装时，多配以披肩，其形状、大小各异，但以长方形、三角形、四方形为多。有的地方也披披肩。在苏门答腊、爪哇、苏拉威西等地，男子在着民族服装时，大都佩戴格利斯短剑。印尼许多地方流行缠头的习俗，头巾长 2.5 米，宽 1 米左右。

印尼人的主食为大米，在印尼民间传说和神话中就有大量的以稻谷为题材的故事。印尼人口味喜清淡，忌咸，喜爱酸、甜、辣味。辣椒酱是餐桌上常见的佐料。印尼辣椒酱的成分有虾酱、醋、大蒜、盐等，味道特别。印尼又是举世闻名的香料之国，香料的使用，为饮食文化增添了色彩。其饭菜别具一格。印尼的风味小吃种类很多，主要有炸香蕉、糯米团、鱼肉丸等。饮料多以鲜果汁为主，喝时加冰块。冰茶、天然椰汁、鳄梨汁、矿泉水，咖啡是印尼人的日常饮料。印尼人至今保留着原始的用手撕、抓饭的食法。用餐时，先将手指用清水涮净，然后把拇指以外的四指并拢，将盘中饭菜扒开一口之量，然后按实，加上拇指把饭菜扭成团送入口中，或者把白米饭捏成团蘸佐料吃，有时分餐，有时同抓一盘饭。

自古以来，印尼人就把饮食生活与他们的信仰生活和宗教观念联系起来，以各种食物和瓜果作为祭品供奉神灵和祖先，带有浓厚的迷信和宗教色彩。

印尼社会中存在着各种禁忌，例如对某些事物，人们不能直呼其名，必须避讳。这与万物有灵论有一定的联系，生怕因直呼其名而触犯了这些事物的精灵而遭惩罚。印尼人把头视作神圣不可侵犯的部位，除长辈外，别人不得触摸，否则被视为挑衅或污辱。

但印尼部分地区的妇女则把头作为运输工具，巴厘、爪哇、龙目等地的妇女，尤其是农村妇女，很少用手拿东西，多用头顶着，如购物、采摘、到河边洗衣服等，所带物品都放在头上箩筐或盆里，有时物品重达十几公斤，头顶重物或上下坡时，用一只手或双手扶着，头顶物品不多时，则无须用手扶。

印尼人重深交、讲旧情，老朋友在一起可以推心置腹，若是一般交情的朋友，虽然也客客气气，甚至谈得相当投机，那也只是形式上的事，真正的心里话是不轻易掏出来的。所以与印尼人交往，要着眼于将来，应把印尼人当作朋友，充分体现出你的真诚，才能获得他的信赖。印尼人喜欢客人到他们家中做客访问，而且在一天任何一个时间去拜访他们都是受欢迎的，如果你去的印尼人家里铺着地毯，那你在进屋前要把鞋脱掉。

印尼人很懂礼貌，绝对不讲别人的坏话，自然也不喜欢那些讲别人坏话的人，与印尼人见面可以握手，也可以点点头。在印尼，一般商务访问穿礼服、打领带、穿长裤即可。应邀做客时，可以给主人带上一束鲜花，客人不一定非要送礼不可，但最好说几句感谢的话，或写个便条表示谢意。谈话时，应避免谈论当地政治、社会主义和国外对他们的援助。

　　和印尼人相处之道是不可愁眉苦脸。印尼人最喜欢笑，心情舒坦就笑，笑是他们的另一种语言。他们也喜欢开玩笑，他们甚至认为"笑口常开"是社交上的一种礼貌。

　　印尼主要的节日有 1 月 1 日的元旦，3 月 15 日的回教新年，5 月 20 日的民族觉醒日（纪念 1908 年印尼民族运动组织"至善社"成立），8 月 17 日的独立纪念日，10 月 5 日的穆罕默德升天节和 12 月 26 日的开斋节。

三、旅游业概况

　　印尼的旅游业起步于 20 世纪 60 年代后期。从 60 年代末至 70 年代末为印尼旅游发展的第一阶段。这时印尼政府对旅游业在经济发展中的作用的认识还不是很明确。虽然已将旅游业列入国民经济发展计划，并专门设立了一个旅游、邮政、电信部及专管旅游业各项事务的旅游局等相关机构，但发展速度较缓慢。据统计，1969 年到印尼旅游的国外游客仅 8.6 万人次，10 年后的 1979 年增至 50 万人次，旅游创汇增至 1.88 亿美元。虽然与 1969 年相比，从百分比上来看平均每年增长率约 19%，但因起点太低，基数太小，实际增长仍然缓慢。与邻近的新加坡和泰国相比，差距明显。但是从印尼自身发展的纵向角度看，这一时期做了大量的基础工作，如成立各级旅游管理机构、修缮名胜古迹、开辟供旅游用的交通线路等，为日后旅游业发展奠定了基础。

　　1980 年至 1986 年为印尼旅游业发展第二阶段。这一阶段由于受国内政治、经济的影响，旅游业不仅没有借第一阶段的开发经验和东南亚旅游业飞速发展之东风，反而速度大大放慢，年平均增长率由第一时期 19% 降至 8%。1986 年接待境外游客为 87 万，7 年时间仅增加了 37 万人次。旅游外汇收入 1982 年为 3.58 亿美元，1983 年为 4.395 亿美元，1984 年为 5.197 亿美元，1985 年为 5 亿美元。

　　从 1987 年起，印尼旅游业进入新的开发时期。年平均增长速度超过 20%。1987 年为 105 万，1988 年为 122 万，1989 年为 162 万，1990 年为 200 万，1994 年为 401 万，1998 年为 490 万。旅游业外汇收入 1985 年为 5 亿美元，1991 年为 25.0 亿，1994 年为 53.4 亿，1998 年 51.38 亿。

　　印尼的出境市场主要集中在中上流和上流阶层。印尼对国民出游持限制态度。印尼政府近来对出境游客征收折合 125 美元的出境费，以此来限制海外旅游，尤其是限制周末赴新加坡购物和消遣的游客。

　　最近几年里，印尼的休闲旅游以两位数的比率增长。游客以双薪家庭和妇女居多。然而，其发展势头能否持续下去还很难确定。

　　印尼旅行商认为，目前 35～50 岁的游客是休闲市场中最重要的客源层。处于这个年龄段的游客，经验丰富，不止一次地出国旅游，而他们上一代的人（多为退休者）即使出国，对大多数人来说，也是"一生只此一次"的旅游。印尼的地方旅游部门预测，随着休闲旅游逐渐成为富裕的城市家庭的一种流行的文化现象。35 岁以下的年轻一代将成为增长较快的客源层。

印尼的男性比女性更多出游，但这一现象已开始发生变化。目前，妇女购物/观光团队以及因丈夫无暇、由妻子携子女出游的团队在增加，正形成一种趋势。另外，全家出动式、与朋友结伴儿式的旅游已成为重要的客源组成部分。夫妻俩不带子女出游的情况较为少见，但对单身的印尼人来说，独自出游的现象已逐渐增多。

对大多数印尼游客来说，一年出国一次在经济上还不现实。有关调查结果表明，1991 年至 1992 年两年间，被调查者中，只有 60%的人出国度过一次假，而其中 45%的人在外停留一周或少于一周。

四、旅华市场

印尼旅华市场是近几年随着两国关系的改善而发展起来的。在中断外交关系 23 年之后，中国与印尼于 1990 年复交，这为逐步开展旅游的往来创造了条件。印尼政府对其公民去中国旅行采取逐步放宽的政策。由于过去两国关系的裂痕很深，恢复起来也需要一定时间。总的来说形势向好的方向发展。

近年来，印尼旅华保持持续增长势头，除了在 1998 年和 2008 年受两次金融危机影响，在 2003 年受"非典"影响，使旅华人数出现负增长外，其余各年均有大幅增长（见表 4-5）。由于政治、经济、宗教等诸方面的因素，扩大对该市场的开发，加快其市场发展尚有一定难度。

表 4-5

年份	旅华人数	比上年增减（%）
1997	147 328	—
1998	104 602	-29.1
1999	182 904	74.9
2000	220 554	20.6
2001	224 177	1.6
2003	231 838	-15.6
2005	377 622	7.9
2007	477 109	10.2
2009	468 902	10.4

资料来源：《中国旅游年鉴》。

　　印尼的旅华市场主体客源是华裔，他们的生活相对富裕。在印尼旅游安全缺乏保证、欧美旅行费用相对较高的情况下，他们更多地将旅游目的地选在中国各地。目前在印尼市场上比较好销售的产品是与航线比较接近的线路，包括上海、苏州、杭州、广州、深圳和知名度较高的北京、黄山、桂林、西安。至于内陆城市、新疆、西藏，则销售难度较大。印尼的华人来华旅游，一般都喜欢成群结队，以家庭为单位或亲属几人一起同行。由于印尼大部分华人并不会讲华语，相对来说，他们的背包自助游的比例不高，对旅行社的安排以及当地的导游依赖性比较高。

　　近年来，印度尼西亚媒体、公众对中国旅游产品和线路开始从陌生走向关注，并开始产生热情。尤其是中国经济的迅猛发展，国际地位的迅速提高，在印尼社会反响很大，媒体和公众对于中国的憧憬和向往，客观上起到了推波助澜的作用。

第六节　菲律宾

一、自然环境

　　菲律宾（Philippine）位于赤道以北，亚洲东南部，分布在北纬4°23′至21°25′，东经116°40′至127°之间。北隔巴士海峡与我国台湾省相对；南面和西南面隔苏拉威西海、苏禄海、巴拉巴克海峡与印度尼西亚、马来西亚相望；西濒中国南海；东临辽阔的太平洋。菲律宾为亚、澳两大洲与太平洋之间，东亚与南亚之间的交通要道。

　　菲律宾是太平洋上的一个群岛国家，有"千岛之国"的美称。其实菲律宾境内共有7 000多个岛屿，其中有名称的就有2 800多个，有人居住的约1 000个，面积在一平方公里以上的466个。菲律宾群岛分布形状由南至北呈花彩状。可分为5个部分：南部的棉兰老岛、北部的吕宋岛、两岛之间的米沙鄢群岛、巴拉望岛和苏禄群岛。

　　菲律宾国土面积29.97万平方公里。其中吕宋岛为10.4万平方公里，棉兰老岛9.4万平方公里，两岛面积约占全国面积的67%。另有9个面积在3 000平方公里以上的岛屿，菲律宾位于赤道与北回归线之间，气候属热带海洋型，终年湿热、多台风、多雨。全年平均温度为27.6℃，全国最高温度平均为33℃～39℃，最低温度平均为16.7℃～20.9℃。除少数高山地区外，其余地区温度年较差很小，最热和最冷的月份温差不超过3℃，无明显的热季和凉季区分。菲律宾以东的太平洋西部是台风的发源地，台风经过菲律宾的时间为6～11月，平均每年约有20次左右台风。台风给菲律宾带来充足的雨水，自然也常带来严重灾害。

　　菲律宾大部分地区年降水量约 2 000～3 000 毫米。由北向南渐多。

二、社会概况

　　菲律宾原是许多土著部落和马来族移民的割据王国。15 世纪时，伊斯兰教传入棉兰老岛和苏禄群岛。1565 年，西班牙侵占菲律宾，开始了长达 300 多年的殖民统治。1898 年，美国海军在马尼拉湾击败西班牙舰队，6 月 12 日，菲律宾宣告独立，成立了菲律宾历史上第一个共和国。但同年 12 月 10 日，美借英西战争签订的"巴黎和约"占领菲律宾，经过两年美菲战争，菲律宾又沦为美国殖民地，其间菲律宾人民罢工，武装斗争不断。1942 年，菲律宾被日本占领，第二次世界大战结束后，再次沦为美殖民地。1946 年 7 月 4 日，菲律宾宣告独立。

　　菲律宾现有人口 9 200 万（2010 年），为世界第 12 大人口大国，人口密度平均每平方公里 200 人以上，为世界人口增长率较高国家之一。国内民族众多，55%以上属于属于马来族，包括他加禄人、伊洛戈人、邦班牙人、比萨亚人和比科尔人等。少数民族有华人、印尼人、阿拉伯人、印度人、西班牙人、美国人，还有为数不多的土著民族。

　　菲律宾有 70 多种语言。绝大部分属于马来波利尼西亚语系。由于西班牙统治菲律宾约 300 年，西班牙语曾经占统治地位。美国 1898 年占领菲律宾后，英语取代西班牙语，在菲广泛流行。1937 年 12 月 30 日，菲律宾自治政府选择他加禄语为菲律宾国语。但政府文告、议会辩论和主要报刊却使用英语。

　　菲律宾国民约 84%信奉天主教，4.9%信奉伊斯兰教，少数人信奉独立教和基督教新教，华人多信奉佛教，土著民族信奉原始宗教。

　　自 20 世纪 60 年代后期，菲律宾采取经济开放的政策，积极吸引外资，此后受国内政局动荡，经西方经济衰退，菲经济呈下滑趋势。90 年代初，菲律宾政府推出一系列经济振兴措施，经济开始全面复苏，并保持较高增长速度。2000 年菲律宾政局动荡，金融形势一度恶化，汇率创历史新低。2001 年菲律宾换届后的新政府推进经济改革，重点提高农业生产力，但受全球经济减速和政局动荡影响，菲律宾经济走势低迷，外来投资减少，政府负担加剧。贫困问题较突出。2011 年菲律宾人均 GDP 为 2 007 美元。

三、旅游业概况

1. 发展历程

　　菲律宾的旅游业起步于 20 世纪 60 年代。从 60 年代初至 1972 年为第一阶段。这一阶段旅游业处于自发状态，发展速度缓慢。据统计，1964 年菲律宾接待境外游客为 75 246 人次，创汇 1 557.5 万美元。1972 年接待游客 166 431 人次，创汇 3 827 万美元，8 年时间才增加 9 万人次，2 000 万美元。1973 年至 1980 年为菲律宾旅游业发展的第二阶段，这个阶段我们称之为自觉阶段。在这一时期菲律宾旅游业逐渐走上轨道，得到了较大的发展。1973 年 5 月 11 日，菲律宾政府专门设立了旅游部，下设全国旅游业促进局，并在全国 12 个区设立 12 个旅游办事处。

1976 年起，菲律宾旅游部为增加境外游客在菲的逗留时间，吸引更多的游客，采取了一系列新的措施。如开发新的旅游区、开放领空、扩大对外宣传等。

1977 年菲律宾政府宣布完全开放领空政策，规定任何国家的国际班机只要获得菲律宾政府批准，均可进入菲律宾，无须像以往那样事先签订有关交换班机次数的互惠协定。这一政策迅速促进了国际航空事业的发展，为境外旅游者提供了便捷的出入条件。到 1980 年，进入马尼拉的国际航班由 1967 年的每周 80 次增加到了每周 400 次，旅游人数突破 100 万大关，旅游创汇达 3 亿美元。

自 1981 年至今为菲律宾旅游业发展的第三阶段。这一阶段为盘整阶段。由于菲律宾国内政治动荡不安，加之 20 世纪 80 年代初的几年又受到世界经济危机的影响，以及火山爆发等原因，自 1981 年起菲律宾的旅游人数开始走下坡。1980 年菲律宾接待入境游客人数就已达百万，可是 11 年后的 1991 年，接待境外游客实际人数不到 90 万。这种持续多年负增长的情况除了斯里兰卡之外，在世界旅游史上是少见的。1983 年 8 月 21 日反对党领导人贝尼格格·阿基诺被谋杀后，菲律宾的政治斗争接连不断。仅 1986 年至 1990 年就先后发生大小 7 次兵变。1991 年菲律宾政府本计划接待 98.4 万外国旅游者，可是这一年除了又发生政变外，还出现了地震、台风、洪水、滑坡和 20 世纪最大的火山喷发，加之海湾战争的影响，使菲律宾旅游业重整旗鼓的雄心再一次化为泡影。

在这一时期，菲律宾的整个旅游业并非停滞不前或全面倒退。虽接待人数减少，但由于基础设施建设的不断完善，新的旅游景点的开辟，服务水平和管理水平的提高，使进入菲律宾的游客的逗留日延长，消费量增加，旅游创汇与 1980 年比却有了大幅度的增加。据统计，1990 年菲律宾旅游创汇达 13 亿美元。

20 世纪 90 年代后，菲律宾政府高度重视旅游业，1996 年掀起的 "96 会议城市马尼拉" 活动意在重振马尼拉 20 年前世界主要会议城市雄风。当年国际游客突破 200 万人次，旅游创汇 27.9 亿美元。旅游业成为菲律宾国民经济第三大创汇行业，1998 年，旅游外汇收入 24 亿美元，居世界第 40 位，游客主要来自美国、日本、中国（含香港和台湾地区）、澳大利亚等。2004 到 2006 年的三年中，来菲的游客每年以 14% 的速度增长，增长速度高于东盟国家平均水平。2006 年菲律宾的国际游客数量达 284 万人次，旅游收入 27 亿美元，占 GDP 的 2%。

虽然菲律宾的旅游业较长时间以来一直保持增长的势头，但增长亦有所停滞，游客平均消费水平下降。酒店房间不足以及缺乏进出本国航班的座位是制约菲律宾旅游业发展的两大瓶颈。另外还有缺乏高素质的导游和一线工作人员、缺少直接到达主要景点的航班、机票价格较高、基础设施缺乏、宣传力度不够、缺乏针对不同游客设计的线路和产品等诸多问题。

2. 旅游资源的特点①

与世界其他地区，尤其是与东南亚各国相比较，菲律宾的旅游资源的特点可用"奇全"来概括，既奇特又齐全，既个性化又多样化。

（1）奇特性

由于菲律宾群岛及其附近海域的地质构造刚好处于西太平洋的火山喷发环带上，地壳运动错综复杂，许多地形由断层、褶皱、火山爆发形成，因而菲律宾境内的地形地貌嵯峨奇丽，极具观赏价值。其中最具特色的有三项：火山景观、海峡景观、海沟景观。

火山景观是许多海岛海滨旅游地共有的旅游资源，而菲律宾的火山景观除有共同性外，还有两大特点：一是造形构图新颖，具有独特的审美价值；二是活火山多。不仅火山上烟雾飞升，白云盘桓，而且常常有大小不等的火山爆发，给旅游者心理蒙上一层惊险刺激的阴云。当旅游者观赏新近爆发的火山岩浆和正在吐烟的活火山时，心中难免要担心它随时可能再一次突然爆发，这种有惊无险的旅行自然更增添了旅游者的兴趣。

由于独特的地壳运动把菲律宾群岛撕得支离破碎，这些各自分离的小岛给菲律宾的交通带来许多不便。但从旅游的角度来看，它又增添了菲律宾的独特性、神秘性和观赏性。其中圣胡安尼科海峡和菲律宾海沟都是地球上的世界之最。圣胡安尼科海峡位于米沙鄢群岛东部莱特岛和萨马岛之间，为世界上最窄的海峡。1973 年在海峡上建起了一座马科斯大桥。大桥造形呈 S 形，全长 21.6 公里，共43 个桥墩，桥身阔 7.5 米。大桥左右遍布着长满椰树的小岛，好似翠绿浮萍，如今这里已成为菲律宾重要的旅游景观。

位于菲律宾东侧，离萨马岛和棉兰岛以东 80 公里的菲律宾海沟，是世界上最深的海沟之一，南北延伸 1 200 公里，一般深度超过 7 000 米，最深处达 10 497 米。海沟是科学考察、海底探险、游览的重要旅游资源，预计在未来旅游业的发展中将获得开发利用，目前尚未开发。

菲律宾亦具有许多奇特的景观。其中最著名的要数巴纳韦高山梯田。梯田位于吕宋岛北部伊富高省巴纳韦镇附近，距马尼拉市约 300 多公里，这是两千多年前菲律宾群岛上的伊富高民族修建的种植水稻的梯田。由于山势陡峭，梯田面积

---

① 李溢：《世界热带亚热带海岛海滨旅游开发研究》，旅游教育出版社 1997 年版，第 238～244 页。

最大的只有四分之一公顷，最小的仅 4 平方米左右。梯田的外壁大多用石块砌成，石壁最高达 4 米。据测量最高的梯田在海拔 1500 米以上，与最低一层梯田的垂直距离为 420 多米。盘山灌溉的水渠像巨大的石阶层层上升，总长度达 1.9 万公里！几乎可绕地球半周！砌造巴纳韦梯田所用的石方大大超过埃及金字塔！菲律宾人自豪地称之为"世界第八大古代奇迹"。

菲律宾是一个多民族的国家。由于岛屿多，交通不便，即使在同一岛屿上，由于地形崎岖，一些山地人亦难与外界沟通，这样使得一些民族至今还保持着某些原始状态的生活劳动方式。如菲律宾的巴扎人常年生活在海上，以海为家，生死均在船上，被誉为"海上吉普赛人"。

在宗教信仰方面，菲律宾是东亚、东南亚乃至整个东方国家中唯一以天主教为国教的国家。无疑，独特的民族风情和宗教文化为菲律宾的旅游业蒙上一层层神秘的面纱，从而增添了这个具有特殊性的东方古国的吸引力。

（2）多样性

菲律宾的旅游资源不仅具有奇特性，而且具有多样性、丰富性。从自然旅游资源方面看，菲律宾不仅有海洋资源，如沙滩、海水、阳光、海峡、海沟、海港、海鲜、珊瑚等，还有山川旅游资源，如森林、火山、湖泊、飞瀑、河流、温泉。从人文旅游资源来说，有古代教堂、庙宇、宫殿、城堡、战争遗址，又有为发展旅游业而修建的民俗文化村，以及各具特色、丰富多彩的民俗文化。

3. 稳中有升的旅华市场

菲律宾旅华客源相对比较稳定，其客源结构以国际海员和各种劳务为主题，观光旅游和探亲访友相结合，且客源多在华南地区和主要口岸流动。菲律宾的旅华市场可分为两大块：华人和非华人市场。菲律宾目前有华人 150 万，约占总人口的 2.1%。这些华人对故土眷恋情深，对中华文化和优美风光也十分欣赏，因此经常回中国参观游览；他们是我们客源市场的基础，但是这一客源具有一定的局限性，主要表现在其年龄的不断老化。非华人市场主要是当地的菲律宾人。由于菲律宾历史上长期受西班牙及美国的占领，深受欧美文化影响，生活观念都比较西化，对中国知之甚少。但这些人基数大，尤其是中青年还具有良好的经济基础，消费需求旺盛，但是这些人的旅游首选往往是欧美地区，除了历史原因以外，我们针对这个市场的宣传不够也是造成旅华市场单一的一个因素，因此加强对这一市场的开发力度已势在必行。此外，80 年代以后，有部分大陆及台湾人士移民菲律宾，而且许多人的事业已经小有所成，这些人士已经逐渐形成菲律宾旅华市场的一股新力量。

目前在菲律宾销售旅华旅游产品的基本上是华人旅行社，且竞争激烈。据了解，由于中国经济改革的成功，商品的质量明显提高，加上价格上的优势，中国产品开始在菲律宾走俏。产品的走俏带动了前往中国购物团的增加，以往购物团主要是在厦门购物，目前已经逐渐延伸到上海、香港、深圳、珠海等地。

2000 年，菲律宾旅华市场稳中有升。全年旅华人数为 36.39 万人次，同比增长 21.98%，位列我国第 8 位客源市场。2005 年，旅华人数 65.4 万人次，面对全球金融危机的考验，2009 年的旅华人数虽有降低，却也保持在全年 75 万人次的水平上。面对蓬勃发展的菲律宾旅华市场，今后我们在市场开发上所应采取的对策是：加大华人市场促销力度，加强旅游观光型产品推广，有目的地开发商务会奖客源层。

菲律宾约有 2.1%的华裔，虽然比例不大，但却控制着本国 50%的经济，这些华裔是旅华市场的可靠客源。金融危机后，经济的好转刺激了国民的消费欲望，菲律宾中上阶层的人士开始外出旅游，商务游客也呈上升趋势。继续加强华人与商务客人的促销工作，仍将是我们今后宣传促销的重点。

目前，菲律宾游客主要集中在华南地区和主要口岸城市。由于在菲律宾销售的旅华配套产品相对于中国香港、泰国的配套产品价格较高，因而购买旅华产品的主要还是华人及其后裔。如果价格适中，菲律宾的家庭旅游市场将会具有一定的潜力。购物是菲律宾人旅游行程中的一个重要环节。深圳由于良好的旅游购物环境和较具吸引力的商品价格，已在菲律宾公众中产生了一定的影响。厦门是中国距菲律宾最近的口岸城市，但目前马尼拉至厦门的往返机票价格与前往香港的 4 天 3 夜游产品价格相当，影响了当地旅行社销售旅华产品的积极性；如今后能进一步降低机票价格，厦门特区将会成为极具吸引力的旅游目的地。我们在今后的促销过程中，应首先着重开发旅游基础设施好、旅游购物环境佳、旅游价格具一定优势的地区和口岸城市，如进一步开发组合珠江三角洲的深圳、广州等地，厦门沿海及长江三角洲地区。此外，会议旅游对菲律宾也产生过积极影响，也应成为我们今后重点开发的产品之一。

复习思考题

1. 东南亚地区为什么长期以来始终是我国传统的海外客源国？
2. 新加坡发展旅游业有哪些独特的做法？
3. 东南亚五国中的旅游业发展有哪些差异，为什么？
4. 举例说明风俗习惯的差异对旅游市场开发的影响。

第五章 欧洲主要客源国

【学习导引】

欧洲，尤其是西欧地区，是现代旅游业的发端地，也是当今世界经济实力最强、人民生活水平最高的地区之一，还是我国重要的旅游客源地。本章所选取的这五个国家，不仅是在我国海外客源市场中位居前列的欧洲国家，而且各有独特的发展道路，熟悉并了解这些客源市场的基本情况，对于掌握国际旅游业发展的总体态势，学习其先进的发展经验与管理理念，做大做强我国自己的旅游产品，拓展我们的市场范围，发展有中国特色的旅游业，都有着极大的帮助。

【教学目标】

1. 了解并掌握欧洲旅游市场空间分布格局。
2. 认识法国、意大利两国旅游业发达的形成原因。
3. 分析俄罗斯旅华市场稳步增长的主要原因。

【学习重点】

英国旅游业发展历程；法国旅游业发展的优势；德国旅游业持续发展的原因；意大利旅游业特点；俄罗斯旅华市场分析。

欧洲位于东半球的西北部，北临北冰洋，西濒大西洋，南滨地中海与非洲相望，东以乌拉尔山、乌拉尔河、里海、高加索山、黑海海峡与亚洲为邻。

欧洲海岸线曲折，岛屿、半岛、海湾众多，是世界上海岸线最曲折的一个洲。欧洲大部分地区位于北温带，气候温和湿润。西部大西洋沿岸夏季凉爽，冬季温和，多云雾雨雪；东部夏热冬冷，属温带大陆性气候；南部夏季炎热干燥，冬季温和多雨，是典型的地中海式气候；北部在北极圈内外，属寒带气候，但由于受到暖流影响，气温要比同纬度的大陆东岸地区温暖得多。

欧洲是资本主义的发源地，也是世界上近代科学文化与技术发展最早的地区。目前，仍是世界上经济最发达的地区之一，工农业的机械化、自动化、现代化的水平较高，人均国民生产总值和人均收入居各洲的前列，旅游人数和旅游收入也高居世界榜首。其发达的经济、便利的交通、现代的设施、先进的管理以及繁荣的近代文化，使其成为世界各国旅游者争先前往的旅游目的地。

多年以来，由于欧洲稳定的经济发展，强大的经济实力，也还因为中国悠久的历史和灿烂的文化，使得欧洲的旅游者虽然距离我国路途遥远，但在到访的外国游客中，欧洲（尤其是西欧）始终是我国最主要的海外客源地。

本章主要介绍多年来位居我国旅游客源国前列的英国、法国、德国、意大利和俄罗斯这五个国家的相关情况。

欧洲西部示意图

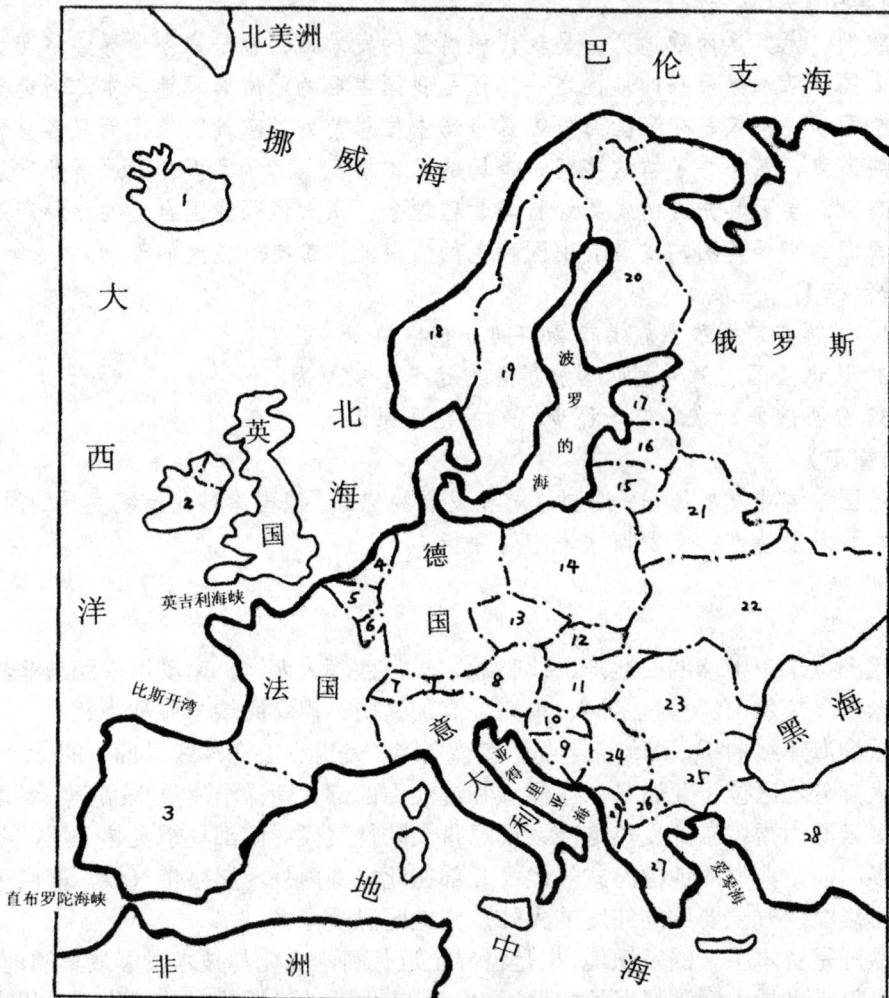

1 冰岛 2 爱尔兰 3 西班牙 4 荷兰 5 比利时 6 卢森堡 7 瑞士 8 奥地利 9 波黑 10 克罗地亚 11 匈牙利
12 斯洛伐克 13 捷克 14 波兰 15 立陶宛 16 拉托维亚 17 爱沙尼亚 18 挪威 19 瑞典 20 芬兰 21 白俄罗斯
22 乌克兰 23 罗马尼亚 24 南斯拉夫 25 保加利亚 26 马其顿 27 希腊 28 土耳其 29 阿尔巴尼亚

第一节 英 国

一、自然环境

英国是欧洲西部的岛国。全称为大不列颠及北爱尔兰联合王国，总面积为24.41 万平方公里（包括内陆水地）。英国由不列颠岛（包括英格兰、苏格兰、威尔士）、北爱尔兰岛东北部和一些小岛组成。英国隔北海、多佛尔海峡、英吉利海峡与欧洲大陆相望。海岸线总长为 11 450 公里。英国气候属海洋性气候，全年分两季：自 4～9 月是春夏季，晴朗、暖和；从 10 月到翌年 3 月是秋冬季，潮湿、阴寒而昏暗。最冷的 1 月份的平均气温，北部为 3.5℃～4.3℃，南部为 5 度；最热的 7 月份的平均温度，北部为 14℃，南部为 16℃。

二、社会概况

（一）历史与文化

1. 历史

公元 1～5 世纪，大不列颠岛东南部受罗马帝国统治。此后盎格鲁、撒克逊、朱特人相继入侵。7 世纪开始形成封建制度。829 年英格兰统一，史称"盎格鲁—撒克逊时代"。1066 年诺曼底公爵威廉渡海征服英格兰，建立诺曼底王朝。1536年英格兰与威尔士合并。1640 年爆发资产阶级革命，1649 年 5 月 19 日宣布为共和国。1660 年王朝复辟。1688 年发生"光荣革命"，确定了君主立宪制。1707 年英格兰与苏格兰合并。1801 年又与爱尔兰合并。18 世纪 60 年代至 19 世纪 30 年代成为世界上第一个完成工业革命的国家。1914 年占有的殖民地比本土大 111 倍，是第一殖民大国，自称"日不落帝国"。1921 年爱尔兰南部 26 郡成立"自由邦"，北部 6 郡仍归英国。第一次世界大战后英国开始衰落，其世界霸权地位逐渐被美国取代。第二次世界大战严重削弱了英国的经济实力。随着 1947 年印度和巴基斯坦相继独立，大英帝国殖民体系开始瓦解。目前，英国在海外仍有 13 块领地。1973年 1 月加入欧共体。

2. 文化

英国文化历史之丰富，有口皆碑，毫不夸张地说，英国的每座城市皆是文化中心。英国所有的主要城市皆拥有世界知名、令人羡慕的歌剧院、博物馆，以及艺术馆，例如，爱丁堡的苏格兰皇家博物馆、贝尔法斯特的北爱尔兰博物馆、卡的夫国际露天剧场等。英国文学在世界文学史上占有重要的地位。文艺复兴时期是英国文学史相当辉煌的时代。莎士比亚是这个时代最伟大的作家，一生中共留下 37 部悲、喜剧和历史剧。在英国 18 世纪的文学中，以狄佛的《鲁滨逊漂流记》和《女混混》两部小说为代表。英国文学在 19 世纪的杰出代表是华兹华斯和狄更斯。19 世纪末英国又出现大戏剧家、评论家萧伯纳。到 20 世纪 60 年代，哲学小说占有重要地位，代表人物有女作家爱丽斯·莫多克等人。

（二）经济与政治

1. 经济

第二次世界大战以后，英国经济在波动起伏中缓慢增长，在世界经济中的地位有所下降，但还是西方七大经济强国之一。2001 年，英国经济规模居世界第四，是世界第二大海外投资国。1992 年起英国经济一直稳定增长。2001 年，人均 GDP 为 2.17 万美元，2010 年人均 GDP 达 3.63 万美元，位居世界第 21 位。

在英国，私有企业是其经济的主体，占国内生产总值的 60%以上。其中航空、电子、化工和海底石油开采等新兴工业较先进。

英国的农业生产水平高，农产品可满足国内需求的 2/3，农业就业人数不到总就业人口的 1%。英国服务业十分发达，占国内生产总值的 2/3，就业人口占总就业人口的 71%。

2. 政治

英国国家机构主要由国王、议会、政府和司法机构组成。

国王是世袭的国家元首，国家的一切重要行政措施都用女王的名义发布，但其活动多属于礼仪性质，无实权。

议会是英国最高立法机构，由国王、上院、下院组成。

枢密院在法律上是英国的最高政府机构，内阁的各种重要决定，都以"枢密院令"的形式公布。

英国司法的主要职权由大法官行使，检察长和副检察长也行使一定的司法权。政府名义上不能干涉法官工作，专职法官也不参与政治。

英国的主要政党主要有保守党、工党、社会民主党、社会自由民主党、英国共产党等。

（三）人口与居民

英国总人口约 6 222 万（2010 年），全国人口分布不均，人口的 80%居住在城市。居民多信奉基督教新教，还有一些人信奉罗马天主教、伊斯兰教、佛教、犹太教等。

在人民生活方面，英国实行公共保健、社会保险等福利制度。1999 年人均收入为 1.5 万英镑。实行 5 天工作制。全日制雇员平均每周工作 38.3 小时。每年享受至少 4 个星期的假期，带薪假期不超过 5 个星期。

（四）社会风情与习俗

英国人的饮食习惯一般是一日三餐加茶点。英国人爱喝啤酒，尤其是苦啤酒或黑啤酒。在英国酒馆喝酒的时间有一定的限制，若不在规定时间内饮酒，顾客和酒馆都要受到处罚。在英国，高级餐厅应十分注重穿着和用餐礼仪，衣观不整或吃东西时发声很大都被视为不礼貌。此外英国人喜爱饮茶和读报，常常是茶不离口，报不离手。

英国交通十分便利，无论从什么地方开始开车旅行，不用 3 个小时，便可到达最近的海岸。在英国开车是靠左行驶。现代英国经过数百年的发展建设，以伦敦为中心织成了一张遍及全国的铁路和公路的交通网，并使伦敦成为世界交通的重要枢纽之一。

音乐在英国人的生活中占有重要地位。许多人具有音乐修养，喜欢古典音乐。英国的体育竞技项目种类很多，足球是最盛行的项目。

在英国，工艺美术品中以陶瓷和玻璃制品最为兴盛，绝大部分工艺品偏向观赏性而使用价值较小。这些工艺美术品多做工讲究，充满浪漫主义气息。英国工艺品以玻璃制品最为突出。完全以抽象的造型，巧妙的空间处理和色彩搭配给人以强烈的美感和享受。陶瓷中，骨质瓷是英国人对世界的瓷器的贡献。它白度高，比重轻，透明度好，瓷质细腻，光泽柔和。英国工艺品的这些特征，有利于我们把握英国在华旅游者的购物偏好，并为其提供令其满意的旅游纪念品和工艺美术品。

英国人比较含蓄、庄重而有幽默感。他们在公共场合注重礼仪，讲究服饰，彬彬有礼，并习惯以握手表示友谊。英国人的时间观念很强，所以在与英国人的交往中，应该准时赴约，恪守信用。要避免称英国人为"英格兰人"，应称其"不列颠人"，因为也许他正是苏格兰人或威尔士人。与英国人交谈不要将政治倾向、宗教、个人私事（如婚姻、金钱、职业、年龄等）作为话题，更不能视"绅士风度"为"迂腐落伍"。总之，保守是英国人最明显的性格特点。他们习惯按照以往的规矩办事，墨守成规，往往不愿做出也不愿看到突然变化。因此，在旅游活动中应尽量避免对既定活动日程做出突然变更。

三、旅游业概况

（一）发展历程

英国是现代旅游业的发祥地，早在 19 世纪上半叶，英国就开始发展旅游业。1841 年 5 月 15 日托马斯·库克组织了 540 名旅客包乘火车的旅游活动，开始了有组织的包价旅游的先河，是世界上第一个有组织的正式旅游团。

第二次世界大战后，英国的度假旅游迅速发展。但 20 世纪 70 年代中期的石油危机及 80 年代的经济不景气阻碍了度假旅游的增长。直到 80 年代中期才恢复。

今日的英国已经成为世界上为数不多的旅游大国，每年接待的海外游客以及旅游收入不断增加。旅游业已经成为英国政府主要外汇来源之一，是当今世界第五大旅游创汇国。英国近年来旅游接待与收入情况见下表：

表 5-1　近年来英国旅游接待与收入情况

年份	接待人次（万人次）	旅游收入（亿美元）
1988	1 590.0	122.0
1992	1 850.0	121.8
1994	1 970.5	139.0
1998	3 482.9	213.0
2000	2 490.0	192.7
2005	2 995.0	193.0
2010	3 040.0	271.8

资料来源：根据《旅游统计年鉴》整理。

其次，英国还是世界最大的客源市场之一，1985 年出国旅游人数 2 180 万人次，1994 年达 3 420 万人次，1995 年高达 4 170 万人次，旅游支出 246.25 亿美元。仅次于当时的美国和德国，居世界第三位。近年来，随着日本、美国和西欧其他发达国家的崛起，英国的旅游地位有所下降，但仍不失为世界发达旅游大国的地位。

此外，英国的在职人员每年至少有两至三次出国旅游的机会，它拥有世界最大的旅行批发商网络，有强大的旅游接待能力，有多达 180 万的旅游从业人员（占就业总人数的 7.5%）。所有这些，都为英国旅游业的发展提供了强大的保障。

（二）资源特色

英国是一个美丽的国家，旅游资源以人文资源最为丰富、最具特色，其中又以历史文化遗迹与建筑最有吸引力。自然旅游资源虽然并不丰富，但却得到了良好的保护。目前，被联合国列入世界文化和自然遗产的名胜古迹和天然景观就有 14 处，即伦敦塔、威斯敏斯特宫、布伦海姆宫、坎特伯雷主教堂、巴斯城、索尔兹伯里郊区的巨石阵等遗迹、铁桥峡、方廷斯修道院及园林、达勒姆的大教堂和古城堡、哈德良长城、圭内斯的城堡群、苏格兰的圣基尔达群岛、北爱尔兰的"巨人之路"和太平洋上的英国属地亨德森珊瑚岛。它们富有特色、各擅其长，都是极受游客青睐的观光热点。

英国历史悠久，文化灿烂。至今完好地保留许多王宫、城堡和教堂。英国博物馆比比皆是，平均不到 4 万人就有一座。此外还有著名的大学城和名人故居等。

英国海岸线漫长，且多优美海滨。全国没有一个城镇距离海滨超过 130 公里。英国是世界上最早流行海滨度假的国家，有海滨浴场 400 多个。

英国主要人文景点有：白金汉宫、唐宁街 10 号、大英博物馆、威斯敏斯特宫、伦敦塔、格林尼治天文台、圣保罗大教堂、海得公园、牛津大学、剑桥大学、斯特拉特福（莎士比亚故里）等。英国主要自然景观有：布赖特（英国最早的海滨胜地）、布莱科普尔（英国最大的海滨避暑胜地）等。

（三）旅游业现状

旅游业是英国最重要的经济部门之一。从旅游收入来看，2000 年英国是世界上第五大旅游国，收入占世界旅游收入的 4.6%。但在 2001 年及 2002 年上半年，英国旅游业遭受了历史上少见的重创。旅游业是一个脆弱的行业，同时也是一个反弹性十足的行业。近年来英国旅游业已渐渐复苏。

2010 年，英国旅游行业重又回到增长的轨道上来。全年接待入境游客 3 040 万人，入境游客的消费金额达到 171 亿英镑，高出 2009 年近四个百分点。但对于出境游，依然保持低迷。影响出境游的仍然是低迷的经济形势所造成的一系列影响。

目前英国普通百姓可支配收入下降，热衷于存款，存得多、花得少，消费态度谨慎，旅游已成为英国人的奢侈消费品，消费人数大大下降。

（四）旅华市场

英国是欧洲仅次于德国的出游大国，也是中国在西欧地区的第一大客源市场。在中国入境旅游人数列前十位的国家中，英国位居第九。2000 年英国旅华市场终于摆脱 1998 年和 1999 年连续两年 6.6% 的低位增长速度，实现了 9.6% 的增长，全年来华旅游者达 28.39 万人次。

对于英国游客来说，中国是一个安全的、极具吸引力的旅游目的地。据中国国家旅游局的统计数据显示，英国 2002 年旅华人数增速惊人，1~10 月份平均增长近 15%。2002 年英国旅华人数接近 34 万。到 2007 年时，英国旅华人数达 50.9 万人次，同比上年增长 9.4%，其中 40%~50% 为休闲观光旅游，35%~40% 为商务旅游。近年来英国的经济发展良好，政治相对稳定。中英两国关系良好，中英高层互访频繁，加之两国间经贸、文化交流的日益扩大，赴华旅游市场将存在极大潜力。

表 5-2　近年英国来华旅游人次数　　　　　　　　　　单位：万人次

年　份	1999	2001	2003	2005	2007	2009
旅游人次	25.9	30.3	28.83	50.0	50.9	49.31

资料来源：《中国旅游年鉴》。

长期以来，来华的英国游客，主要以我国的北京、上海、桂林、广州、长江三峡和西藏等地区为主要的旅游目的地。

（五）对英市场促销战略

首先，在对英国旅游市场的宣传上，应该继续在"中国是安全的旅游胜地"和"烹饪王国"这些主题上吸引英国旅游者，并进一步加强"永久的三峡"的宣传。

其次，为了和英国旅游批发商和零售商及媒体有效联络感情，巩固同业界的关系，应组织旅游展销团定期赴英国进行宣传与促销，或者是参加在英国伦敦举办的世界旅游市场交易会（世界上第三大旅游年会），提高国内旅游产品的知名度。

最后，针对英国游客旅游需求的特点及变化，改变中国旅游产品老化、传统、单一的特点，为游客提供更具趣味性、娱乐性和参与性的旅游产品。为此，提高普通观光旅游产品的质量；开发探险和体育旅游产品；利用自身优势开发历史文化旅游产品，并努力提高其中的文化含量，是我们的当务之急。

第二节 法 国

一、自然环境

法国全名为法兰西共和国，位于欧洲大陆西部，西临大西洋，西北面对英吉利海峡和北海，东北比邻比利时、卢森堡和德国，东与瑞士相依，东南与意大利相连，南与地中海并和西班牙接壤。法国领土略呈六边形，三边临海，三边靠岸，与比利时、卢森堡、德国、瑞士、意大利、西班牙、安道尔、摩纳哥接壤，为西欧面积最大的国家，国土总面积为 551 602 平方公里。

总体上说，法国地势较低，全国 2/3 的地区低于海拔 250 米。东南部地势较高，有中央高原、朗格尔高原和孚日山。北部和西部主要是平原和低矮丘陵，主要的山脉有阿尔卑斯山脉、比利牛斯山脉和汝拉山。

法国所处地理位置，决定了法国受三种气候的影响。其一是大西洋气候，即季节不稳定，气温差别小，雨量相对丰富，全年降雨分布均匀。其二是大陆性气候，主要表现在布列塔尼、巴黎和洛林地区，冬季较冷，年温差较大；冬季降雨较大，夏天较少。其三是地中海气候，即夏天炎热干燥，冬季温和湿润。法国大部分地区属于海洋性温带阔叶林气候，南部属亚热带地中海式气候。全国年平均降雨量在 600～1 000 毫米。

二、社会概况

（一）历史与文化

1. 历史

法国的历史是人民长期以来的点滴劳动汇集而成的。法兰西众多的独特之处正是其文化的体现。两千年来各个朝代和他们的文明在这片土地上留下了印迹，最后才形成了今天的现代法国。

法国历史可以追述到公元前 1 000 年左右，凯尔特人自中欧山区迁居于此。这块土地当时居住着 90 个不同的部落，被称作高卢人。很快罗马帝国也注意到了这片土地。公元前 50 年，朱利叶斯·凯撒大帝挥师征服了这一地区。高卢—罗马文明定都于里昂，统治了相当长时间，形成了今日法国的最初蓝图。公元五世纪，法兰克人的部落首领消除西罗马帝国在高卢的残余统治势力，建立了法兰克王国。10 世纪末法兰克王国改称为法兰西王国。1453 年，法国在取得与英国进行的"百年战争"胜利后进入了经济复兴时期。并在 17～18 世纪路易十四统治时期达到封建社会鼎盛时期。1789 年 7 月 14 日法国爆发资产阶级大革命，起义者攻占巴士底狱，此后曾先后建立过五次共和国和两次帝国。1871 年 3 月，巴黎人民武装起义，建立巴黎公社，后于当年 5 月被镇压。1958 年，戴高乐领导建立第五共和国。现在法国是一个多党制半总统半议会制的共和国政体。

2、文化

法国是一个洋溢着浓厚的浪漫主义气息的国度，而这一特征与其深厚的文化底蕴密不可分。公元 4 世纪初，日耳曼人开始入侵，使得早期的基督教堂建筑出现。此后，相继出现了罗马式建筑、歌特式建筑。法国历经 16 世纪的文艺复兴、17 世纪的古典主义、18 世界的启蒙运动、19 世纪各种文艺思潮，直至 20 世纪形成一座绚丽的文化花园。文学方面，莫里哀、高依、孟德斯鸠、伏尔泰、雨果、巴尔扎克、福楼拜、莫伯桑、左拉等文学巨匠形成法国群星灿烂的文学天空；艺术方面，法国的建筑与绘画尤为突出。

（二）经济与政治

1. 经济

法国是全球经济发达国家之一，是欧盟大国，经济实力仅次于美国、日本、德国，在西方世界居第四位。法国实行的是现代市场经济体制，产权的基本形式是私有制，市场是配置资源的主要机制，经济对外开放程度较高，奉行自由贸易政策。1991 年和 1992 年法国经济增长率降至 1.2%左右。到 1992 年下半年，法国经济进入"二战"后最严重的经济衰退，1993 年国内生产总值甚至下降 1%。从 1994 年起，在全球经济复苏的带动下，法国经济进入恢复性增长时期，2000 年经济增长率达 3.8%，创恢复期最高点。2001 年，全球经济再次放慢，当年法国经济增长率仅 1.8%。

法国的工业化水平很高，在航天、航空、核能、太阳能、汽车、铁路、武器、海洋开发等领域均处于世界前列，时装和化妆品工业居世界之冠。法国工业原料不足，国内市场不大，因此原料和商品市场的对外依赖性较大。法国工业主要集中在巴黎地区、北部地区、东部地区和里昂地区。

法国是个农业大国，农业产值占国内总产值的 3.3%。农业从业人员占劳动力总数的 6%。得天独厚的自然条件和政府的大量补贴，使法国成为西欧最大的农业生产国。

服务业在法国经济比重逐渐上升，其中电信、信息、旅游服务、交通运输的增幅较大。

2、政治

第二次世界大战后，法国于 1946 年颁布宪法，建立第四共和国，成为议会制国家，以国民议会为权利中心。1958 年 9 月第五共和国诞生，戴高乐当选首任总统，制定新宪法。

自新宪法制定后，法国实际上成为总统制国家，总统代替议会成为国家的权利中心。总统由公民直接选举产生，任期 7 年。

法国议会为最高立法机构，拥有制定法律、监督政府、通过预算、批准宣战等权利。议会由国民议会和参议院组成。总统有权解散议会。

（三）人口与居民

法国人口居欧洲第五位，在欧盟中仅次于德国，居第二位，达 6 296 万（2010年）。人口密度为每平方公里 107 人。法国民族以法兰西人最多，约占总人口的 90%，其他少数民族有布列塔尼人、巴斯克人、科西嘉人、日耳曼人、斯拉夫人、北非人和印度支那人等。

（四）社会风情与习俗

提起法国，人们就会想起香水和时装。确实，法国的香水和时装在世界上一直享有盛誉。其中法国时装选料丰富、优异，设计大胆，制作技术高超，因而一直引导着世界时装潮流。

法国人爱吃。法国大菜在世界上享有很高的声誉。法国烹饪用料讲究，花色品种繁多，讲究色、香、味，但更注重营养的搭配。另外法国的干鲜奶酪世界闻名，有"奶酪王国"之称。法国的葡萄酒产量高，质量上乘，香槟酒享誉世界。

法国巴黎的地铁以最方便闻名于世。法国有句话"如果你在巴黎迷了路，就请下地铁吧"。只要认得地名，任何人都可以乘地铁达到目的地。巴黎地铁站的设计和布置也各具特色，与地面上的景物相结合，构成一个完美的情趣世界。

法国的舞蹈表演是广大群众的爱好之一。主要舞蹈有古典舞、爵士舞、踢踏舞等。6 000多万人的法国就有舞蹈家300万。令今天的法国人着迷的另一种娱乐方式就是听音乐。自己演奏、合唱盛行于法国。另外，各种各样的体育锻炼风行法国，登山、滑雪、网球、足球、游泳、冲流等成为法国人的乐趣和享受，每年一次的环法自行车比赛更是风靡全国。

法国是一个讲文明礼貌的国家。对妇女谦恭、礼貌是法国人引以为豪的传统。社交场合处处体现着"女士优先"的原则。在法国，"请"、"对不起"、"谢谢"等随时挂在人们的嘴上。法国人潇洒散漫，纪律观念较差，迟到是常事。即使是事先约定，也应对他们可能的姗姗来迟有所准备。

法国是第一个公认以吻表示感谢的国家。法国人的吻有严格的界限：他们见到久违的亲友、同事，是贴贴脸或颊。长辈对晚辈则亲额头，只有在爱人和情侣之间才亲嘴或接吻。

法国的节日以宗教节日为主，其中圣诞节是一年中最重要的节日。

三、旅游业概况

（一）发展历程

早在中世纪时，巴黎就成为欧洲各国的王公贵族、达官显贵、富商巨贾和文人骚士的会聚之处。法国是世界上最早发展旅游业的国家之一，1873年卢宾在里昂创立了法国第一家旅行社。

法国政府历来重视旅游业。1910年，法国政府决定设立国家旅游局，旅游业成为法国政府最早干预的私人经营的行业。而后，国家又制定了《旅游宪章》及一系列旅游法规和实施细则，为旅游业各部门快速、协调发展提供了有力保证。

社会（福利）旅游兴起于法国，发展迅速。政府将部分福利基金资助一些不以营利为目的旅游公司发展旅游业，目的是让低收入家庭也能享受旅游度假的权利。

（二）资源特色

法国文化灿烂，名胜古迹比比皆是。海滨优美、乡村辽阔，山川秀丽，旅游资源极其丰富。法国的旅游胜地在欧洲，乃至全世界享有较高的声誉。

法国首都巴黎，以"世界花都"享誉全球。巴黎也是历史古都，法国的政治、文化中心。同时巴黎又是世界文化名城，其中罗浮宫博物馆、蓬皮杜文化中心、巴黎圣母院、巴黎歌剧院、凯旋门、埃菲尔铁塔等闻名遐迩。

法国各地有各类博物馆1 100多座，其中国家级博物馆33座。

法国的自然资源多姿多彩，海滨、乡村、山区等都是深受国内外旅游者喜欢的度假地。法国的滨海地区都是旅游地，尤以"蓝色海岸"为最。它是指戛纳至法、意边界之间的一段海岸，这里阳光明媚、环境优美，实为世界屈指可数的海滨旅游胜地。

阿尔卑斯山脉的西部在法国境内，面积达 33 000 平方公里。现在的阿尔卑斯山区不仅是冬季运动最发展的地区，也是夏季不可多得的避暑胜地。法国乡村宽广，到处是草地和灌木林，河道纵横，湖泊沼泽星罗棋布，自然景色婀娜多姿，吸引着众多的法国人夏季去乡村露营度假，周末去乡村钓鱼、散步。

（三）旅游业现状

法国是世界旅游大国。2000 年旅游收入达 9 568 亿欧元，占法国国民生产总值的 6.9%，其中法国人消费占 53.9%，外国人消费占 36.7%。

2002 年，国际环境受到恐怖主义、经济不景气以及气候和生态危机的影响，一直处在十分困难的境地。尽管如此，2002 年，法国接待的外国旅游者为 7 670 万人次，比 2001 年增加了 2%。列在法国旅游客源市场前三位的国家是：英国、德国、荷兰。

2006 年，法国共接待了 7 910 万过夜的外国游客，其中欧洲客源占 86.6%，美洲客源占 7.0%，中东及非洲客源占 1.5%，亚洲客源占 4.9%。旅游创汇 369 亿欧元（约合 516 亿美元），增幅为 4.3%，居世界第三位。2007 年继续保持增长的态势，特别是美国、日本和中东地区都有大幅度增长，全年增幅达 2.1%。

2009 年，在遭受了自二战以来最严重的金融危机之后，法国整体经济形势转暖。酒店入住人数及入住率的下降趋势开始减缓，法国的入境旅游虽然在这一年受到很大冲击，但显示出逐步趋稳的迹象。而法国国内旅游，尽管受到金融危机的影响，但由于很多出境游的客人转向国内游，所以整体结果相对乐观。随着经济形势的好转，法国游客的出游热情正在逐步恢复，出游预算有所增加。据 FEVAD 公司的一项针对法国旅游产品销售网站的调查统计，2009 年法国旅游网络销售同比增长 7%。[①]

自 2010 年 5 月起，外国游客数量不断增长，其中 7 月份东亚和中东游客增加 67%，拉美游客增加 23.6%，俄罗斯游客数量增长 54.3%，中国游客数量增长 48.2%。传统客源国日本和美国只分别增长 9.6% 和 4.1%（中华人民共和国国家旅游局，2010）。

（四）旅华市场一瞥

法国人将中国视为亚洲首选的旅游目的地，2003 年 10 月便开始了中国文化年活动。从表 5-4 中可以看出，近年来法国旅华人数有逐年上升的趋势。其中，在 2008 年和 2009 年，法国经济形势下滑，失业率居高不下，公共赤字扩大，居

---

① 中国国家旅游局旅游促进与合作司编：《旅游市场》，2010 年第 3 期，第 13 页。

民消费信心下降，导致出游人数下降。同时，法国居民的旅行方式也发生了改变，法国居民出游时间跨度更短，旅行距离更近，旅游花费更少。

表 5-4　今年法国旅华人数变化情况　　　　　单位：万人次

年　份	2002	2003	2004	2005	2006	2007	2008	2009
旅游人次	22.21	15.61	28.11	37.2	40.22	46.34	43	42.48

资料来源：《中国统计年鉴》。

在经历了 2008 年、2009 年连续两年的低迷后，法国旅华市场在 2010 年初显现了止跌回升的迹象。1 月份法国旅华 3.59 万人次，同比增长 27.3%。2010 年前 2 个月的旅行社销售同比增长 20%～30%，部分旅行社销售甚至增长了一倍。据中国国家旅游局驻巴黎办事处调查，法国经营旅华业务的旅行社在 2010 年的销售业绩普遍好于上一年。主要原因是受法国整体经济形势好转、物价稳定、国民出游意愿增加、中法关系趋于好转、上海世博会的强力带动等利好因素的推进。

多年来，法国来华旅游主要目的地城市有：北京、秦皇岛、长春、上海、南京、苏州、杭州、无锡等。

第三节　德　国

一、自然环境

德国的全称为德意志联邦共和国，国土总面积为 35.70 万平方公里。德国位于欧洲中部，北濒北海和波罗的海，南靠阿尔卑斯山脉，北临丹麦，东连波兰、捷克和斯洛伐克，南接瑞士、奥地利，西接荷兰、比利时、卢森堡和法国。

德国地形南高北低，可分为 5 个地形区：（1）北部的北海沿岸和波罗的海沿岸，多沙丘和沼泽；（2）北德平原，位于北海、波罗的海沿岸和中部山地边沿之间；（3）中德山区；（4）西南部莱茵断裂谷地区；（5）南部巴伐利亚高原和阿尔卑斯山区。

德国境内河流众多，主要河流有莱茵河、威悉河、易北河和多瑙河。莱茵河全长 1 320 公里，其大部分在德国境内。

德国属温带气候，但西北部为海洋性气候，往东、南逐渐过渡为大陆性气候。年降雨量为 400～1 000 毫米，南部山地可达 1 000 毫米以上。

德国是个森林覆盖率很高的国家，其森林覆盖面积达到了 1 035 万公顷，占全国面积的 29%。

二、社会概况

（一）历史与文化

1. 历史

公元前 1000 年之前，德国境内就居住着日耳曼人。公元 486 年法兰克王国建立起来。10 世纪在东法兰克王国的基础上形成了德意志早期封建国家。在 1848～1849 年间爆发了资产阶级民主革命。1862 年普鲁士国王威廉一世任用俾斯麦为首相。1866 年德国战胜奥地利并建立北德意志联邦。1870～1871 年在普法战争后，建立起统一的德意志帝国。

1914 年德国挑起第一次世界大战，结果战败，帝国崩溃。1933 希特勒出任德国首相并于 1939 年发动第二次世界大战，但在 1945 年以失败投降告终。战后德国分别由美国、英国、法国、苏联四国占领，并由四国组成盟国管制委员会接管德国最高权力。1948 年英、美、法三国占领区合并，于 1949 年正式建立德意志联邦共和国。苏占区于 1949 年 10 月 7 日宣告德意志民主共和国成立。从此，德国一分为二，成为西德（德意志联邦共和国）和东德（德意志民主共和国）两个国家。

20 世纪 80 年代以来，两国关系得到了进一步发展。1989 年，东德局势发生重大变化。10 月 7 日，东德发生了自 1953 年以来最大的示威游行。11 月 10 日东德宣布开放东西柏林间和东西两德间边界。1990 年 10 月 1 日两德、基督教民主联盟正式合并，同一天，英、法、美、苏和两德外长签署宣言，宣布停止英、法、美、苏四国在柏林和德国行使权力。10 月 3 日分裂长达 40 多年的两德重新统一。

2. 文化

德国是一个拥有丰富文化底蕴的国家，素有"诗人和哲人之国度"的美誉。康德、黑格尔、费尔巴哈、马克思、恩格斯等这些举世著名的哲学家都出自德国。此外，歌德、席勒、海涅这些享誉世界的诗人也都诞生在德国。另外，德国还是音乐之乡，贝多芬、舒伯特、巴赫、门德尔松、舒曼等音乐大师辈出。在德国历史上还涌现出诸多杰出的科学家，他们曾为人类作出过巨大贡献。有一个数字可以说明这一点，仅到 1945 年第二次世界大战结束时为止，在 45 名诺贝尔物理学奖获得者中，就有 10 名出于德国；40 名诺贝尔化学奖获得者中，德国占了 16 位之多。灿烂的文化，众多的人才，不仅成就了德国近现代以来的文明与进步，也使德国成为了世界各地旅游者瞩目的旅游目的地。

（二）经济与政治

1. 经济

德国是高度发达的工业国家，其经济实力位居欧洲首位，是世界第三大贸易国。2001 年人均 GDP 为 18 600 欧元，雇员平均月工资收入为 2 160 欧元。2010 年德国人均 GDP 为 4.05 万美元，排在世界第 19 位。

工业是德国经济的主要支柱。绝大部分的大型企业位于德国西部。德国的工业企业有半数以上是仅有几十名职工的小企业。近年来，德国的工业部门在产业结构上发生了变化，数据处理和航空航天工业发展迅速，纺织和钢铁工业呈现低迷态势。德国重要的工业部门有：机械制造业、化学工业、汽车及交通工具制造业、航空与航天工业、造船业、精密仪器制造和光学工业、钢铁工业和矿山开采等。其中机械制造业、汽车工业、精密仪器制造业始终居于世界领先地位。

德国交通发达，是世界上拥有高速公路最长的国家之一，仅次于美国。德国共有航空企业 268 家，从业人员约 4.5 万人。航线通往世界 100 多个国家和地区的 200 多个目的地。德国的海港有汉堡港、威廉港、不来梅港、罗斯托克港和吕贝克港。

2. 政治

德国实行联邦制，国家政体为议会共和制。联邦总统是国家元首，由联邦大会选举产生，任期 5 年，可以连任一次。联邦总统可对外代表国家签署条约，任命驻外大使和接受外国大使递交国书。总统有权向联邦议院提议总理人选，经议会选举后任命。联邦各部部长、联邦法官、高级联邦官员先由总理建议再由总统任免。总统有权签署和颁布法律，但是法令、命令须经联邦总理或有关部长签署后才能生效。

议会由联邦议院和联邦参议院组成。德意志联邦议院是的德国的人民代表机构，由人民每 4 年选举一次。联邦议院的任务是立法、选举联邦总理和监督政府。联邦参议院是 16 个联邦州的代表机构，参与联邦的立法与行政，其议员由各州政府成员或其全权代表组成，每州有 3～6 个席位。

联邦政府由联邦总理和联邦各部部长组成，联邦总理为政府首脑，总理决定政府的政策方针，各部部长依照方针独立领导各部的业务。联邦总理虽不受总统的领导，但他有义务经常向总统或书面或口头报告政府的政策及各部的工作。

为使国家有一个新的、自由民主的秩序，1949 年制定了德意志联邦共和国《基本法》，1990 年 10 月 3 日起，《基本法》对统一后的整个国家有效。

（三）人口与居民

德国人口总数近 8 200 万人（2010 年），在欧洲仅次于俄罗斯。人口密度为每平方公里 230 人，也是欧洲人口最稠密的国家之一。德国的人口分布很不平衡。统一后的柏林地区人口迅速增加，目前已达 430 多万人。城市密集的莱茵河和鲁尔河畔工业区人口超过了 1 100 万。德国西部的人口密度明显大于东部，人口在 30 万以上的 20 个城市中仅有 4 个在德国东部。

德国的人口年出生率一直是世界上出生率最低的国家之一，平均每对夫妇只有 1.8 个孩子。第二次世界大战后德国人口的增长主要靠外来移民。1990 年统一后的德国人口自然增长率为 0。连续 20 年人口的负增长，致使人口数量减少，人口老化严重，65 岁以上老人占全国人口的 15%。人口的减少已成为德国严重的社会问题。"二战"后，德国从传统的人口移出国，变为重要的人口移入国。20 世纪 90 年代以来，德国成为欧洲最大的移民国家。

德国居民中 90%以上为德意志民族，有少数丹麦人、吉卜赛人、索布族人等。国语为德语，属印欧语系日耳曼语族。居民中 44%信奉基督新教，37%的居民信奉天主教。

（四）社会风情与习俗

德国人的主食是面包、奶酪、黄油、香肠、牛奶和水果等，喜食香蕉和苹果。在一些日常饮料中，葡萄酒较为有名，莱茵河和摩泽尔河的葡萄酒享誉国内外。啤酒在德国有"液体面包"之称。德国人不喜欢过辣的食物，不爱吃海参，忌食狗肉。

德国是目前世界上在住宅方面解决的较好的国家之一。德国人的住宅不仅讲究室内摆设，而且十分清洁。他们特别重视厨房、厕所、洗澡间的卫生设施，保证做到一尘不染。"二战"后，德国的许多家庭都争住公寓大楼，这是因为带花园的住房要花很昂贵的房费。

德国人的交通工具主要是自备汽车。因为人们居住得比较分散，汽车是他们生活中不可缺少的东西。在德国的高等院校，大学生们几乎人人都开着自己的汽车上下学。

德国以音乐闻名于世，是世界上有名的音乐之乡。德意志民族是一个热爱音乐切且极有音乐天赋的民族。所以，在德国，对音乐的爱好可谓是全民性的。长期以来，古典音乐一直是德国音乐的主流，不过近几年来，爵士乐、摇滚乐和流行乐也逐渐被德国听众所接受，并形成了自己的风格。在现代化的都市中人们经常可以看到一些民间艺术家在街头表演，他们自弹自唱，给喧闹的都市增添了一种清新、古朴的色彩。

德国是个礼仪之邦，人们普遍讲讲究公共道德。在公共场所，遵守秩序、互相谦让、尊重老人和妇女儿童已成为传统美德。在日常生活中，人们相见时互相问候并握手致意。熟人在较长时间分别重逢时也可互相拥抱。女士优先的原则体现在各个方面。如果想拜访某人或到别人家做客，应事先约定时间。到他人房间应事先敲门，得到同意方可进入。鲜花和葡萄酒是较通用的礼品。应尊重他人的隐私。在公共场合不得大声喧哗，否则会受到他人的蔑视。德国人一向以性格严谨甚至刻板著称，他们的特点是勤勉、矜持、有朝气、守纪律、爱清洁、讲秩序、爱音乐。德国人被认为是世界上最成熟的商人，时间观念极强，因此准时赴约被看成社交中的美德。在音乐会迟到是令人讨厌的，通常迟到者应等一幕或一个乐章结束再入座。德国全民族爱好运动，体育运动是德国人最乐于谈及的话题，但不要谈及篮球、垒球和美国式橄榄球运动。特别是，有关"二战"、纳粹等，是德国人最忌讳谈论的话题。

三、旅游业概况

（一）发展历程

德国是世界上最大的旅游和旅行消费国，也是欧洲旅游客源国的核心。其出境旅游即使在世界性经济严重衰退时期都在稳定增长。20 世纪 80 年代末、90 年代初，每年出国旅游人数多达 2 700 万人左右。许多欧洲国家的旅游业都高度依赖德国客源市场。多年来，地中海是德国人最喜爱的旅游目的地。意大利是德国人最容易到达的地中海旅游目的地，西班牙也受德国旅游者的欢迎。

德国，主要是西部，从许多国家吸引了大批国际旅游者。1992 年，外国旅游者达 1 514 万人，居世界第 10 位。由于德国货币坚挺，旅游费用昂贵，所以到德国的外国旅游者多半不是度假旅游，而是探亲访友旅游者的比例较高。许多国际贸易博览会、国际会议在德国举行。商业旅游市场的发展要比度假旅游市场的发展慢。

（二）德国成为世界主要旅游客源国的原因

德国是世界旅游大国，下表列出了德国历年来接待的旅游人数和旅游收入以及在世界的排名。

表 5-6　近年来德国的旅游接待人次与旅游收入及其世界排名

年份	接待人数（万人次）	世界排名	旅游收入（亿美元）	世界排名
1992	1 515.0	10	110.0	7
1994	1 449.4	9	106.5	6
1996	1 507.0	13	131.7	7
2000	1 898.3	10	167.3	6
2004	2 010.0	9	——	——
2009	2 422.0	8	——	——

资料来源：根据旅游统计年鉴整理。

从表中不难看出：德国已经成为当今世界上数一数二的旅游客源大国。其主要原因有以下几个方面。

第一，经济实力雄厚。德国是西方世界仅次于美国和日本的经济发达国家。

其经济实力与经济发展水平居欧盟首位。1990 年国民生产总值 15 800 亿美元，人均 1.95 万美元；2000 年国民生产总值 20 180 亿美元，人均 2.51 万美元。雄厚的经济实力是居民出国旅游的首要条件。

第二，旅游时间充足。德国工人基本上可以保证每年有 6 周的带薪假期，学生每年有长达 5 个月的假期。退休人员不仅有丰厚的退休金，而且时间充裕，所以更有常年都可以在世界各地旅游的可能。

第三，旅游欲望强烈。德国人热衷于旅游，旅游已经成为德国人生活中不可缺少的组成部分，旅游费用占据家庭生活支出的大约 21%，仅次于吃穿（25.4%）。有资料统计，55%的德国人每年进行 1 次旅游，12.8%的人 2 次，3.3%的人 3 次，最高的可达 7 次。

第四，文化水平较高。德国居民人口素质高，全国有科学家、工程师、技术员 1 022 万人，占全国总人口的 13%。大学生入学率 30%～32%，居世界前列。全民族较高的文化水平是德国成为世界主要旅游客源国的重要因素。

第五，奖励旅游市场旺盛。奖励性和鼓励性的竞争策略已经成为德国主要大公司经营策略中的重要组成部分。早在 20 世纪 90 年代，德国奖励旅游的费用和用于发放奖金的费用就已各占一半，且全国拥有大约 20%～25%的旅行社专门经营奖励旅游产品。

（三）旅游业现状

德国是世界旅游大国和强国，旅游业很发达。

出境旅游对德国人来说，既是习惯又是时尚。2000 年时，德国有约 4 930 万人次出国旅游。2001 年德国出境旅游人数达 5 460 万人次。2002 年，由于受经济不景气和“9.11”事件的影响，德国整体出境市场形势与 2001 年相比下降 6%～9%。德国出境旅游以欧洲范围内的中、短程旅游为主，占六成左右。最受德国游客欢迎的境外旅游目的地依次是：西班牙、意大利、奥地利、法国、土耳其、希腊和美国。

在入境旅游方面，欧洲是德国入境旅游市场的最大客源地，主要客源增长地区是斯堪的那维亚地区。其中，荷兰是最大客源国，最大的海外客源市场是美国。2004 年，德国接待入境游客人数的年度增长率首次超过欧洲均值，2006 全年共接待入境游客 2 360 万人次，2007 年这一数字增至 2 440 万人次，同年实现旅游外汇 265 亿美元。

2009 年，受金融危机、H1N1 甲型流感等不利因素影响，经济持续低迷，这些都冲击着德国整体旅游市场。德国国内旅游虽有小幅增长，但入境旅游和出境旅游均出现疲软态势，全年入境德国游客人数下降 4%。出境方面，受经济形势影响，出国旅游呈低迷态势，居民出游热情下降，观望明显，总体呈现出出国旅游低频化、远程旅游近程化、长期预定临时化的特点，但德国居民出游习惯和意愿并没有改变。据统计，全年出境游客人数在 7 590 万人次以上。

2010 年以来，德国宏观经济继续在低位徘徊，国民收入未见提升，与之相关的进口贸易、旅游服务等行业仍保持低迷，等待转机。就整体旅游市场来看，入境、国内、出国旅游都未见起色，但未来发展前景趋好。[①]

（四）旅华市场

德国是世界上最主要的客源输出大国，长期以来，德国一直是中国在欧洲的重要客源市场之一。从表 5-7 中可以看出，从 2003～2007 年，德国旅华人数连年上升，从 2002 年的 22.20 万人次上升到 2007 年的 55.67 万人次。2008 年和 2009 年，受不利经济形势和 H1N1 甲型流感影响，德国来华旅游人数呈现下降的趋势。据统计，德国来华旅游的商务客源下降幅度大且恢复较慢，商务旅游人数从 2007 年的 22.4 万人次减少到 2008 年的 19.91 万人次，2009 年 1～9 月则仅为 13.75 万人次；来华旅游以中老年为主。

表 5-7 2002～2009 年德国赴华旅游人数 单位：万人次

年份	2002	2003	2004	2005	2006	2007	2008	2009
旅游人次	28.18	22.20	36.53	45.49	50.06	55.67	52.89	51.85

资料来源：《中国旅游统计年鉴》。

第四节 意大利

一、自然环境

意大利全名为意大利共和国。国土总面积为 30.13 万平方公里。意大利位于欧洲的南部地中海北岸，国土大部在欧洲伸入地中海的亚平宁半岛上。半岛南北长 1 300 公里，东西宽 600 公里，像一只巨大的皮靴伸入蔚蓝色的地中海中，西北—东南走向，形状狭长，西部是撒丁王国的旧地撒丁岛，南部的西西里岛是意大利另一个大的岛屿，把这个岛和意大利本土一块看，恰像一个脚在踢球。意大利是个多山的国家，阿尔卑斯山脉绵延于北部边缘，沿着亚平宁半岛走向的是亚平宁山脉。故此，山地和丘陵占了国土总面积的 80%。

意大利虽处在温带，但由于地形狭长，境内多山和位于地中海之中，各地的

---

① 中国国家旅游局旅游促进与国际合作司编：《旅游市场》，2010 年第 3 期，第 9 页。

气候差异很大。北方地区冬季寒冷，一月份波河平原的平均气温为零度，而阿尔卑斯山区气温可降到零下 20℃，有些山峰甚至终年积雪。南方地区，除内陆山区外，1 月的平均气温可达到零上 10℃。夏季整个意大利，除海拔较高的山区外，平均气温在 24℃～25℃。北部为温带大陆性气候，南部的半岛和岛屿属亚热带地中海式气候。

二、社会概况

（一）历史与文化

1、历史

意大利是文明古国，经历罗马共和国（公元前 509～前 28 年）和罗马帝国（公元前 27 年～公元 476 年）时期后，962 年受神圣罗马帝国统治。11 世纪诺曼人入侵南部并建立王国。12～13 世纪分裂成许多王国、公国、自治城市和小封建领地。16 世纪起先后被法国、西班牙、奥地利占领。1861 年 3 月建立意大利王国。1870 年王国军队攻占罗马，完成统一。1922 年 10 月 31 日墨索里尼上台，实行长达 20 多年的法西斯统治。1946 年 6 月 2 日成立共和国。"二战"后意大利政府更迭频繁，但政府的内外政策具有相对稳定性和连续性的特点。

2、文化

古罗马文化是在吸收地中海周围各族文化和东方文明古国的精髓基础之上发展起来的，并于公元前 3 世纪末形成了独具特色的古罗马文化。古罗马在文学艺术、刑事法典、建筑技术、雕塑绘画、军事科学、地理科学、医学等方面达到了很高的水平。

14～15 世纪资本主义的萌芽，使意大利成为文艺复兴的发源地。在意大利，尤以诗歌绘画、雕刻、建筑、音乐方面的成就突出。其代表人物有：但丁、达·芬奇、米开朗基罗、拉斐尔等。

但丁是意大利杰出的诗人，文艺复兴的先驱，其代表作《神曲》是一部百科全书式的奇著。达·芬奇是文艺复兴鼎盛期的第一位画家，《最后的晚餐》《岩间圣母》和《蒙娜丽莎》是他一生的三大杰作。米开朗基罗是意大利著名的雕刻家、绘画家、建筑家和诗人，尤以雕刻闻名于世。拉斐尔与达·芬奇和米开朗基罗并称为后期文艺复兴"三杰"的伟大画家、雕刻家。

（二）经济与政治

1. 经济

意大利与德国、法国和英国属于西欧四大强国和世界资本主义七大强国之列。但由于能源和原料依赖进口，产品的 1/3 以上供出口，所以工业有明显的加工出口的特征。与其他西方发达国家相比，意大利资源贫乏、工业起步较晚。

意大利的钢铁工业、机械工业、化工工业、纺织工业等都比较发达。它的炼油能力在西欧占第一位，钢产量居第二位，汽车产量居第三位。

意大利是个农业发达的国家，农业产值占国内生产总值的 3.5%左右，农业从业人口占全国就业人口总数的 10%。

意大利的对外贸易在国民经济中占有极其重要的地位，外贸总额相当于国民生产总值的 40%～45%。出口产品主要是运输和机械产品、化学产品和纺织品，进口主要是工业原料和石油。

意大利是军火生产大国，是世界上仅次于美国、俄国、法国的第四大军火出口国。

受全球经济不景气的影响，2001 年意经济增长缓慢，国内生产总值为 12 165.83 亿欧元，人均 2.1 万欧元，国内生产总值增加率为 1.8%，通货膨胀率是 1.4%，失业率高达 9.5%。2002 年中右翼政府上台后，推出振兴经济的"百日计划"，包括鼓励投资、增加就业、减轻企业负担、促进工业和基础设施建设等，但是收效甚微。2002 年意大利国内生产总值增长率仅为 0.4%，2003 年稍有好转，经济增长率也只有 1.4%。

2. 政治

意大利的现行宪法是于 1947 年 12 月 22 日通过的。宪法规定意大利是一个建立在劳动基础上的民主共和国。总统为国家元首，对外代表国家，有参众两院议员和大区代表联合选举产生，任期 7 年。总理由总统任命，向议会负责。

意大利为议会制共和国，立法、执法、司法权分开。国家与罗马教廷的关系是"各行其政，独立自主"。

第二次世界大战后，意大利的政局一直不稳定，政府更迭频繁，执政最长的一届政府也仅存在了两年多，最短的还不足 10 天。政府危机平均不到 19 个月就发生一次。

意大利党派林立。目前在意大利政治生活中起较大作用的七个主要政党是：天主教民主党、意大利社会党、意大利左翼民主党、意大利社会民主党、意大利共和党、意大利自由党、意大利社会运动—全国右派。

（三）人口与居民

意大利人口为 6 034 万（2010 年）。人口在欧洲居第三位，人口密度每平方公里将近 200 人，但南北方分布很不均匀，北方人口稠密，最集中的地区是波河平原、第勒尼安海和亚的里亚海沿岸，每平方公里 200～300 人不等；南方人口稀少，平均密度在每平方公里 100 人左右。

在意大利人口中，城市人口占 72%，农村人口占 28%，男性为 48.7%，女性为 51.3%。多年来，意大利人口一直呈零增长或负增长。但人均寿命较长，男性平均 75 岁，女性平均 82 岁。在就业方面，2001 年全国就业总人数 2 151.4 万，新增就业岗位 43.3 万，同比增长 2.1%。

意大利是世界上移民最多的国家之一。据历史记载，100 多年来，从意大利迁至他国的意大利人超过 2 700 万人。"二战"结束以来因迁往国外移民人口的增加使意大利人口净减少 400 万。

在意大利人口的民族构成中，95%是意大利人，基本上属于单一民族的国家。除意大利人外，还有撒丁人、弗留里人、奥地利人、阿尔巴尼亚人、斯拉夫人、法国人、犹太人等少数民族。

（四）社会风情与习俗

意大利的饮食与法国十分相似。意大利菜的特点是味醇、香浓，以原汁原味闻名。源于那不勒斯的意大利烤饼"比萨饼"名扬西欧、北美，传遍全世界。意大利人喜喝酒。一般饭前喝开胃酒，饭后喝少许烈酒加冰块。不过他们很少酗酒，席间不劝酒。

意大利人热情、爽朗、健谈，讲究礼仪。朋友、邻居、师生见面都要互相问候。意大利人也非常乐于助人、讲究公德，在公共汽车上为老人让座的现象经常可见。意大利人同法国人一样热情好客，但也同样比较随便散漫，时间观念比较差，赴约、上课不准时习以为常。

三、旅游业现状

（一）发展历程

意大利享有"欧洲的天堂和花园"的美誉。那里优美的自然环境和令人神往的名胜古迹和艺术珍品使得意大利在 19 世纪下半叶就成为世界著名的旅游胜地。

意大利政府历来重视发展旅游业，1919 年就建立了国家旅游局，统一管理和协调旅游事业的发展。政府每年拨出专款发展旅游业，并实行鼓励旅游投资的政策。

意大利的旅游业已经有 100 多年的历史。现在，旅游业已成为意大利主要外汇来源和创造就业机会的一个行业。意大利在国际旅游市场上，首先是作为旅游接待国起着重要作用。"二战"后意大利旅游业起步较早，发展最快。1965 年就已接待外国旅游者 2 389.4 万人次，旅游外汇收入 12.88 亿美元，居世界第一位。1980 年意大利接待外国旅游者猛增到 4 777.5 万人次，旅游外汇收入达 89.14 亿美元，高居世界首位。1994 年旅游收入为 240 亿美元，创历史最高记录。

资料显示，2005年意大利的旅游接待与收益还排在世界第一位，2006年便下降到第三，2007年为第五，2008年为第四，2009年为第六，位于美国、加拿大、澳大利亚、新西兰和法国之后。2009年，在世界经济危机的大背景下，意大利的入境旅游人数为4 320万人次，旅游收入402亿美元，是世界第五大国际旅游目的地和第四大旅游收益目的地。

（二）资源特色

意大利是著名的旅游国家。它有独特的城市风貌，有优美的自然风光，也有可资炫耀的历史和文化，一直以来就是全世界最热的旅游地之一。

意大利是在古罗马基础上孕育起来的文明古国，拥有悠久的历史和灿烂的文化，其古罗马时期和文艺复兴时期的文化对欧洲乃至世界都产生过巨大和深远的影响。灿烂的历史文化使得意大利的人文旅游资源在欧洲具有明显的独特性。尤其重要的是宗教旅游资源（教堂）、历史文物古迹（众多的王宫、城堡，名人遗址及其他历史文物）、艺术作品，吸引着千百万国内外的旅游者。

意大利的旅游虽然是以人文历史资源著称于世，但它的自然山水资源也相当丰富，尤其值得一提的是独特的海岛、海滨和活跃的火山景观资源。

此外，意大利山清水秀、风光旖旎。北部阿尔卑斯山区更是登山者、滑雪旅游者、高山游客和度假者的乐园。

（三）旅华市场状况

表5-8反映了意大利旅华人数连年增长的趋势。可以看出，2002～2007年，除了2003年（受"非典"爆发的影响）外，其余各年均呈逐渐上升趋势。

表5-8　2002～2007年意大利旅华人数　　　　　　　单位：人次

年份	2002	2004	2005	2006	2007
旅游人次	9.17	12.24	17.70	19.53	21.52

资料来源：《中国旅游统计年鉴》。

2009年，受金融危机影响，意大利旅华市场呈疲软状态，全年仅4月、8月和10月为旅华高峰期。整体而言，经济不景气让意大利居民对价格有着更大的敏感性，海南岛热带海滨旅游价格居高不下，抑制了意大利游客的到来。

2010年上半年，意大利经济呈现出整体复苏的态势。如表5-9所示，从2010年1月开始，意大利旅华人数有了较大幅度的增长。5月份人数激增与上海世博会的吸引力和强劲的宣传推广攻势有关。10月"中国—意大利文化"活动的开展，有利于促进意大利旅华人数增加。但是人民币升值，欧元贬值，造成意大利赴华成本增加（中国国家旅游局驻罗马办事处，2010）。

表 5-9　2009 年和 2010 年意大利旅华人数　　　　　　单位：人次

	2009 旅华人次	2010 旅华人次	同比（%）
1 月	11 000	17 000	54.55%
2 月	13 000	10 800	-13.80%
3 月	15 500	20 015	29.13%
4 月	17 500	19 400	10.83%
5 月	16 000	21 300	34.13%

资料来源：中华人民共和国国家旅游局驻罗马办事处，2010。

第五节　俄罗斯

一、自然环境

俄罗斯全称为俄罗斯联邦。国土总面积为 1 707.54 万平方公里（占原苏联领土面积的 76%），居世界第一位。俄罗斯位于欧洲东部和亚洲北部，是世界上最辽阔的国家。其欧洲领土的大部分是东欧平原。俄罗斯北邻北冰洋，东濒太平洋，西接大西洋。东西最长为 9 000 公里，南北最宽为 4 000 公里。陆地邻国西北面有挪威、芬兰，西面有爱沙尼亚、拉脱维亚、立陶宛、波兰、白俄罗斯，西南面是乌克兰，南面有格鲁吉亚、阿塞拜疆、哈萨克斯坦，东南面有中国、蒙古和朝鲜。东面与日本和美国隔海相望。海岸线长 33 807 公里。

俄罗斯幅员辽阔，气候复杂多样，大部分地区处于北温带，以大陆性气候为主。温差普遍较大，1 月平均温度为-1℃～-37℃，7 月平均温度为 11℃～27℃。大部分地区冬季漫长寒冷，夏季短促温暖春秋两季很短。年降水量平均为 150～1 000 毫米。

二、社会概况

（一）历史与文化

1、历史

俄罗斯人的祖先为东斯拉夫人罗斯部族。公元 15 世纪末，大公伊凡三世建立了中央集权制国家——莫斯科大公国。1547 年，伊凡四世自封为"沙皇"，其国号称俄国。1689 年 8 月彼得一世正式亲政。经过 1700～1721 年的北方战争，俄罗斯得到了通往波罗的海的出海口，使俄罗斯从内陆国变为濒海国。1861 年 2 月俄国废除农奴制。1898 年成立了俄国社会民主工党（苏联共产党前身），在它的领导下，俄国工农群众经过 1905 年第一次俄国革命和 1917 年 2 月推翻罗曼诺夫王朝的资产阶级民主革命（即二月革命），于 1917 年 11 月 7 日取得了十月社会主义革命的伟大胜利，建立了世界上第一个社会主义国家。1917 年 11 月 7 日（俄历 10 月 25 日）成立了俄罗斯苏维埃联邦社会主义共和国。共和国成立不久，经过三年艰苦的国内战争，粉碎了 14 个帝国主义国家的武装干涉和地主资本家的武装叛乱，保卫了苏维埃政权。1922 年 12 月 30 日，苏维埃社会主义共和国联盟正式成立，俄罗斯联邦同乌克兰、白俄罗斯和外高加索联邦（包括阿塞拜疆、亚美尼亚和格鲁吉亚）一起加入。1990 年 6 月 12 日，俄罗斯联邦第一次人代会通过《俄罗斯联邦国家主权宣言》。1991 年 12 月 21 日，前苏联 11 个共和国领导人在哈萨克斯坦首都阿拉木图决定，前苏联在联合国安理会的席位由俄罗斯继承。12 月 25 日，俄罗斯苏维埃联邦社会主义共和国最高苏维埃决定，将国家正式名称改为"俄罗斯联邦"（简称俄罗斯）。俄罗斯联邦成为独立国家，并作为原苏联继承国取代其在联合国等国际组织的地位。

2. 文化

俄罗斯领土跨越欧亚两大洲，自然而然地融合了东西方两种文化。俄罗斯重视发展文化事业，大量出版图书和报刊，建立了许多图书馆、博物馆、文化馆、俱乐部等群众性文化设施。俄罗斯还重视对博物馆珍品和历史建筑文物的保护，扩建和新建了许多博物馆。俄罗斯的博物馆按专业可分为革命历史博物馆、历史博物馆、艺术博物馆、各专业博物馆以及其他博物馆等。著名的大型革命历史博物馆有俄罗斯中央革命博物馆、国家历史博物馆、克里姆林宫博物馆、中央海军博物馆等。较大的艺术馆有莫斯科科列季亚克夫国家绘画陈列馆。

俄罗斯文学源远流长，在世界上享有盛誉，出现了普希金、莱蒙托夫、果戈里、别林斯基、陀斯妥耶夫斯基、托尔斯泰、契诃夫、高尔基、肖洛霍夫等世界驰名的大文豪和作家。俄罗斯的美术源远流长，绘画有着悠久的历史，著名的艺术大师有列维坦列宾、苏里柯夫、克拉姆斯科伊等。俄罗斯的宗教音乐和民间音乐有着深远的历史传统，歌剧、交响乐和室内音乐具有鲜明的民族气质，奔放豪迈。俄罗斯的戏剧艺术体裁和形式多样，最早出现在宫廷里，19 世纪进入繁荣时期，果戈理的《钦差大臣》等社会戏剧充满强烈的时代气息，具有鲜明的民族特色，同时涌现出了许多杰出的艺术大师。亚·尼·奥斯特罗夫斯基是 19 世纪 50 年代以后俄罗斯文坛众多的戏剧作家中最杰出的代表，被称为"俄罗斯戏剧之父"。俄罗斯的马戏团在俄罗斯也很受人们的欢迎，马戏团团员训练有素，技艺精湛。

俄罗斯人有卓越的民间艺术。实用装饰艺术有金属、兽骨和石头的艺术加工，有木雕、木雕壁画、刺绣、带花纹的纺织品、花边编织等。最有名的工艺品有木制套娃、木刻勺、木盒、木盘等木制品。

（二）经济与政治

1. 经济

俄罗斯作为前苏联地区经济实力最强的国家，在当前也是世界经济大国，对世界政治、经济都有举足轻重的影响力。作为"金砖国家"的之一的俄罗斯，是全球最大的四个新兴市场国家之一。

丰富的资源为俄罗斯工农业发展提供了坚实的后盾。俄重工业基础雄厚，部门齐全，以机械、钢铁、冶金、石油、天然气、煤炭、森林工业及化工等部门发达。近年来俄罗斯的电子计算机工业、宇航航空工业、高科技产业迅速崛起。特别值得一提的是俄罗斯的国防工业实力雄厚，在世界上具有独特的重要地位，其武器产品出口到全球各地。俄罗斯农牧业并重，主要农作物有小麦、大麦、燕麦、玉米、水稻和豆类，畜牧业主要为养牛、养羊、养猪业。

2010 年俄罗斯国内生产总值增长 4.0%，为 14 769 亿美元。在世界货币基金组织公布的 2010 年各国 GDP 排名中，俄罗斯排名第十。而相对于其 1.41 亿的人口来说，其人均 10 521 美元的 GDP 产值，就比像中国、印度、巴西等经济实力雄厚但人口也相对较多的其他发展中大国要有优势。在原料出口型经济结构下，俄罗斯经济长期与国际能源市场密切挂钩。特别是国际原油价格，几乎成为俄罗斯经济的"命根"。俄罗斯经济形势与经济发展往往与国际石油价格走势密切相关，这种相关性为俄罗斯的发展提供了机遇，但能源市场价格的不稳定性与不可预见性也使俄罗斯的经济发展面临挑战。

2. 政治

1993 年 12 月 12 日，俄罗斯联邦举行全体公民投票，通过了俄罗斯独立后的第一部宪法。同年 12 月 25 日，新宪法正式生效。这部宪法确立了俄罗斯实行法国式的半总统制的联邦国家体制。

俄罗斯宪法规定，总统是国家元首，总统按宪法和法律决定国家对内对外政策；总统任命政府总理、副总理和各部部长，主持政府会议；总统是国家武装力量最高统帅并领导国家安全会议；总统有权解散议会，而议会只有指控总统犯有叛国罪或其他十分严重罪行并经最高法院确认后才能弹劾总统。根据宪法，俄罗斯联邦会议是俄罗斯联邦的代表与立法机关。联邦会议由联邦委员会（上院）和国家杜马（下院）两院组成。

联邦委员会由俄罗斯联邦每个主体各派两名代表组成：一名来自国家代表权力机关，一名来自国家执行权力机关，主要职能是批准联邦法律、联邦主体边界变更、总统关于战争状态和紧急状态的命令，决定境外驻军、总统选举及弹劾，中央同地方的关系问题等。

（三）人口与居民

俄罗斯有人口 1.41 亿（2010 年），居世界第九位，有民族 130 多个。其中俄罗斯人占 82.95%。主要少数民族有鞑靼、乌克兰、楚瓦什、巴什基尔、白俄罗斯等。

苏联解体后，俄基本沿袭过去的社会制度，如退休、医疗、儿童教育等，但水平大幅度下降。2001 年开始征收统一社会税，用于员工养老、医疗、失业保险及其他社会保障。

（四）社会风俗与民情

俄罗斯人以面包为主食，肉、鱼、禽、蛋和蔬菜为副食，也喜欢食用牛、羊肉，不过不大爱吃猪肉，俄罗斯人对我国的糖醋鱼、辣子鸡、烤羊肉等十分喜爱，尤其爱吃北京烤鸭。另外，俄罗斯人爱饮烈性酒，且酒量一般较大。饮茶也是俄罗斯人的嗜好，尤其是喝红茶。喝茶时一般还要就着果酱、蜂蜜、糖果等。

俄罗斯人有五大娱乐爱好：读书、体育、打猎、钓鱼和旅游。对艺术的热爱是俄罗斯人的一大特点。俄罗斯人能歌善舞，其特色乐器是手风琴和三弦琴。

在俄罗斯主人请客人吃盐和面包是最殷勤的招待。交际场合，一般女士优先。在公共场合，豪爽而富有激情的俄罗斯人还普遍地表现得有修养、守纪律、讲公德、懂礼仪。俄罗斯人豪爽大度、豁达坦率、不善于掩饰感情、对朋友热情慷慨，给人以朴实憨厚的印象。

俄罗斯人忌讳黑色，认为黑色是不吉利的颜色；忌讳兔子，认为兔子胆小无能，是不吉利的动物。喜欢马、猴子、熊等吉祥如意的动物。

三、旅游业概况

（一）发展历程

俄罗斯的旅游业是在前苏联的基础上发展起来的，始于 20 世纪 20 年代末，当初只是为了职工疗养的需要，另外主要是接待各社会主义兄弟国家的领导人和旅游者。60 年代，随着国内经济的发展、社会的稳定、工薪阶层收入的增加以及五日工作周的实行和带薪假期的增加，国内旅游蓬勃发展。80 年代以后是前苏联国际旅游大发展的时期，80 年代末是其国际旅游蓬勃发展的顶峰。根据统计，1988 年接待入境旅游者 600 万人次，1989 年达到 780 万人次。此后，随着前苏联的动荡和解体，入境的旅游者人数锐减。1992 年以后，随着俄罗斯政治、经济的逐步趋于稳定，旅游业发展迅速，出国旅游也不断增加，当年就成为中国的第一大旅游客源国。

（二）资源特色

俄罗斯的自然旅游资源极为丰富，辽阔的国土上有积雪的山岭、无垠的沃野、广阔的冻土带、莽莽的原始森林、风光绮丽的海滨、神秘的火山和几乎没有冬季的亚热带地区，使其成为世界有名的以疗养、度假、体育为主要功能的旅游胜地。悠久的历史又使俄罗斯的历史古城、名胜古迹众多，还有各类博物馆和名人故居等，为俄罗斯开展历史、考古、文学艺术、建筑等题材的文化旅游活动提供了极好的条件。

（三）旅游业现状一瞥

俄罗斯旅游业为新兴经济部门，近年来发展较快，但在其国民经济中不占重要地位。

俄罗斯国际旅游接待人数在迅速增长，但目前吸引外国游客不及国际旅客流量的1%，排名未进入世界前40名。2002年俄旅游业增长迅速，旅游业外汇收入接近30亿美元。2002年全年，俄罗斯入境人数为2 200多万人次。其中入境旅游人数为750万人次。中国和波兰是其两个最大的客源国。而来自日本、德国、美国、英国、瑞士、意大利和韩国的游客在俄花费最多。

近年来，俄罗斯的旅游业有了一定的发展，旅游设施更加完善和充足，从表5-10可以看出，俄罗斯的住宿接待业总数连从2004～2008年逐年增加，更好地满足了游客的需求，促进旅游业发展。总体而言，俄罗斯的住宿接待业价格偏高，不具有竞争优势，不利于吸引更多的游客。

表5-10　俄罗斯住宿业总数　　　　　单位：家

年份	2003	2004	2005	2006	2007	2008
酒店数量	3 915	4 041	4 812	5 375	5 917	6 775

资料来源：俄罗斯统计局。

从表5-11可以看出，2008年和2009年。俄罗斯的入境旅游人数均下降了。在全球经济处于低谷的状态下，世界各地居民外出旅游的意愿降低，加上俄罗斯的旅游成本较高，游客会转向价格更加合理的目的地旅游。

表5-11　俄罗斯入境旅游人数　　　　　单位：万人次

年份	2000	2005	2008	2009
游客人次	221.5	225.1	216.8	200.0

资料来源：俄罗斯统计局。

（四）旅华市场

俄罗斯是中国最主要的旅游客源市场之一，2003年，其他客源国受非典影响，来华旅游人数纷纷出现负增长，但是俄罗斯旅华人数仍保持较大幅度增长，成为稳定我国入境旅游市场的一支重要力量。2008 年，俄罗斯仍然是我国的第三大客源市场；2009 年，俄罗斯旅华人数急剧下滑，降幅达到 44.2%，但仍保持我国第三大客源市场的地位。据统计，俄罗斯旅华人数下降主要体现在重要城市绥芬河和海南岛的旅游接待人数大幅度减少上。由于俄罗斯在 2009 年收紧海关政策，成为俄罗斯旅华市场的最大影响因素。同时，受经济危机的影响，卢布贬值，俄罗斯居民的消费信心下降，花费更为谨慎，出游意愿降低（中国国家旅游局驻莫斯科办事处，2010）。

　　2010 年，俄罗斯经济出现复苏迹象，居民消费信心增强，出游意愿增强。据统计，2010 年前四个月，俄罗斯入境中国旅游人数超过 60 万，同比增长 29.6%。

表 5-12　2002～2009 年俄罗斯旅华人数　　　　　　　单位：万人次

年份	2002	2003	2004	2005	2006	2007	2008	2009
旅游人次	127.16	138.07	179.22	222.39	240.5	300.4	312.34	174.3
比上年增长率（%）	/	8.58	29.80	24.09	8.14	24.9	3.98	-44.2

　　资料来源：中国统计年鉴。

　　俄罗斯游客到中国旅游，主要分布在北京、新疆、黑龙江、吉林等地。这是由于俄罗斯居民到中国旅游主要是为了购买商品，在边境地区能够满足游客的需求。

（五）对俄旅游市场开发方略

1. 值得注意的几个问题

　　（1）对于购物旅游的潜在隐忧。俄罗斯商人越来越精明，从最初的到口岸采购逐渐转为到内地更便宜的市场搜寻，由到市场采购转为向厂家采购，由大量采购转为来样加工，进一步发展到由先富起来的人买设备回国内自己加工。而且现在的购物游也面临着越来越激烈的国际竞争。一些国家如土耳其等也积极地吸引俄罗斯游客前往购物，照此趋势，购物游市场可能会出现萎缩。

　　（2）中俄之间的交通状况不是很好，适应不了旅游业发展的需要。

　　（3）宣传力度不够大。连俄文版的中国旅游资源介绍材料都十分缺乏。此外，与俄方旅行社的合作、联合展览、说明会等活动规模较小、力度不够、影响不大。

2. 有针对性的开发旅游产品

　　（1）对于购物游要继续进行深度的开发。旅行社针对购物游的特点提供特殊的专门性的服务；利用中国不同地区的优势把购物游市场向更多的地方延伸；由于俄罗斯游客采购的物品种类繁多，服装可由边境地区供应，而到深圳等地多采购电子产品等；相应加强针对中国游客的购物加光观的配套项目，提高经济效益。

（2）对于纯旅游产品的开发，搞好产品联线组合。以北戴河、天津海滨浴场、辽宁兴城为主的海滨度假产品以及国内其他类似的海滨度假地如大连、青岛、烟台、海南等地可在俄市场上重点推广。也可向俄市场推出五大连池等为主的疗养旅游产品以及类似的目的地如吉林长白山天池等地，以及哈尔滨、北京等城市游乐设施为主的产品。

（3）近年来兴起的"购物加度假观光"市场的客源主要是富起来的中产阶级，应该成为深度开发俄罗斯市场的重点目标层。俄罗斯的气候条件决定了其国民对海滨度假有较旺的需求，俄罗斯远东地区缺乏海滨度假地，使得新兴的中产阶级将目光投向近距离的中国。

3. 市场促销方案

（1）需要从最基础的工作做起。需要组织出一些俄文的宣传介绍资料，编印俄文宣传画册，供中俄双方的旅行社、大使馆、驻外机构、俄公众了解中国的相关情况；加强宣传促销力度，开拓客源市场，实行内外联合、内内联合、外外联合战略，跨地区、跨国度建立购物与旅游联合协作网络；针对俄罗斯市场，制作一些旅游景点及线路的光盘、录像带、幻灯片，提高宣传档次；邀请俄旅行商实地考察旅游线路，邀请俄电视台、报纸记者拍片采访。

（2）各级宣传促销活动。从国家整体宣传来看，中俄双方的旅行社加强宣传促销活动；联合国内的旅行社和目的地的企业赴俄进行联合推广。

（3）各种旅游展。充分利用好莫斯科旅游展，并可考虑参加远东地区的旅游展，甚至可以举办专门的中国旅游展。

（4）优化旅游环境，实行政策扶持。对已确定的重点地区和重点开发项目，按照国际惯例，积极与中俄联检部门协商，简化出入境手续，提高验关效率；建立中俄地区间多层次、多方面的对话，协调工作制度，解决边境游中出现的问题，促进其健康发展。

（5）黑龙江、新疆、内蒙古、北京、天津等俄罗斯游客较集中的省市，应加强宣传促销方面的力度，切实发挥出应有的作用。

复习思考题

1. 英国为什么能够成为世界现代旅游业的发源地？
2. 试分析海陆位置与地理环境的差异对旅游业的影响。
3. 法、德两国发展旅游业各有什么优势？
4. 意大利为什么有"欧洲的天堂和花园"的美称？
5. 俄罗斯旅华市场的基本特征是什么？

第六章　北美洲主要客源国

【学习导引】

　　北美洲是中国又一重要的海外旅游客源地，尤其这里的美国与加拿大两国，在旅华的海外客源国中占有重要地位。美国作为当今世界头号旅游大国，其强大经济实力支配下所表现出来的极高的旅游消费水平，令世界各旅游目的地所垂涎。了解他们的历史与文化、掌握他们的生活习惯与消费偏好，扬长避短地发挥我们的优势，做足我们自己的文章，有的放矢地开展旅游营销活动，就会取得较好的效果。这既是市场竞争的需要，更是中国旅游业走向世界的必经之路。

【教学目标】

　　1. 分析美洲独特的地理位置。

　　2. 了解美国旅游业的国际地位。

　　3. 比较美国和加拿大两国旅华市场的差异。

【学习重点】

　　美国旅游业的发展历程；美国经济的国际地位；美国旅游业发达的原因；加拿大旅华市场前景；美国和加拿大旅游业发展的比较分析。

第一节　美　国

一、自然环境概况

　　美利坚合众国（简称美国）位于北美洲南部。面积 936.3 万平方公里，仅次于俄罗斯、加拿大和中国，居世界第四位。人口 3.1 亿（2010 年），人口仅次于中国和印度，是世界第三人口大国。

北 美 示 意 图

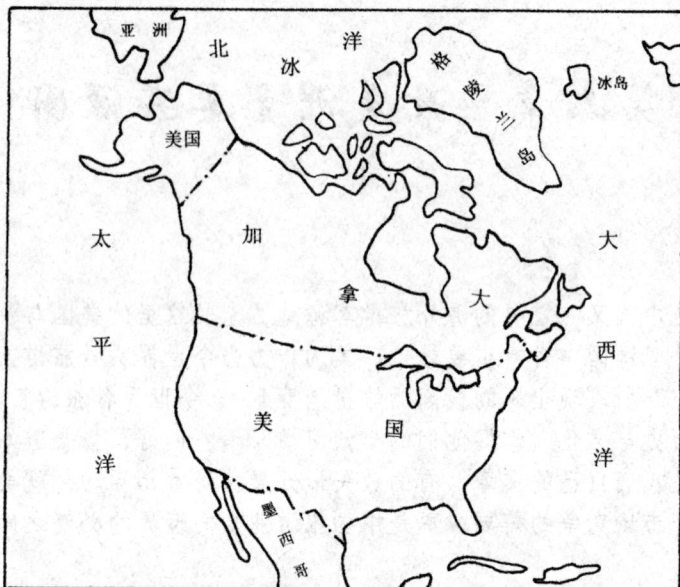

美国全国划分为 50 个州和 1 个区。美国本土有 48 个州，北面大致以北纬 49°线和五大湖与加拿大为邻，西南邻墨西哥，东南临墨西哥湾，隔海与西印度群岛相望，东滨大西洋，西临太平洋。另外有两个"海外州"：一是北美大陆西北端的阿拉斯加；一是太平洋中的夏威夷。

另外，美国至今还统治着波多黎各岛、美属维尔京群岛、巴拿马运河区以及太平洋中的中途岛、威克岛、约翰斯敦岛、东萨摩亚、马里亚纳群岛、加罗林群岛、马绍尔群岛和关岛及其他一些小岛。

美国滨临两个大洋，远离旧大陆，其南北两面都同弱国为邻。在现代交通条件下，辽阔的海洋没有能够阻碍它和旧大陆的联系，但却避免了旧大陆战乱的干扰，为它提供了有利于资本主义发展的和平环境。两次世界大战中，美国不但没有遭到战争的破坏，反而乘机发了战争横财。

美国在地形上分为三个纵列带：西部是高原山地，中部为平原，东部则是阿巴拉契亚山地。

美国本土所处的纬度在北纬 25°～49° 之间，大部分属温带和亚热带。气候类型多样，东部属温带大陆性气候；南部墨西哥湾沿岸属亚热带；西部高原山地气候干燥；太平洋沿岸的北部属温带海洋性气候，南部则属地中海型气候。大部分地区雨量丰沛，因此，就水热条件来说，美国大部分地区宜于农耕，利于栽培多种作物。

美国有庞大而完整的水系，密西西比河纵贯大平原中部，它同北部美加国界上的世界最大的淡水湖群——五大湖有运河相沟通，并可通过圣劳伦斯河、伊利运河和哈得孙河通往大西洋，形成联系全国主要地区的内陆水运网，众多的河流蕴藏有丰富的水力资源，西部高原潜在水能尤为巨大。

美国拥有发展工农业生产所需要的丰富资源和有利的自然条件，这是其他西方发达国家无可比拟的，它使美国有可能主要依靠本国资源建立现代工农业。但一些矿藏开采过度，已处于枯竭状态，在资源利用上又浪费严重，因此还要从国外进口不少的矿产，如锰、铝矾土、钨、镍、铬等，石油进口的比重更高。

二、人文社会环境

（一）民族构成与人口分布

美国是个民族成分多元化的国家，素有"民族熔炉"之美称，不同民族、不同信仰的居民各自保留着自己的传统，致使美国的人文景观呈现出丰富多彩的特征。

在400多年以前，印第安人是美洲大陆的主人。从16世纪起。欧洲人开始向北美洲移民。20世纪初达到高峰，到1915年美国已达1亿人，此后由于美国社会矛盾日益加剧，本国失业人口增加，便逐渐限制人口的移入。第一次世界大战后，大规模的移民入境实际上已停止了。

美国的移民，最初以英格兰人和爱尔兰人占绝大多数。从19世纪中叶起，日耳曼人和来自斯堪的纳维亚半岛各国的移民逐渐多了起来。从19世纪末叶起，移民大部分来自东欧和南欧各国（意大利、巴尔干半岛诸国、奥匈帝国、俄国等）。在欧洲人开始移民不久，"奴隶贸易"便昌盛起来，从非洲贩运来大批的黑人。19世纪70年代，太平洋沿岸修筑铁路需要大批劳工，中国人（华工）和日本人移入的也不少。但后来实行种族主义和种族歧视政策，曾明令禁止有色人种入境。

美国种族比较复杂。白种人有2亿，约占总人口的85%，大多数是欧洲移民的后裔。由于英国人是早期移民的主体，英语便成了美国的主要语言。其他各国移民迁入美国之后，都逐渐掌握了英语并接受了美国的生活方式，逐步"美国化"。"美国化"的结果便使移民融合成为统一的讲英语的美利坚民族。

美国有色人种中绝大部分是黑人。黑人约三千多万，占总人口的12.4%。他们是被欧洲殖民主义者从非洲贩运到北美大陆的黑人奴隶的后裔。

印第安人是美洲土地上的原住居民。在欧洲人移入前，他们约有100多万人，后来由于殖民主义者的屠杀，人口急剧减少到30万，目前印第安人约有136万多，除少数住在城市外，绝大多数住在偏僻的226个保留地和另一些印第安人居住区内。

在美国境内的墨西哥人（又称奇卡诺人）约有660万人左右，90%的墨西哥人住在靠近墨西哥的美国西南部5州——加利福尼亚州、亚利桑那州、新墨西哥州、科罗拉多州和得克萨斯州。墨西哥人大部分是矿工和流动的农业工人，他们处在社会的底层，普遍缺乏教育和训练，只能干人们最不愿意干的活，工资微薄，生活十分贫困。非法偷渡到美国的墨西哥人的处境更为悲惨。

美国境内现有 180 万波多黎各人。他们大都是 20 世纪 20 年代和"二战"后两次大规模向美国移民高潮中来美国定居的。由于美西战争结束时，西班牙将波多黎各割让给美国，波多黎各人从 1917 年起被认可为美国公民。美国境内的波多黎各人大多数在纽约和芝加哥。他们主要从事体力劳动和在服务行业做勤杂工。由于收入很低，大部分波多黎各人住在纽约东哈莱姆破旧拥挤的低级公共住宅里。近些年，波多黎各岛内经济状况不错，因此向美国移民的数量减少。在美国境内的波多黎各人经过多年艰苦奋斗和不懈斗争，在美国社会的政治、经济地位有所提高，还有不少人在文学、音乐、戏剧、电影和体育等领域已享有盛名。

美国的华人现有 360 多万，主要居住在太平洋沿岸诸州和纽约。华侨对美国西部的开发曾做出很大贡献。目前，他们中的绝大部分都已加入美国国籍。

美国领土辽阔，人口相对不多，本土人口平均密度比较小，每平方公里只有 30 人。40%集中在只占全国面积 12%的东北部工业集中地区。东北沿海和五大湖南岸地带局部地区每平方公里可达 200 人以上。向南，特别是向西人口密度逐渐降低。从沿海和内地看，1988 年时，美国 58% 的人口集中在从海岸线向内陆、宽约 80 公里的沿岸狭长地带，其面积仅占本土的 16%，人口密度每平方公里达 102 人。其中大西洋沿岸有 5 500 万人，太平洋沿岸有 3 000 万人，墨西哥湾沿岸有 1 470 万人，大湖沿岸有 2 990 万人。美国西部山地诸州人口密度最低，每平方公里不到 6 人。

美国是个城市发达的国家，1990 年的城市人口占人口总数的 77.5%。城市遍布全国，但分布不平衡，最大的城市主要集中在北部和西部太平洋沿岸，南部大城市较少。在全国形成几个巨大的城市带，其中以大西洋沿岸的波士华城市带（波士顿—纽约—费城—华盛顿）为最大；其次是五大湖南岸城市带（包括芝加哥、底特律、克利夫兰、匹兹堡等）和太平洋沿岸城市带（旧金山—洛杉矶—圣迭戈）。以上三个城市带，集中了美国人口的 1/2 左右。就目前各地区人口增长的速度看，南部和西部远远超过北部，大量人口向西部和南部移动。

（二）宗教

美国与其他西方国家不同，美国没有国教，每个公民都享有宗教信仰的自由。美国宗教派别众多，宗教信仰极为普遍。从东海岸到西海岸，从城市到乡村，布满了风格迥异的各式教堂。世界上各重要的宗教教派在美国都有信徒。据统计，目前美国全国约有 250 多个宗教派别，33 万多个地方性的教会团体，36 万多名传教士，各种宗教教会成员 1.72 亿多，占全国人口的 69%。此外，美国还有大约

7 000 万没有加入教会组织的宗教信徒，占全国人口的 28%。目前，美国全国 97% 的人都有不同的宗教信仰，只有 3% 的人宣称自己是无神论者。在美国众多的宗教信徒中，信奉基督教新教的人数最多，约有 7 200 万，占基督徒的 58%。其次是罗马天主教，约有教徒 5 000 万，占全国人口的 20% 左右。与基督教新教教派林立、自成体系的松散组织体系相比，天主教作为一个统一的教会整体，具有严密的组织体系和广泛的国际联系，在美国社会有着重要影响。天主教徒主要集中在东部各大城市，其次是中西部，西部与南部相对较少。此外，美国还有约 580 万犹太教徒，犹太教成为美国第三大宗教派别。犹太教教徒主要集中在东北部大城市，约有教堂 5 000 座。基督教东正教在美国的教徒约有 300 万，信奉者主要是东欧、南欧和西亚各国的后裔，主要分布在美国的东部、中西部和加利福尼亚。

宗教在美国社会占据重要位置，对美国的政治和社会生活都产生了很大影响。人们的日常生活也与宗教密不可分，从出生后的洗礼仪式到结婚时的教堂婚礼，乃至死后的安葬仪式都离不开宗教。目前，教堂越来越多地成为人们相互交往的重要社交场所。教堂的作用不仅是举行宗教仪式，还是美国社会教育、文化和社交的中心。人们在教堂里举行各类活动。进一步密切了教堂（宗教）与美国社会的联系。

由于美国没有国教，因此国家不为教会提供经费，只是免除教会组织的财产税和所得税。美国各类教会组织的活动经费来源于会员的会费和教徒的捐款。为教会捐款已成为教堂活动的一个重要组成部分。在经济繁荣地区，教会的收入相当可观，神职人员工资高，教堂建造豪华。目前，为了适应美国人生活的快节奏，美国各地兴建起许多汽车教堂。人们只需把汽车开进教堂，不必下车，便可做礼拜，大大节约了时间。

（三）语言

美国的官方语言是美式英语，是在美国的历史发展过程中，美国人民与大自然进行拼搏的斗争中产生的。自从第一批移民踏上美洲大陆起，在认识和改造这块新大陆中，不断创造着不同于英国英语的新语言。随着时间的流逝，这种语言日臻完善，最终成为举世公认的美式英语。

在美国，除美式英语作为官方语言被广泛使用之外，世界各国的移民还保持并使用着本民族祖先的语言。

（四）社会风情[①]

1. 美利坚民族的性格特点

美利坚民族，作为融合了世界多民族特点的年轻民族，也同世界上其他民族

---

① 董秀丽编著：《美国——历史与现状》，旅游教育出版社 1997 年版，第 233～243 页。

一样，具有鲜明的民族特点。

（1）特有的独立进取、个人奋斗精神

也许是早期移民特有的遗传基因的作用，美国人的独立进取精神十分强烈。他们不依赖别人，甚至不依赖父母。只有凭着个人的奋斗而取得成功的人才能赢得人们的尊敬。美国人从小就养成了独立奋斗，不依赖父母的习惯。而他们的父母也有意识地培养孩子的独立性，以便能使他们自立自强，在激烈的社会竞争中取得成功。

（2）热情、开朗、乐于助人

美国人待人热情，开朗大方，易于接近，乐于助人。美国人不像英国人那样矜持，也不像德国人那样正统，美国人非常希望能同别人无拘无束地接触，结识更多的朋友，大家友好相处。

（3）不求虚华、注重实际

美国人不喜欢夸夸其谈，他们更注重实际。注重实际也就意味着实干。美国人大小事情都自己动手，修家具、漆房子、刷墙壁，甚至于盖房子都自己动手。注重实际还意味着不空想，不空谈，也不讲派头、不爱面子。美国人不在乎说些什么，而重视干些什么，他们认准目标，不懈奋斗，哪怕处在逆境中也毫不气馁，直到取得成功。注重实际还意味着经济上界限分清，按劳取酬，付出与索取是十分正常的。这样，朋友聚餐 AA 制、父母到儿女家小住需交饭钱、搭乘别人的汽车要分担汽油费等就十分普遍。

（4）不墨守成规，喜欢追求新奇的事物

美国人酷爱运动，尤其喜爱户外运动和旅行。此外，美国人不愿意终身只从事一项工作，他们喜欢变换职业，也喜欢搬家，还喜欢寻求刺激和冒险。

2. 迷信与禁忌

美国人的迷信与禁忌同宗教有着密切的关系，许多传说都来自于《圣经》。

美国人最忌讳的是数字 13。他们认为 13 不吉利，因而回避这个数字。门牌没有 13 号、楼房没有第 13 层，宴会上不能 13 个人在同一桌，更不能上 13 道菜。除此之外，星期五也被认为是不吉利的数字。如果 13 日正好是星期五，美国人会格外小心。

黑猫被看成是不吉利的动物，因而不受欢迎。如果黑猫从面前经过，被认为会大难临头，而打破镜子的后果是生场大病或死亡。

美国虔诚的清教徒最忌讳轻慢地谈论上帝，甚至"混蛋"、"该死"之类的词也被看成对上帝不恭而属于禁忌之列。

美国人出于礼貌而不用一根火柴为 3 个人点烟。在街道上行走时踏得啪啪作响，不仅被认为是在咒骂自己的母亲，在美国的某些地方还会因制造噪声被处以罚款。

3. 生活习惯

（1）穿衣的习惯

美国人的穿衣习惯可以概括为随意、独特、舒适。

美国人除正式社交场合穿着正规外，平时穿着打扮无拘无束，十分随便，衣着的样式、面料、质地、颜色等完全根据自己的喜好决定，没有固定的穿衣模式。有些男士穿西装也不打领带，妇女也不必人人穿裙子。

美国人的性格特点在穿衣打扮上的表现是只要衣着独特，不追潮流，穿衣要体现自己的独特审美观、气质和风度。因此，美国人的服装形形色色，五花八门。特别是夏季服装更是色彩斑斓，千姿百态，各色衣裙、T恤、衬衣构成绚丽多彩的服装世界，很难找到相同的服装。

美国人穿衣的另一个特点是追求舒适。在美国，T恤、夹克衫、运动衫和牛仔服等都深受人们的喜爱。

美国人的穿衣打扮随意、洒脱，但并不随便。在正式社交场合，美国人也十分注重穿着，如果参加宴会、集会或其他社交活动，一定要根据请柬上的服装要求选择好服装，以免失礼。在非社交场合，也要讲究礼仪，一般不能穿着背心进入公共场所，不能穿睡衣出门。晚上在自己家里接待客人，也要在睡衣外面套上睡袍。

（2）饮食习惯

美国是移民聚集的国家，来自世界上许多国家和地区的移民把本国、本民族的风俗、饮食习惯和烹调技艺带到美国，逐渐形成了美国饮食的特色。

美国的饮食特色是各民族食品荟萃和追求方便与快捷。

美国人的饮食习惯是一日三餐，早餐一般在家中吃。早餐通常比较简单，主要食品有果汁、麦片、咖啡、香肠、鸡蛋等。午餐一般食用快餐，如三明治、汉堡包、热狗，加上一些蔬菜和饮料或是从家中带的饭菜。晚餐是一天中最丰盛的，如在家中吃饭，主菜有牛排、猪排、烤肉、炸鸡等，再配以青菜、面包、黄油等。美国人还有到餐馆吃晚餐的习惯。

美国人的主食是肉、鱼、菜类，面包、面条、米饭是副食。

美国人的早餐时间一般是8点左右，午餐时间通常是12点至14点之间，而晚餐则大都在晚上6点左右。美国人晚餐的最后一道菜是甜食，如蛋糕、家常小馅饼或冰激凌等，最后再喝一杯咖啡。这一点与欧洲人不同。此外，美国人还喜欢在睡觉前吃些小吃，孩子们大都是喝杯牛奶、吃块小甜饼，而成年人则吃些水果和糖。

美国人用餐一般不追求精细，一日三餐并不十分讲究，但追求效率和方便，因而汉堡包、热狗、馅饼、炸面包圈和肯德基炸鸡等快餐风靡美国，深受美国人喜爱。据美国香肠协会估计，美国每年大约要消费掉 200 亿支热狗。

美国人一般喜欢比较清淡的口味，因而大多数食品调味不太浓。美国人喜欢凉拌菜，还喜吃嫩肉排。在餐馆点肉菜时，侍者通常问你要哪一种，半熟的、适中的还是熟透的。

美国人的主要饮料是咖啡，咖啡中是否加糖、加奶，依自己的口味而定。茶在美国也大受欢迎。除此之外，可乐和各种果汁也是美国人的主要饮料。美国人喝饮料时大都喜欢放冰块，如不加冰块，必须事先声明。美国人还喜欢喝啤酒、葡萄酒或其他酒类饮品。加州所产的优质酒很受欢迎，但更多的美国人喜欢由威士忌、杜松子酒和伏特加等烈性酒混合调制的鸡尾酒。按照美国有关法律的规定，只有领取执照并获得当地政府批准的商店、餐馆，才能出售含酒精的饮品。有些州规定，要年满 21 岁以上，才能饮用含酒精的饮料。

（五）发展简史①

美国从建国至今只有 200 多年的短暂历史。早在欧洲殖民者踏上美洲大陆之前，印第安人世代生息在这块土地上。1492 年哥伦布发现美洲大陆后，欧洲各国相继对美洲大陆进行移民。18 世纪 30 年代，英国通过与荷兰、法国的激烈争夺，终于在北美建立了 13 块殖民地，继而对北美土著印第安人进行大规模驱赶、屠杀，此后又通过"奴隶贸易"，从非洲贩来大批黑奴。

到 18 世纪中叶，美利坚民族正式形成。

北美独立战争于 1775 年 4 月 19 日爆发。1776 年 7 月 4 日，大陆会议通过了托马斯·杰斐逊等人起草的《独立宣言》，宣告美利坚脱离英国而独立。北美人民还建立了第一支武装——大陆军。在华盛顿总司令的领导下，大陆军终于在 1781 年 10 月 19 日迫使英军放下武器投降。1783 年，英美在巴黎签订和约，英国被迫承认美国独立，美利坚合众国正式成立。

美国建国后，资本主义工业在北方迅速发展，而南方各州却继续保留和发展着种植园奴隶制经济。1861 年，反对奴隶制度的共和党人亚伯拉罕·林肯当选为美国总统。南方各州决定脱离联邦，另立政府，以保留奴隶制。同年 4 月 15 日，南北战争爆发。林肯采取了一系列措施，颁布了《解放奴隶宣言》、《宅地法》等法令，使得战局发生了有利于北方的变化。1865 年 4 月，战争终于以北部的胜利而结束。

南北战争为资本主义经济发展扫清了道路。随着西部土地的开发，自由劳动力和国内市场的扩充，先进科学技术的引进和发明，使得美国经济进入发展的黄

---

① 王兴斌编著：《中国旅游客源国/地区概况》，旅游教育出版社 1996 年版，第 304～305 页。

金时期。到 19 世纪 80 年代，美国工业生产超过英国，跃居世界首位。进入 20 世纪，经过两次世界大战的刺激，美国在战争中聚集了大量的财富，成为世界头号经济强国。

（六）经济概况①

1. 发展特点

美国原是英国的殖民地，1776 年独立后，特别是南北战争以后，经济发展迅速。在 19 世纪 80 年代初，美国的工业已经跃居世界第一位，到 1913 年在整个世界工业生产中，美国占 38%，比英国、德国、法国、日本四国的总和还要多。它的钢铁、煤炭、机械制造等主要工业部门的生产，早在 19 世纪最后的 20 年间，已经跃居世界首位。19 世纪末至 20 世纪初即先于其他国家完成了向帝国主义的过渡，成了典型的托拉斯王国。在两次世界大战中，美国又大发战争横财，急剧膨胀成为一个凌驾于其他帝国主义国家之上的金元帝国。虽然自 20 世纪 50 年代以后逐渐衰落，但当前仍处于世界头号强国的地位。

美国之所以比其他国家发展更为迅速，是与其具体的历史、经济和地理条件等有密切关系的。

首先，美国是在资本主义上升时期，主要由已确立资本主义制度的国家——英国的移民建立起来的移民国家。英国移民带来的是当时最先进的资本主义制度，使得资本主义在"空地上"毫无阻碍地建立和发展起来。美国发展初期，当时世界还处在自由资本主义时代，因而有可能形成本国的民族资产阶级，并经过 1776 年的独立战争，摆脱英国的统治，走上了独立发展的道路。美国在历史上没有根深蒂固的封建制度，农业中一些封建关系已被彻底废除，特别是南北战争以后，南方的奴隶制得到涤荡；工业中没有像欧洲各国那样的行会传统和保守的生产方法等旧包袱的束缚，为资本主义在全国迅速发展扫除了道路。南部和北部的统一，西部的开拓，大规模的铁路建设以及农业中资本主义的飞快发展等，都为资本主义创造了一个广阔而统一的国内市场。

第二，美国具有有利的地理位置、优越的自然条件和丰富的自然资源。

第三，美国工业化较晚，可以充分利用欧洲各国现代的技术成就和资金，特别是来自欧洲的移民，为美国提供了大量的熟练工人（约占美国工人总数的一半以上，钢铁、采煤和纺织部门比重更大）。

第四，美国在辽阔肥沃的土地上，按着"美国式道路"，建立起强大的资本主义农业，使工业的发展有着坚实的基础。同时，由于取得土地比较容易，经常有大量人口从东北部城市迁入西部，开垦土地，经营农场，以致美国工业化初期，

---

① 陈才主编：《世界经济地理》，北京师范大学出版社 1993 年版，第 237～239 页。

不仅不能从乡村得到工业劳动力，还经常有城市工人流向农村。这就迫使资本家尽量采用先进技术，并提高工资水平，而高工资又扩大了国内市场，为美国资本主义的发展创造了更加广阔的可能性。

第五，两次世界大战中，美国大发战争横财。由于资本主义固有的基本矛盾所致，逐渐发生了变化。到 20 世纪初，美国经济迅速上升的阶段就已告结束。但不久，战争为它的发展带来了新的强大的刺激。第一次世界大战使美国大发横财，4 年期间，美国制造业生产增长了 32%，粮食产量激增，对外贸易跃居世界第一位，并由债务国变为债权国。第二次世界大战的爆发，再次刺激了美国经济的发展。由于战时需求，出口剧增，美国工业在战争期间增长了一倍，垄断资本家借战争之机又发了一次横财。加上其他帝国主义国家在战争中大大削弱，到战争结束的 1945 年，美国便占有了资本主义世界工业生产量的 53.4%，对外贸易总额的近 1/3 以及黄金储备量的 3/4，而且成了最大的资本输出国。"二战"后初期美国凭借优势地位，在经济上、政治上和军事上继续大肆扩张，一跃成为帝国主义的霸主。

目前，美国虽然仍是经济、军事力量最强的国家，但要重现"二战"后初期一国独霸的局面已不可能了。来自西欧和日本的竞争日益激烈。

2. 经济的一般特征

美国的经济规模大，部门结构完整，生产力和资本主义发展水平高，是其他发达的国家所不能比拟的。

美国在西方世界中处于主导地位。它的土地面积和人口虽仅分别占世界的 7% 和 5%，但却提供了全世界国民生产总值的约 1/4。在经济结构上，美国是一个工业对农业占绝对优势的工农业国家，工业占工农业总产值的 80% 以上。它拥有完整的工业体系。同时它也有着高度发达的和大规模的农业。农产品不仅可以保证本国的需要，而且是世界上最大的农产品，特别是粮食的出口国。美国的交通运输和对外贸易额也都居世界首位。

美国劳动生产率水平是世界最高的。按人口平均计算的主要工农业产品产量、占有的机械数量、动力的消费量等，都高于其他主要国家。美国职业人口中，物质生产部门所占的比重仅为 30%，而"第三产业"，即科教文化、服务行业、金融保险、贸易等部门所占用的劳动力，却达 70%。美国在科学技术方面，特别是在核武器、电子技术、航空和航天技术以及各种军事技术等方面，在世界上都是最先进的。

三、美国的旅游业

1. 概况

美国的现代旅游业发展较早，目前已成为世界旅游业最发达的国家之一，旅游收入已多年稳居世界第一（表 6-1 反映了美国近年来的入境旅游情况）。2005 年美国旅游收入达 13 000 亿美元。其中国际旅游收入达 930 亿美元，国际旅游人数达 4 940 万人次，而每年美国人出国旅游消费也有 890 亿美元，旅游顺差 40 亿美元，出境国际旅游人数达 2 700 多万人次。每年给联邦、州、市各级政府上交的税收达 1 000 多亿美元，如果没有旅游对税收的贡献，美国每个家庭要多负担 924 美元的税收。直接旅游从业人员达 730 万人，占全美非农就业人数的 1/8，每年旅游业员工的工资额达 1 630 亿美元。由于"9·11"恐怖袭击事件，美国旅游业前几年受到较大影响，但经过美国政府和旅游行业的共同努力，到 2006 年已全面恢复到历史最高水平。

表 6-1　近年来美国入境旅游人数及收入

年份	创汇（亿美元）	接待人数（万人次）
1997	733.0	4 775
1998	712.5	4 640
1999	748.8	4 850
2000	820.4	5 124
2001	723.0	4 490
2002	665.5	4 189
2003	998.0	4 121
2004	1 129.0	4 609
2005	1 231.0	4 921
2006	1 289.0	5 089

资料来源：《世界统计年鉴》。

在国际客源市场中，多年来位于前五位的分别是加拿大、墨西哥、英国、日本和德国。强大的经济实力、多元的文化融合和现代化的生活方式充分奠定了美国国际性的旅游目的地与客源国形象。

出境旅游方面，美国也是世界出游大国，每年向全球输送 6 000 万以上的游客，20%以上的出游率，使美国算得上是一个名副其实的旅游大国。

表 6-2　2000～2008 美国出境旅游人数及增长情况

年份	出境旅游人数（万人）	增长（%）
2000	6 132.6	7
2001	5 943.3	−3
2002	5 806.5	−2
2003	5 625.0	−3
2004	6 180.9	10
2005	6 350.3	3
2006	6 366.2	0
2007	6 402.4	1
2008	6 354.9	−1

资料来源：中国驻纽办事处编译：《1990～2008 年美国出境旅游相关数据》，见《旅游市场》2009（12）。

2. 美国旅游业高度发达的原因[①]

美国高度发达的旅游业与其丰富的旅游资源、完善的旅游设施和先进的科学管理是密不可分的。

（1）丰富的旅游资源

美国幅员辽阔，自然环境千姿百态，既有高大雄伟的山地和多种多样的气候，又有景色迷人的河湖、瀑布和广阔无垠的森林、草原，自然旅游资源十分丰富，可为旅人提供观光、登山、露营、滑雪、游泳、划船、度假、疗养等各种游憩活动，满足人们的旅游需求。美国虽然建国仅 200 多年，但人文旅游资源也相当丰富，主要有三种类型：一是以人文景观为主要内容的国家公园，如费城的国家独立历史公园、31 个南北战争战场公园和有关遗址等；二是大型人工游乐场，洛杉矶的迪斯尼游乐园和奥兰多的迪斯尼世界可为其代表；三是古今名胜和文化设施，纽约的自由女神像、大都会艺术博物馆和影城好莱坞可为其佼佼者，每年吸引了大量游人。

（2）雄厚的经济实力，强劲的增长势头

美国是世界上首屈一指的经济发达大国，国民收入颇丰。目前，美国的经济发展相当强劲。通货膨胀率保持在较低的水平；失业率在 6%以下；在外国经济的带动下，净出口额也将得到改善。随着经济的增长，消费逐渐趋于正常，消费者的信心日益稳定。若能尽快摆脱"9·11"恐怖袭击事件的阴影，美国的旅游业将会继续保持强大、健康的增长势头。

（3）客源市场有保障

美国远离欧洲市场，这本是其发展旅游业的不利因素。但是，美国与加拿大、

---

① 韩杰：《现代世界旅游地理》，青岛出版社 1999 年版，第 208～214 页。

墨西哥毗邻，这种地缘优势使近距离流动成为美国国际旅游市场的主流。美国和加拿大有着悠久的历史渊源，文化相近，且两国之间不少人有着血缘关系。加拿大85%的人口居住在离美国边境仅150公里的地域内。每年出国旅游的美国人中有1/3以上是去加拿大旅游，而加拿大去美国的旅游者占其出国总数的80%以上。交通方便，更促进了两国之间的旅游。美国去加的游客中，67%是自己驾驶汽车，18%乘飞机，8%坐船，7%乘汽车、火车和其他交通工具。加拿大访美游客中，66%是驾车去旅游，27%乘飞机，余者乘其他交通工具。同时，美加两国互免签证，大开旅游方便之门。墨西哥的情况类似。

美国国内旅游市场更不可忽视。美国人一贯好动，经常四出旅行，寻找新的景观，体验新的感受。由世界权威旅游出版物《旅行周刊》的年度调查表明：在美国，国内旅游仍是旅游业主的主要收入来源。在全部旅游收入中，69%来自国内旅游，其余31%则来自国际旅游。

（4）拥有完善的旅游服务设施

①旅行社业方面

1993年美国有约32 400家旅行社，总收入达935亿美元。平均每家旅行社的收入为290万美元。美国旅行社的地理分布较均匀。人口最密集的东部海滨有旅行社9 474家。占总数的29%；西部有8 668家，占27%；南部有7 690家，占21%；中西部有6 619家，占20%。60%左右的旅行社是小企业，其中的一半属妇女所有。这些家庭式的企业雇用3～5人，其年收入为100万美元～300万美元。只有1%的旅行社属于大旅行社，每年收入为500万美元或更多。大旅行社倾向于为大公司服务，而较小的旅行社则与个人的业务旅行或娱乐游览做交易。为了享受某些大公司的利益，小的和中等规模的旅行社多加入连锁店或加入大公司的联营店。

②饭店业方面

在连续7年发生直接亏损之后，1993年美国饭店业开始盈利。1994年客房出租率约为65%，饭店业总收入约658亿美元。饭店业的复兴主要是因为商务旅游不断增长所致。从长远看，客房的供给还是供大于求（客房供应的增长率约1.5%～2%，增长速度最快的地方将是拉斯维加斯），客房的出租率将不断提高，客房房价也将日益上升。

美国饭店业最明显的特点是连锁经营的方式，形成规模庞大的饭店集团，以达到统一的、科学的、高效率的管理目的。每个连锁集团都有自己的管理标准。例如：《假日饭店标准手册》是全球假日饭店必须遵循的统一标准，其中规定每个房间必须有一张桌子、两张床、两把椅子、两个100支光的电灯、一台电视机和一本《圣经》。这本手册中甚至对每块香皂的重量、每盒火柴的规格都作了规定。科学管理的结果之一是降低成本。假日集团总公司的供应部为各个饭店集中采购各种必需品，如有一次一下订购 4 万台电视机，大大降低了费用。

在美国，不论饭店大小、档次高低，客房、餐厅、卫生间都很清洁，服务都很规范。美国饭店的消防规范很严格，有 4 种物品是必备的，即烟感器、喷淋头、防火警灯和扩音喇叭，反映出整个国家社会服务的较高水准。

由于美国劳动力十分昂贵，饭店特别注意节省人力。例如：一家近 300 间客房的饭店，只有 200 多名员工。再如：一个 100 多座位的餐厅，只有两个人当班。这也反映出员工的劳动效率较高、素质较好。

面对日益激烈的竞争，美国不少新型酒店采用建筑上的夸张和引用历史典故进行仿古装修的手法，即幻想式饭店已成为酒店设计的新趋势。这些豪华酒店都有令人浮想联翩的外观造型。例如：拉斯维加斯的卢克索饭店是一个高 30 层的仿埃及金字塔建筑物（比金字塔原型高出 23 米），在饭店入口处耸立着一座卢克索纪念碑和涂着醒目色彩的狮身人面像。进入饭店后，客人可乘坐尼罗河古船，顺着人工河直达电梯。电梯呈 39 度角，将客人直接送到房间。饭店的 2 526 间客房都是按照古埃及风格装饰的。

③旅游交通业方面

目前，乘汽车旅游占美国人全部旅行次数的 75%。高速公路运载着 82% 的旅游者。个人小汽车和面包车依然是人们前往国家公园的主要工具，80% 以上的旅游者是乘小汽车、娱乐旅游车和公共车到达美国的旅游地。汽车旅游发展顺利的主要因素有：乘汽车旅游度假的成本在逐渐降低，汽油价格一直稳定，新车的销售量逐年增加等。

1994 年美国航空业扭亏增盈，约盈利 10 亿美元。随着需求的增长，上座率也在上升。1994 年的上座率为 66%，创下自 20 世纪 50 年代以来的最高纪录。为了保持竞争能力，提高上座率和压低成本已成为两大趋势。从长远来看，劳动力的酬金仍将是航空公司最大的一项开支，接着是飞机燃料价格，再次就是旅行代理人的佣金。航空业总的发展趋势是：降低成本仍是各家航空公司迫切需要解决的问题，日益改善的经济状况将增加乘飞机旅行的游人数量，每加仑 4.3 美分的燃油税将延缓航空业的恢复与发展，航空运力的增长速度将放缓。

（5）经营管理有方

美国旅游界人士认为，旅游业成功的关键就在于认识消费者，即消费者需要什么、消费者看重什么，从而推出能满足这些需求的旅游产品。在这方面，洛杉矶的迪斯尼乐园颇有独到之处。

迪斯尼乐园千方百计满足游客心理需求，精心规划布局。游乐园园内设有 1 万辆车的停车场，游乐面积不足总面积的二分之一。园中布置了大小游乐项目 56个、商店货摊 56 个、餐馆小吃摊 37 个、公厕 16 间、电话亭 13 间，与我国游乐园大多采用平面布置的方式不同，它用相互立体交叉、覆盖渗透的方式，实现高密度的布局。在园票销售方面，游乐园将入园票与项目票合一，游人购了入园票后，在 1 天之内，各项目玩多少次都不限。这样，游乐设施的开动率极高，能接纳更多的游客，而游乐园则通过调整开园时间的长短（旺季从早 8 点到半夜 1 点共 17 小时，最淡季开园还不到 8 小时），使游客密度总是大于各项目的接纳容量，以达到扭亏为盈的目的。此外游乐园的设施还特别注重环境气氛的烘托，力图使游客有身临其境的感受，而且各项目都具有丰富的文化内涵，这不仅使娱乐充满了人情韵味，还寓教于乐，使人们从中得益不少。

（6）先进科学技术的广泛应用

由于电脑在美国的普遍使用，美国的旅行社管理、饭店管理等早已实现了计算机网络化管理。自 1983 年以来，几乎所有美国的旅行社都已进入计算机预订系统（CRS）。在美国，平均每个旅行社的经营点有 5 个计算机终端，其中 3 个是 PC 机，处理日常业务信息。在所有的计算机系统中，CD 激光盘将文字、视频、图形和声音相结合，将是对未来的旅行社最有用的系统。目前，利用 CD 激光盘的旅行社数量正在增长。

在饭店，每个客人都可以在房间里获得天气预报、股市行情之类的信息，当然还可以查阅自己在饭店的消费账单。电子门锁在美国饭店的使用极为普遍，大大提高了客房的安全系数。此外，有的饭店还安装了光电感应装置，人在客房、走廊里移动，电灯自动打开；人离开房间、走廊，电灯自动熄灭。

3. 美国旅华市场

美国是我国第四大海外客源市场和第一大远程市场。近年来，随着中美商贸往来的日益频繁，美国旅华市场已连续保持两位数的增幅。目前，中国已成为美国人赴亚洲旅游的首选目的地。

表 6-3 2003～2009 年美国旅华市场统计数据

年份	接待人数（人）	增幅（%）
2003	822 511	-26.6
2004	1 308 627	59.1
2005	1 555 450	18.9
2006	1 710 292	11.2
2007	1 901 221	10.0
2008	1 786 400	-6.04
2009	1 709 800	-4.29

资料来源：《中国旅游统计年鉴》。

美国来华旅游主要是以商务旅客、探亲访友、观光休闲和文化交流这四类游客为主。2009 年美国旅华游客为 171 万人次,却只占到了全美当年出游客总数的不足 3%,可见市场开发的潜力很大。

第二节　加拿大

一、自然环境

加拿大位于北美洲的北部,东濒大西洋,隔海与格陵兰(丹)相望,北濒北冰洋,西临太平洋,南邻美国,西北与美国的阿拉斯加接壤。东西宽约 5 300 公里,南北相距 4 600 公里,总面积 995 万多平方公里,仅次于俄罗斯,居世界第二位。

加拿大海岸曲折,并多海峡、海湾,半岛和岛屿,海岸线长达 26 372 公里,加拿大南部与美国之间有所谓“五千公里不设防国界”,除最东一段边界外,以北纬 49° 和大湖为界。

加拿大地表形态的结构,反映了北美洲三大地形区的特点。西部是科迪勒拉山系,东部是由加拿大地盾构成的劳伦辛高地,中部为辽阔的平原,它是北美洲大平原的组成部分,平原上冰碛湖广布,南部与美国交界处有著名的五大湖及圣劳伦斯河谷地。

第四纪冰期时,北美洲的三个大陆冰川中心皆位于加拿大。冰川的强烈磨蚀作用,使岩层裸露,土壤瘠薄。被冰川磨蚀的无数洼地,形成数以千计的大小湖泊,使加拿大成为世界上湖泊最多国家之一,湖泊面积共 75 万平方公里。劳伦辛高地西侧与大平原交界处的大奴湖和温尼泊湖等,都是由于冰川作用而形成的。

加拿大是属于中、高纬度的国家,领土 90%以上是位于北纬 50°~80° 之间,有 1/5 的土地处在北极圈内。西部的高大山系,阻挡西风进入内陆,使广大地区受太平洋的影响小,广大的中部平原向北敞开,北冰洋的冷空气便于长驱直入,因此加拿大大部分地区气候寒冷。

加拿大森林面积广大,其中 80%为针叶林,是世界上仅次于亚欧大陆的第二个针叶林带,加拿大利用这一有利条件发展了强大的造纸工业,其中白报纸和纸浆的出口量居世界前列。除针叶林外,加拿大在太平洋沿岸山地,五大湖区和圣劳伦斯河谷地沿岸地区,还分布有阔叶林,其中以分布在魁北克、安大略和新布伦瑞克等省的枫树最为闻名,加拿大也因此有“枫树之邦”的美称。枫叶不仅是加拿大国旗的图案,而且在各类书刊、用具,商品上也都采用枫叶来装饰。

加拿大河湖众多，且河流水量丰富，水位稳定。许多河道多急流，蕴藏着巨大的水力资源，全国76%的电力为水电。

加拿大又是矿产资源非常丰富的国家，特别是有色金属矿物和燃料矿物非常丰富，其中锌，铂，铀，金，银，钴、镉，铋、石棉、钾盐和石膏等，以及煤、石油、天然气等都居世界前列。

加拿大土地资源也很丰富，农业用地广阔，特别是南部水热条件比较好，所以是发展农牧业的好地方。

二、社会概况

1. 历史

加拿大原为印第安人与因纽特人居住地，16世纪起法国和英国殖民主义者先后侵入，17世纪初沦为殖民地。1756～1763年英法"七年战争"后，加拿大成为英国殖民地，1867年，英国将加拿大省、新不伦瑞克和诺瓦斯科舍合并为联邦，成为英国最早的自治领。1926年英国会议宣言承认加拿大和英国有"平等的地位"，加拿大始获外交独立权。1931年成为英联邦成员国，其议会也获得了同英国议会平等的立法权，但仍无修宪权。1982年，英国女王签署《加拿大宪法法案》，加拿大议会获得立宪、修宪的全部权力，在法律上真正成为一个完全独立的国家。

2. 政治

自1867年建邦以来，基本由自由党和进步保守党轮流执政。加拿大至今没有一部完整的宪法，而是由各个不同历史时期通过的宪法法案构成。宪法规定，加实行联邦议会制，尊英女王为国家之首，由总督代表行使象征性国家元首职责，宪法宗旨是为了和平、秩序和良好的政府。加拿大由议会、总理、法院行使立法、行政司法大权。总督有权召集和解散议会。议会实行两院制，参议院105名议员由联邦总理提名，总督任命；众议院301名议员由各联邦选区直接选举产生，任期5年。联邦政府实行内阁制，由众议院中占多数席位的政党组阁，其领袖任总理。

3. 经济特征

加拿大各种自然资源丰富，早期的欧洲移民带去了资本主义生产方式，以及资金和技术，但长期发展缓慢。19世纪末经济开始发展，受英、美等国资本影响严重。两次世界大战期间和战后，加拿大经济开始迅速发展，在不到一百年的时间里，经济发展迅速。特别是从1940～1980年的40年间，加拿大人口仅增长了1倍，而国民生产总值约增长了20倍（109亿加元到2 200多亿加元）。按国民生产总值，1985年加拿大已居资本主义国家的第七位。因此说，加拿大是一个后起的发达国家，其经济突出地表现在以下三个特点。

①工农业都发达的资本主义国家。加拿大是世界上重要的工业国，同时拥有

发达的农业。加拿大人口占世界第 36 位，国民生产总值却占到资本主义世界的第 7 位。许多工农业产品的产量和出口量在世界均居突出地位。工农业生产水平很高。2010 年人均国民生产总值为 4.58 万美元，高居世界第 11 位。

②国民经济与外资联系密切。加拿大是世界上引入外资最多的国家之一，据加拿大统计局资料，1981 年私人外资在加拿大长期投资总额为 1 730 亿加元，相当于同年加拿大国民生产总值的 50%。成为加拿大经济中最有影响的力量。外资投入最多的部门是采矿业和制造业，分别占 60% 和 70%，而美国资本在两者中各占 40%。在本国资本中，私人资本主要集中于商业和服务业，国家资本则有 2/3 集中于电力与交通运输业。外国资本在相当程度上对加拿大经济的发展结构和性质施加了影响。

③经济严重的外向型。加拿大的资本与外国资本密切联系已如上述。它还大量出口原料和半成品，例如矿产品（包括有色金属）60% 供出口，新闻纸 90% 供出口，农产品 50% 以上供出口，所以加拿大成为最大的原料净生产国。这与许多发达国家有着明显的差异。

4. 人口与居民

加拿大人口稀少，全国只有 3 406 万（2010 年），排在世界第 36 位。平均每平方公里只有 2.5 人，是世界上平均人口密度最低的国家之一。人口分布很不平衡，全国 99% 的人口集中在与美国相邻的南部狭长地带，近 90% 的国土无常住居民。

加拿大的居民绝大多数是来自英国和法国的移民及其后裔，前者约占总人口的 50%，后者占 30%，主要分布在魁北克省。加拿大原住居民为印第安人和因纽特人，现在他们约占全国人口的 1% 多些。此外，还有来自美洲其他国家和亚、欧一些国家的移民。目前每年净移民数在 10 万人以上。现有华人约 120 万。据加拿大 1969 年"正式语言法"规定，英语和法语为正式语言。居民中讲英语的约占 67%，讲法语的约占 27.7%。居民信奉天主教的约占 45%，信奉基督教的约占 42%。

5. 社会风情

加拿大节日丰富多彩，大体分两类：一是全国和各省法定放假庆祝或纪念的节日；二是民间自己庆祝或纪念的节日。第一类节日中，有圣诞节、复活节、感恩节、元旦等节日。第二类节日中有：①全国性的传统枫糖节，即每年 3 月至 4 月，加拿大人有采集枫叶熬枫糖浆的传统，各地的枫糖农场、乡村都披上节日盛装，表演各种精彩的民间歌舞和古老的制糖方法，人们漫步枫林，欣赏枫叶，品尝枫糖糕、太妃糖、枫糖薄饼等；②魁北克的冬季狂欢节，每年 2 月上中旬举行，为期十天，这是一个冰雪的盛会，各种冰雕、冰上运动竞技及盛大的"狂欢节之王"率众游行，每年可吸引百万左右国内外游客；③首都渥太华的郁金香节，5

月的后两周举行，除赏花外，还推出"郁金香皇后"，举行汽车游行。夜晚放焰火，人们上街跳狂欢舞。

加拿大人酷爱冰雪运动和户外休闲运动，雪橇、独木舟、曲棍网球、高尔夫球、冰上溜冰舞、钓鱼、狩猎等，都是加拿大人喜爱的运动。

在社交方面，加拿大人友善、处世随和、注重礼貌又不拘繁琐礼节，但有特殊忌讳。通常，初次见面或朋友分别、重逢时行握手礼，亲友间还可拥抱和亲吻面额，见长者、尊者使用尊称。拜访应先预约，即便是朋友，最好也不要不打招呼去加拿大人的家或办公室拜访，且约会一定要准时。加拿大人喜欢在节庆和私人庆祝中互赠礼物，但一般不在乎礼物的经济价值，常送礼品有鲜花、酒、笔、表、钟、木制纪念碑等。因事拜访或平常做客一般不送礼，但若是初次，最好给女主人、孩子带点礼物。送礼时不要送白色百合花，那是丧花。与加拿大人交谈，要选择双方都感兴趣的话题，否则就谈谈天气。加拿大人喜欢谈论政治，特别是本国政治，但对于加拿大一些敏感的政治、文化话题，不要随便表态，更不可拿加拿大与美国比较。此外，在加拿大人家里不可吹口哨、讲故事；吃饭时不可说一些悲伤或死亡之事。

饮食上，加拿大人早、中餐较简单，午餐或从家自带或从快餐厅、单位餐厅就餐，通常是三明治面包加蔬菜、水果或罐头食品。晚餐是最重要、丰富的正餐，全家人聚在一起，以汤开始，主菜包括鸡、牛肉、鱼、猪肉，加上土豆、胡萝卜、豆角等蔬菜，最后上甜点、水果、冰淇淋、果酱馅饼等，伴之牛奶、咖啡、茶等饮料。

加拿大人的饮食偏好是讲究食品质量，注重菜肴营养。低脂、低糖、低盐食品受到更多欢迎。加拿大人口味较淡，相对喜甜味，喜食烤煎、炸制作的酥脆食品。他们喜好的酒与饮料有白兰地、香槟酒、啤酒、冰水，也喜欢中国红茶，比较喜欢中餐，尤其是上海、山东、江苏菜。忌食动物内脏和脚爪。

三、旅游业概况

1. 发展历程

加拿大的旅游业十分发达，是重要的客源产出国和旅游接待国。通过多年的促销和努力，加拿大旅游业已经开发出六大主要客源市场和五大产品系列。其中六大主要市场包括加拿大国内市场、美国、英国、日本、法国和德国市场，2000年共占其旅游收入和人数的90%。五大产品系列包括观光感受系列、城市系列、户外系列、冬季系列和文化感受系列。在出境旅游方面，出国旅游人数居西方七国第四位，主要客源地是安大略、魁北克、不列颠哥伦比亚三省。加拿大人往往选择在隆冬季节前往温暖的中低纬度国家观光度假，或欧洲寻故，或东方览胜。

近来商务旅游人数也在增加，主要目的地是美国、英国、法国、墨西哥、意大利、中国、中国香港等国家和地区。由于美加之间"五千公里不设防国界"，两国公民无须签证自由穿越，故每年到美国旅游人数占加拿大出国旅游总人数的80%左右。在入境旅游方面，加拿大国际旅游接待人数近年持续增长，2001年接待外国游客1 960万人次，其入境客源市场主要是美国，其次为英国、法国、日本、德国、澳大利亚、荷兰、比利时等。2000年，美国市场、欧洲市场、亚太市场收入分别占加拿大过夜旅游收入的45%、21.7%和14%。

表 6-4　近年来加拿大入境旅游及收入

年份	创汇（亿美元）	接待人数（万人次）
1997	88.3	1 764
1998	94	1 887
1999	101.7	1 947
2000	107.7	1 963
2001	107.7	1 968
2002	127	2 006
2003	122	1 753
2004	150	1 910
2005	160	1 877
2006	170	1 827

资料来源：《国际统计年鉴》。

2. 资源特色

加拿大具有丰富的自然人文旅游资源和众多的风貌各异的国际大都市，其中著名的旅游城市有渥太华、温哥华、多伦多、蒙特利尔、魁北克市等，其中，渥太华每年5～6月盛开的郁金香、多伦多的世界最高的电视塔——加拿大国家塔、蒙特利尔的圣母院大教堂、蒙特利尔现代地下城、魁北克保留的军事要塞和具法兰西古风的建筑、温哥华的斯坦利公园、唐人街举世闻名。蔚为壮观的尼亚加拉瀑布、落基山区七处国家公园、神奇冰川、温泉及纳汉尼国家公园等，既是自然和野生动植物保护区，又是游览胜地。

四、旅华市场

1. 旅华现状

加拿大是最早承认中华人民共和国的西方国家之一，两国长期友好，政治、经济、文化等方面交往密切，目前中国是加拿大第二大贸易伙伴。自2004年以来，加拿大绿化市场一直稳步快速发展，其每年增长率均高于外国人旅华市场的增长率，是值得大力开发的远程客源市场之一。

表 6-4　近年来加拿大旅华市场统计数据

年份	接待人数（万人次）	增幅（%）
2003	23.03	−20.9
2004	34.81	51.1
2005	42.98	23.5
2006	49.97	16.3
2007	57.72	15.5
2008	55.47	−7.36
2009	55.03	−1.44

资料来源：《中国旅游统计年鉴》。

2. 加拿大旅华市场的不确定性

受金融危机、签证程序复杂、航空价格高昂以及市场竞争压力等的影响，自2009年以来，加拿大旅行商销售中国产品情况喜忧参半，旅华市场充满着诸多不确定因素。

首先，2010年的上海世博会对加拿大华人市场有较大的吸引力。据上海世博会门票加拿大指定代理旅行社统计，该社当年为上海世博专组的"世博团"发团量均好于以往任何年份，但其客源基本以华人为主。西方人市场对上海世博会反应平平，销售不旺。

其次，旅华市场产品进一步细化，顾客需求不断多元化。近年来，除传统线路外，加拿大旅华市场产品日趋多元化，青藏铁路、黄山、九寨沟以及一些区域性的连线产品，如上海—台北—曼谷、上海—东京—汉城等线路日渐受到市场欢迎。同时，自由行或乘坐邮轮游亚洲等线路也日渐火爆。与华人市场相比，西方人市场则相对保守，仍钟情于京、藏、沪、桂、长江三峡等传统黄金线路。

最后，市场竞争进一步加剧，"零团费"的出现引发市场争议和谴责。"零团费"这种恶性竞争方式的出现，不仅在业界引来很多不满，并引发投诉的加剧，而且，市场行为的不规范，必将进一步导致市场竞争的加剧和分化，从而引发一系列的连锁反应。①

---

① 旅游市场，2010加拿大旅华市场分析，中国国家旅游驻多伦多办事处。

复习思考题

1. 为什么说美国是当今世界头号旅游大国？
2. 美利坚民族有哪些鲜明的民族特色？
3. 美国的旅华市场为什么能保持长期稳步增长？
4. 影响加拿大旅华市场的主要因素有哪些？

第七章 中国港澳台地区及海外华侨华人

【学习导引】

　　唇齿相连、一衣代水、同根同族的中国港、澳、台地区，无论在何时，无论因何故，都未曾影响过骨肉同胞对祖国大陆的思念与眷顾之情；祖国大陆也无时无刻不在以宽大的胸怀和磁石一般的吸引力，召唤着漂泊在外的中华儿女。然而，毕竟因为时间的原因，还有社会制度的不同，使我国港、澳、台地区以及海外的华侨华人与祖国大陆之间的交往与认识偏少。因而，全面、完整地加深相互间的认识、了解与合作，对实现祖国的完整统一，对扩大中国在国际上的影响力，对使中华民族屹立于世界民族之林，都有着重要的作用。

【教学目标】

　　1. 认识并理解中国港、澳、台地区及海外华侨华人在我国入境旅游市场中的地位。

　　2. 了解中国港、澳、台地区旅游业发展进程。

　　3. 了解中国港、澳、台地区旅游业发展的优势。

　　4. 分析内地游客港、台自由行的旅游意义。

　　5. 理解华侨华人为祖国建设与发展所做出的贡献。

【学习重点】

　　香港旅游资源特色；澳门旅游产业特色；台湾旅游业发展历程；华侨华人在世界各地的分布；华侨华人对祖国的贡献。

第一节 香 港

一、自然环境

　　中国香港特别行政区素有"东方明珠"之称，位于中华人民共和国的东南部，地理位置极佳。香港总面积为 1 104 平方公里，差不多是 4 个台北市的大小。香港共分为 4 个部分——香港岛、新界、九龙和离岛。其中香港岛面积 75.6 平方公里，只占全香港陆地面积的 7%，九龙半岛面积 11.1 平方公里，新界（包括新界陆地及 235 个大小岛屿）面积 975.1 平方公里，相当于香港陆地面积的 91%。香港、九龙和新界的地势丘陵起伏，山丘大多从东北向南伸延，与中国福建省、广东省部分的丘陵排列方向相同。但是香港地区的山丘，在古代有一部分已经没于海里，形成很多山势陡斜的岛屿和海湾。

香港属于亚热带气候，一年有四季：春季（3 月至 5 月中旬）：天气回暖潮湿，经常有雾和毛毛雨，平均气温摄氏 23℃；夏季（5 月下旬至 9 月中旬）：仲夏之后是台风季节，夏季天气炎热潮湿，间或有骤雨和雷暴，平均气温 27℃；秋季（9 月下旬至 12 月下旬）：天气晴朗，清凉干爽，平均温度 23℃，冬季（12 月中旬至来年 2 月下旬）：天气最凉爽干燥，间或会有寒流从北面内陆吹来，届时温度可能会降至 8℃ 以下，冬季的平均温度是 17℃。

二、社会概况

（一）历史与文化

1. 历史

香港自古以来就是中国的神圣领土。考古发掘的材料证明，早在公元前 4000 年左右，就有使用新石器和陶器的中国居民在香港居住。从唐代开始，中国就有军队驻守香港并在海上巡逻。

清政府统治时期，香港归广东省新安县（今深圳市）管辖。英国殖民主义者于 1840 年无耻地发动了鸦片战争。1842 年 8 月，清政府被迫签订《南京条约》，英国占领香港岛。1856 年 11 月，英国又制造借口，纠集法国组成联军，发动了第二次鸦片战争。1860 年 9 月，英法联军攻占北京，迫清政府签订《北京条约》，将南九龙租借改为割让。1894 年，清政府在中日甲午战争中战败，各帝国主义列强加紧瓜分中国。1898 年 6 月，《展拓香港界址专条》在北京签署，英国强租"新界"，为期 99 年，到 1997 年期满。至此，英国通过三个不平等条约霸占了整个香港地区。

新中国成立后，中央人民政府对香港问题的立场是非常明确的，声明香港是中国领土的一部分；我国不受过去英国政府同中国清政府签订的不平等条约的约束，在条件成熟的时候，将恢复行使对整个香港地区的主权。1982 年 9 月，英国首相撒切尔夫人访华，拉开了中英两国关于香港问题会谈的序幕。1984 年 11 月 19 日正式签署关于香港问题的联合声明。1985 年 2 月 7 日英议会下院通过香港法案，法案规定从 1997 年 7 月 1 日起，英国结束对香港的主权和统治权。同年 4 月 4 日，英女王签署了该法案的批准书。1985 年 5 月 27 日，中英两国交换关于香港问题《联合声明》批准书。1985 年 6 月，中华人民共和国香港特别行政区基本法起草委员会组成。1994 年 8 月 31 日，八届全国人大常委会第 9 次会议通过了我国将在 1997 年恢复对香港行使主权并届时重组香港立法机关和区域组织的决定。1995 年 12 月 28 日，八届全国人大第十七次会议批准了香港特别行政区筹备委员会的成员组成。1997 年 7 月 1 日，香港终于回到了祖国的怀抱。

2. 文化

香港文化根植于中华民族 5000 年灿烂、悠久的文明史，是从中国传统历史文化的土壤中孕育出来的，具有母体的基本属性。由于中国地域辽阔，地理条件复杂及受各种人文因素的影响，因此各地区的文化又有差异。地处锦绣华南繁华之地的香港，居民多是祖籍来自广东东莞、新安等县的本土人和岭南各地的移民。他们的文化主要是岭南文化。广州的粤剧很早就传入香港，是香港人文娱生活的主要内容。香港民间流传的各种山歌、南音、木鱼以及传说故事都与广东沿海的民间文化一脉相承。香港虽属岭南文化，但又不完全同于岭南文化。由于自古就是贸易港口，尤以门户开放、风云际会的百年近代历史，受江湖海岛地缘之惠，得工商、科技、人文之利，集东西古今文化之大成，熔革命传统与现代文明于一炉，既有中国传统文化的积淀以及岭南文化的特征，也有西方文化的融合，五方杂处，中西交会，使其更多地具有本土文化的特征。

（二）经济与政治

1. 经济

香港是全球贸易、金融、商业和电信中心。其经济素以自由贸易、低税率和最少政府干预见长。香港在全球贸易经济体系中排行 11，最主要的贸易伙伴是中国内地。其经济以服务业为主，与内地和亚太区其他地方的联系尤其密切。迄今为止，香港已经成为世界第六大外汇交易市场之一，亚洲第二大外国直接投资区域和以服务经济为基础的地区。香港拥有全球最繁忙的集装箱港口之一，拥有世界上最繁忙的机场之一，是世界第十五大银行中心，是亚洲第三大股票市场（香港年报 2009）。

香港实行自由贸易的经济政策，拥有先进的基础设施和电信网路，是国际著名的自由港和国际贸易中心、金融中心、航运中心。香港经过三次大的经济转型，经济结构以服务业为主，约占 GDP 的 85%，大部分制造业已转移到中国内地和东南亚国家。过去 20 年，香港的经济急剧发展，本地生产总值平均每年增长 6%。2000 年本地生产总值约为 1 652 亿美元。3 000 多家跨国公司选择在香港设立亚洲地区总部或办事处，主要从事批发/零售、进出口贸易、商业服务（如会计、广告、法律等）、金融、制造、运输等业务。2003 年 SARS，2008、2009 年的金融海啸和全球经济衰退对香港有一定的冲击力。

2008 年全球经济危机，致使香港物价指数降低到 1.8%，失业率从 2008 年的 3.6% 上升至 2009 年前 3 个月 5.2%。2008 年，香港的四大经济构成分别为贸易与物流（占 GDP 的 25.8%）、旅游业（3.4%）、金融服务（19.5%）以及专业化服务和其他生产服务（11%）（香港贸发局，2009）。

2009 年本地生产总值（以 2007 年环比无量计算）与一年前同期比较下跌 2.7%，是自 1998 年以来首次出现的年度衰退。与货物输出的倒退相比，服务输出形势较好，特别是旅游业出现了稳定增长（香港年报 2009）。

香港拥有"背靠祖国、面向世界"的独特优势。随着内地与全球经济日益融合，香港作为国际金融、贸易及航运中心的地位，将进一步加强。

2．政治

香港回归祖国后，根据"一国两制"总方针，实行"港人治港"、"高度自治"。除外交和国防之外，特别行政区享有高度自制权；现行社会制度、经济制度、生活方式不变，法律基本不变。按照基本法规定，香港实施新的政制，由全部是香港人组成的选举机构来推选自己的首任行政长官，这在香港有史以来还是第一次，它实现了香港人自己管理香港的夙愿。继董建华当选为香港特别行政区第一位行政长官之后，曾荫荃成为第二任香港特首。现任香港特首为梁振英。

（三）人口与居民

香港的人口 700 多万（2009 年），绝大部分为华裔居民，外籍人士占 5% 左右。香港是世界上人口密度较高的地区之一，每平方公里有 6 160 人。居民主要信奉佛教、基督教和天主教。香港劳动人口为 335 万人，其中从事批发、零售、进出口贸易、饮食及酒店业的占 32%；从事社区、社会及个人服务业的占 24%；从事金融、保险、地产及商用服务业的占 14%；从事运输、仓库及通信业的占 12%；从事制造业的占 7%。2000 年香港的失业率为 4.5%，人均月工资为 11 400 港元。

（四）社会风情与民俗

香港由于商业发达，华洋杂处，因此饮食文化特别丰富多彩。有中国传统的地区名菜，如粤菜、川菜、上海菜、潮州菜、湖南菜、东北菜，还有来自日本的料理、韩国的烧烤、越南的辣味、印度尼西亚的沙抵虎、新加坡的炒粉炒饭等，可说是各有所长，各有风味，形成了香港的美食大观。香港有不少东南亚餐馆，供应正宗泰国、马来西亚、印度尼西亚和新加坡的美食。香港人生活节奏较快，一般在外进食都要求简便快捷，午餐一般都非常简单，只有在晚餐或正式宴会时，方会花较多的时间。光顾高级餐馆前，宜先以电话订位，且切记勿迟到。

工作繁忙的香港人对于休闲娱乐态度积极，热衷于参加各项活动，外出旅行。利用周末或假日全家到遍布香港、九龙、新界的郊野公园烧烤、游乐、享受大自然的乐趣。赌马、六合彩是香港官办的两项合法赌业之一。马会每年从 9 月至第二年 6 月。每逢周三、六（或星期天）赛马日，整个香港似乎被注入了某种魔力，人们浩浩荡荡涌向赛马场，比过节还热闹。六合彩虽是赛马派生出来的，但今天的六合彩已与赛马没有关系。此外，香港人还喜欢打麻将，无论男女老少全都热衷与此，一来作为消遣，二来联络感情。

香港是个洋味很重的国际大都市，但风俗习惯上却保持了浓厚的中国传统特色。尽管中西节日名目繁多，但农历新年还是香港农历五大节日中最隆重、最受香港人欢迎的节日。从大年三十到正月初三各行各业都休假，家家户户庆新春。中秋节则是一个浓缩了亲情与乡情的节日。在这月圆之夜，无论乡村还是城市均有依照习俗拜月之举。每逢年节，祭祀先人的风气一直很盛。除了中国传统的节日外，香港人的西式节日还有元旦、复活节、情人节、愚人节、万圣节和圣诞节等，这也充分体现了中西交融的社会习俗。

三、旅游业概况

（一）发展历程

与国际金融、贸易、航运等经济中心的地位相辅相成，香港的旅游业也高度发达，是世界旅游市场的重要旅游目的地之一。香港旅游业从 20 世纪 50 年代开始崭露头角。1954 年，来港游客接近 5 万人次，这引起了社会各界的关注。第二年，当时的港英政府专门成立了"发展旅游事业委员会"，并颁发了《旅游业条例》。1958 年，来港游客达到了 10 万人次。20 世纪六七十年代是香港旅游业的助跑起飞阶段。着力拓建机场码头、修建道路与酒店，一边改造观光景点，一边培养旅游人才。在这 20 年内，来港游客的年均增长率高出世界平均水平，为数巨大的旅游总收入对香港经济的整体发展起到了不可低估的作用。80 年代以来，香港旅游业已经发展成熟。回归后，香港迎来了日益增多的来自祖国大陆的同胞。近年来，随着世界旅游业的迅猛发展，特别是 1997 年东南亚金融危机发生后，香港面临来自各方面的严峻挑战。香港旅游业审时度势，在吸引和招徕世界各国旅游者方面做了很多有效的工作，为克服金融危机对香港经济和旅游业的影响起了积极作用。总体来说，香港旅游业经历了四个阶段：

1. 前期稳步发展

1991 年起，香港旅游业借 20 世纪 70 年代开始的较高增长趋势，吸引访港旅客人数继续增长。

2. "回归"高峰期

1996 年是香港回归前一年，也是香港旅游业的鼎盛之年，访港旅客人数比 1995 年激增了近 280 万人，而且当年旅游总收益迄今是历史最高点。很多人希望赶在回归前一睹香港作为英国殖民地的特殊风貌，有的人则担心香港的繁荣与自由不再，怀着复杂的心情来体验"最后的好时光"。另外，舆论媒体的过度、有时甚至是失当的宣传更是加重了这种情绪，也极大地刺激了人们的旅港需求。

3. 严重滑坡

1997 年和 1998 年香港旅游业连续两年大幅度滑坡。这也是 1960 年以来从未出现过的负增长。归结起来主要是亚洲金融危机的影响和冲击以及回归前的过度负面宣传造成的消极影响。

4. 走出低谷

1999 年香港旅游业开始走出低谷。2000 年访港游客人数已回复并突破 1996 年的最好业绩。这主要得益于以下几方面的因素：

（1）亚洲整体经济形势渐趋平稳并开始恢复；

（2）香港特区政府推出振兴举措，鼓励发展旅游业；

（3）香港旅游协会重新审视旅游业形势并制定相应发展战略与营销计划。

（二）资源特色

香港现代气息浓郁，自然环境优美，精致小巧，富饶神秘，是镶嵌东方的一颗"钻石"。香港的豪宅主要建于太平山顶、浅水湾、九龙塘三个景色优美的地区。太平山是香港最著名的游览胜地之一。在太平山顶俯瞰维多利亚海港及九龙半岛，一览无余。位于香港岛南端的赤柱和浅水湾地带，是香港最具代表性的沙滩，海滩绵长，水清沙细，波平浪静，海天一色，是港岛风光的最佳体现。赤柱的珍宝舫雕梁画栋，陈设华靡。

香港的饮食文化特丰富多彩。香港是自由港，全世界的水陆奇货、物华天宝，都集中于此。欧陆菜、日本菜、东南亚各式菜纷纷立馆，为饮食文化发展提供了良好的条件。"食在香港"，决非溢美之词。香港厨师擅长吸收各家之长，融会贯通，推陈出新，使以粤菜为主的烹饪，发扬光大。

今日香港，经过 20 世纪六七十年代的发展，迅速成长为一个现代化的国际工商业都市，形成了国际金融、黄金贸易、航运三大中心。高楼大厦林立，交通设施完善，以及高效率的企业精神，使城市面貌日新月异，成为极具时代感的城市，赢得了"东方明珠"的美誉。这种具有特色的现代都市风貌是吸引众多旅游者前往观光，促进香港旅游业发展的一项重要旅游资源。

香港素有"购物天堂"的美誉。在这里你可以买到世界各地琳琅满目的商品。香港的购物，不论是价格、种类还是服务，都名列世界之最。香港是自由港，商品来自世界各地，由于大部分物品不收关税，香港的货品价格就相应较低，而且这里每年都有许多换季大减价的促销活动，能为游客提供真正的实惠，所以来香港购物必能享受到称心满意的服务。

香港有多种形式的休闲娱乐设施，例如水上乐园、太空馆、九龙公园、沙田马场、雀鸟花园、艺术馆、文化中心以及较多的郊野公园等。特别是海洋公园，是东南亚规模最大的娱乐消闲中心，它集现代科技、优美的自然环境与多样的游乐内容于一体，体现了时代的特征，可以满足各类游客的需求。

总之，独具特色的旅游资源，是香港旅游业长盛不衰的重要基础；加上其科学的管理、广泛的宣传、深入的旅游开发等，有理由相信，香港旅游业的前景一定会更好。

（三）旅游业现状

香港是国际上最具竞争力的多元化休闲游览与商务级会议的旅游中心，是中西方文化交汇的亚洲国际都会。在香港，旅游业的经济地位已经从重要的经济支柱产业变为四大支柱产业之一。基于全球经济整体发展乐观，中国经济发展蓬勃，全球与亚太地区旅游市场的发展，香港旅游设施和景点的完善和香港旅游发展局的全球宣传推广攻势使得香港国际旅游目的地地位和形象不断增强。

由表7-1可以看出，除了2003年SARS和2008～2009年的金融海啸以及全球经济危机的影响，从2002年到2009年，香港入境旅游人数都呈现增长趋势。2005年香港摆脱了"非典"的影响，各主要旅游市场呈现正增长；远距离客源市场增长幅度较大。香港作为世界级的旅游目的地的形象得到进一步巩固和强化。

表7-1　香港近年来入境旅游人数　　　　单位：万人次

年份	2002	2003	2004	2005	2006	2007	2008	2009
接待人次	1 656.64	/	2 181	2 335.9	2 525.1	2 816.92	2 950.7	2 959.1
增长率（%）	20.7	/	/	7.1	8.1	11.6	4.7	0.3

资料来源：《中国统计年鉴》和香港旅游发展局。

表7-1显示，2009年香港入境旅游逼近三千万人次大关，达到2 959.1万人次，在全球经济危机的大背景下，有0.3%的微增。可见，旅游已经成为现代人的一种生活方式，而香港作为国际旅游目的地吸引了不同国家和地区的游客，展现了它独特的优势。

表7-2和7-3表明，香港入境游客市场具有多样化特点，可以有效避免季节性和不稳定性问题。中国内地是香港入境客源市场的主要组成部分，2009年内地访港旅客达1 796万人次，按年增长6.5%。长途客源市场如美洲（-6.9%）、欧洲（-5.9%）、非洲（-13.2%）及大洋洲（-7.2%）均呈现跌幅，但新兴客源市场如俄罗斯（15.7%）、印度（4.6%）及中东（2.0%）则表现良好。内地游客的涌入，在很大程度上支持了香港旅游业的发展，促进了香港经济的稳定。

表 7-2　按居住国家和地区划分的访港旅客人数　　　　单位：千人次

居住的国家和地区	2004 年	2008 年	2009 年
中国内地	12 246	16 862	17 957
中国台湾	2 027	2 240	2 010
南亚和东南亚	2 078	2 936	2 885
北亚	1 665	2 229	1 823
美洲	1 400	1 685	1 568
欧洲、非洲及中东	1 380	2 094	1 969
澳门	484	697	671
澳大利亚、新西兰及南太平洋	483	763	708
总计	21 811	29 507	29 591
增长率（%）	40.4	4.7	0.3

资料来源：香港旅游发展局。

表 7-3　2007 年香港入境旅客细分市场　　　　单位：万人次

细分市场	中国内地	中国台湾	日本	韩国	美国	加拿大	英国	法国	德国
入境人次	1 548.57	223.87	132.43	87.62	123.09	39.51	60.11	23.1	23.47
增长率（%）	13.9	2.8	1	21.9	6.2	17.7	16.4	15.1	9.8

资料来源：《中国旅游统计年鉴（2008）》。

　　表 7-4 统计的是香港居民近年来外出旅游的情况。2002 年的出境旅游中，近程较多（特别内地），赴美洲和东南亚有所下降。究其原因，一是安全堪忧，如"9·11"事件、巴厘岛爆炸事件等，均造成持久阴影；二是经济因素，2002 年香港经济增长微弱，消费信心不足，因此短途的中国内地游成为选择；三是两地交往更密切（中国旅游统计年鉴，2003）。2005 年后，香港经济有较大恢复，出境旅游有所好转。香港游客外出旅游目的地主要有中国内地、中国澳门、日本、东南亚国家及部分欧洲国家。中国内地和澳门特别行政区是香港居民外出旅游的首选目的地。

表 7-4　香港居民出境旅游人数　　　　　　　　　　单位：人次

年份	市场	入境（万人次）	增长率（%）
2002	中国内地	5 564.83	7
	中国澳门	418.24	-2.6
	南亚及东南亚	242.18	-3.3
2004	中国内地	/	/
	中国台湾	/	/
	日本	/	/
2005	中国内地	6 267.17	5.5
	中国澳门	384.23	/
	南亚及东南亚	160.8	/
	日韩	81.19	/
	中国台湾	53.53	/
2006	中国内地	6 508	3.8
	中国澳门	447.5	11.4
2007	中国内地	7 793.89	5.4
	中国澳门	817.4	17.8

资料来源：《中国旅游统计年鉴》。

（四）香港旅游业发展的强大动力

在"市场主导，政府促进"策略下，香港旅游近年来得到长足发展，并形成了竞争优势，以下三大因素作用重大。

1. 政策与区域间的合作

中央政府、香港特区政府特别重视香港旅游业的发展，根据实际需要不断推出新的政策，促进旅游业的繁荣进步。特别是"自由行"的推出，改变了香港入境旅游的市场结构；内地与香港的区域合作加强了双方交流，谋求在旅游资源、客源市场的互补性，在信息共享等的共同合作，取得共赢局面。

2002 年，香港旅游业恢复到"9·11"事件以前的水平，近程游大幅度增长（对内地取消"配额制"，中央政府连续放宽居民赴港旅游措施）；远程游则小幅度增长。

2003 年 1 月《施政报告》明确指出旅游业是香港的经济支柱产业之一，香港特区致力于强化香港作为旅游中心的地位。SARS 对香港旅游业的打击超过以往任何一次危机。因此，2003 年 4 月，特区政府拨出了 35 亿港元基金作保障，成立贷款保证计划，帮助旅游业渡过难关；并且拨出 4.17 亿港元作为旅游推广及本地消费之用。香港旅游发展局随即制定"全球旅游推广计划"。

2004 年 1 月 1 日正式实施的《内地与香港更紧密经贸关系安排》推动香港旅游业于 2004 年取得不错的成绩。此外，香港旅游发展局全力实施"全球旅游推广计划"，旨在进一步开发国际市场，巩固香港作为亚洲首要旅游目的地的地位。

2005 年中央政府继续支持"个人游"。

2006 年底，"优质诚信香港游"由国家旅游局和香港旅游发展局共同倡导并发起、在各地与当地旅游局共同实施，是旅发局"优质旅游服务计划"与国家旅游局倡导的"诚信旅游"相结合的产物。随着内地经济的发展，特别是中央政府开放内地部分地区以个人游的方式到香港旅游，内地居民到香港旅游的人数迅速增长。

2007 年举行内地与香港旅游业界第三次联席会议，建立诚信旅游合作，同时大力推行优质旅游服务计划。香港旅游发展局还致力于与临近的旅游目的地展开合作，一程多站旅游产品也在进行中。

2008 年成立香港会议与展览拓展部，并在世界各大城市启动。

2009 年，港府成立"盛事基金"，资助举办大型文化、艺术和体育盛事，进一步为香港增添姿彩和活力。政府在持续拓展家庭和商务旅游的同时，着力发展四个范畴——会展旅游（会议展览及奖励旅游）、邮轮旅游、举办盛事和绿色旅游（旅游发展局）。

2. 全球旅游推广计划

香港旅游发展局积极致力于香港旅游业的宣传推广。其手段主要包括开展节庆活动，到世界各地参加旅游展或文化年，运用互联网技术和大众传媒来提高香港的知名度、美誉度，巩固香港世界级旅游目的地形象，促进潜在游客群形成。

2007 年，香港开展了不少节庆活动，例如"贺岁花车巡游会演"、"香港购物节"、"香港缤纷冬日节"等。

2008 年，旅发局在美国推出的"香港生活文化"推广活动，获得有"旅游业奥斯卡奖"之称的 2008 Magellan Awards——"旅游目的地广告及市场推广"组别的银奖，成为亚洲区内唯一入选的旅游局。

2009 年，香港旅游发展局通过博客，"facebook"和"youku"等来宣传香港的旅游业，并安排传媒亲自体验香港的魅力，借此向全世界推广香港。对新加坡、日本和我国台湾省采取不同的营销方式和宣传手段，如参加旅游展览会，旅游发展局联合酒店、旅行社和景点组成代表团去一些国家和地区商讨和介绍有关旅游资讯。

2010 年，举办香港网球精英赛 2010，开展香港节庆年——香港传统文化汇、香港夏日盛会、万圣狂欢会、美酒佳肴节、缤纷冬日节、新春节庆，集聚游客眼球，扩大香港的影响力。

3. 旅游产品、旅游吸引物发展

近年来，香港不断推出新的景点、新的旅游产品，会展业发展态势越来越好，同时，作为新行动的邮轮旅游也在建设当中。

2005 年迪斯尼乐园投入运营，成为香港旅游的一大亮点。而香港亚洲国际博览会馆落成则使香港会展业向更高层次、更大规模发展。

2006 年建成的昂坪 360° 观光缆车项目、湿地公园等，丰富了香港的旅游产品类型。

2006 年 6 月，国泰航空公司和港龙航空公司合并，与国航组成新的亚洲航空联盟，从而达成多赢的局面。正在兴建的珠港澳大桥一旦完工，必定对泛珠三角地区的交流合作有着更为深远的影响。

2008 年邮轮旅游发展相当快，访港邮轮游客总流量达 782 475 人次，较 2007 年上升 25%。2008 年三大地区市场依次为：内地 514 951 人次，增长 12.3%；南亚和东南亚为 63 991，增长 138.9%；欧洲、非洲及中东为 61 870 人次，增长 32.6%（香港旅游发展局）。邮轮市场具有巨大潜力，因此要扩大发展力度，提升香港作为区域邮轮中心的地位。

2009 年，香港会展业兴旺。香港举办的会展旅游活动，吸引约 116 万名过夜游客。香港作为国际化的都市和重要的国际交通枢纽，在经济、贸易、商业、金融等诸多方面有着得天独厚的优势，因此成为国际上著名的会议和展览的中心，为香港带来众多的商务客源市场。但与此同时，香港的会展业受到来自珠三角的挑战，广州、东莞、深圳等的会展业发展得如火如荼。

（五）香港赴内地旅游市场

1. 市场需求特征

（1）对于香港旅客来说，亲缘地缘关系的长期作用、对中国传统文化的认同，加上语言通、习俗同、距离近等方便条件，使中国内地成为其他任何国家和地区都不可替代的旅游目的地。

（2）随着香港经济几十年以来一直的高速发展，旅行已经成为港人生活方式的重要组成部分；香港和内地关系的不断密切，推动了香港人赴内地旅行的增长。特别是香港制造业近几年的逐渐北移，使许多到内地投资、经商和寻求发展机会的港人频繁来往于香港和内地之间。

（3）内地接待条件的改善及大量旅游新项目、新景点的出现，是吸引大量香港同胞来内地度假或乘公务之机参观游览的重要因素。与内地来往的交通工具的多样化和入境手续的进一步便捷，为港人赴内地旅行提供了便利条件。

（4）随着珠江三角洲地区在市场概念上紧密相连，而内地广博的自然风光和人文资源形成的深邃文化底蕴对赴港旅游的国际旅游者形成牵引，使中国大陆旅游产品相互补充，也更具完备性。

2. 市场概况

如表 7-5 所示，除了 2003 年和 2008～2009 年的特殊时期，香港居民到大陆旅游人数呈现连年增长。2004 年，SARS 过后，有了大幅度增长，2005 年到 2007年增长幅度平稳。这得益于香港经济的平稳发展，得益于香港和内地的经济、文化交流更加畅通。

表 7-5　近年来香港居民到大陆旅游人数　　　　　　单位：万人次

年份	2002	2003	2004	2005	2006	2007	2008	2009
入境人次	6 187.94	5 877.01	6 653.9	7 019.38	7 390.97	7 794.89	7 835.01	7 733.6
同比增长（%）	5.7	−5.00	13.22	5.50	5.30	5.50	0.50	−1.3

资料来源：《中国旅游统计年鉴》，香港旅游发展局。

2005 年，香港居民到内地，主要是探亲、商务、休闲、观光等；主要是在深圳、广东省境内；消费主要是在购物和服务方面。香港游客到内地以商务为目的占了 34%，主要是以个人旅游的方式进行，参加旅游团方式的仅占少数。香港居民在大陆旅游的目的地范围太狭窄，基本上都在靠近香港的珠三角地区。大陆的其他具有优美风景、深厚文化底蕴的旅游景点并没有被很多香港居民所认识。

（五）香港旅游市场的开发战略

1. 客源开发目标

有两种主要的旅游团是香港同胞最为喜欢的旅游方式，即休闲度假的普通观光旅游团和探亲访友旅游团。应该在中长期规划中加以重视的是其他类型的旅游团，如宗教朝拜旅游团；以大自然为主的旅游团（轻度探险）；历史文化考察团；各种会议展览；如此等等。

2. 市场推销战略

推销活动应该在两个前沿展开，即旅游业内和顾客。通过向批发商散发宣传手册和在报刊上进行有策略的广告宣传，顾及散客和旅游团。同时应该搞一系列邀请旅游经营者和媒体参加的实地考察活动，积极参加在港举办的旅游交易会。

3. 市场营销策略

（1）在东南沿海各地尤其是广东省要继续做好三角洲内部流动的香港旅游者促销工作，改进产品包装，吸引回头客。

（2）利用香港卫视等媒体，做关于大陆旅游的广告，积极参加香港国际旅游交易会等大规模促销活动。

（3）增加促销投入，搞一些区域性的联合推销，组合更多适合香港市场的旅游产品。尤其要有大力开发港人喜欢的参与性和富有动感的旅游节目，和注意饮食并有适当自由购物时间的新产品。

第二节　澳　门

一、自然环境

中国澳门特别行政区位于中国南部的珠江口西侧，与东侧的香港隔海相望，相距仅 61 公里。澳门特区包括澳门半岛、凼仔岛和路环岛。澳门陆地总面积（包括填海面积）为 29.5 平方公里（2010 年）。由于澳门逐年填海造地，所以面积将逐年增加。

澳门半岛是由一条狭长地带与广东省珠海市的拱北区连接而构成，南北长约 4 公里，东西最阔约 1.8 公里。大致来说，半岛自东北斜向西南，和华南沿岸山脉震旦走向相同。岛中的山脉和离岸岛屿的分布，亦有相似的走势。半岛上有多个小丘，最高的是松山，海拔 91.07 米，其他大都在海拔 50～75 米左右。

澳门地处北回归线以南，属热带季风气候，温暖多雨。全年 1 月最冷，平均气温 14.6℃，最低气温仍在 5℃以上；7 月最热，平均气温 28.5℃，最热可达 32℃。年降雨量达 1 970 毫米，4～10 月为雨季。主要分冬夏两季，春秋短暂而不明显。夏热多雨，冬稍甘冷，春温多雾，秋日晴朗。5～10 月为台风季节。

二、社会概况

（一）历史与文化

1. 历史

中国是一个有着五千年光辉灿烂历史文化的文明古国。作为祖国大地整体的一个组成部分，澳门同样也有着悠久的历史。考古学家在澳门路环岛东南角的黑沙遗址处发掘出了大量的史前及唐宋时期的文物，包括石器、陶器和风化了的玉器等。经研究，大致可以断定其中最早的距今约 5 500 年。由此可见早在新石器时代晚期，澳门这块土地上就已经有中华民族的祖先在这劳作、生息和繁衍。在公元前 3 世纪统一中国的秦代，澳门地区被正式绘入中国版图，成为南海郡番禺县的一部分。此后在唐代属东莞县；南宋时则属香山县。

长期以来，强大的封建统治使外国人一直不敢对中国的领土有任何非分之想。然而到了明朝嘉靖年间渐渐显露出了预势。此时，远航而来的葡萄牙人乘虚而入。1553 年，葡萄牙人借口船遇风暴，货物被水浸湿，要求借地晾晒货物取得了在澳门的留居权。当时他们租住的地区仅限于澳门半岛的南部,面积只有 1 平方公里。1840 年鸦片战争爆发后,葡萄牙人乘清政府战败之机,进而相继占领了澳门半岛南面的凼仔岛和路环岛。1887 年葡萄牙又强迫腐败无能的清政府签订了丧权辱国的《中葡北京条约》和《中葡会议草约》。

中国人民从来没有放弃过对澳门的主权,无数热血儿女为了澳门能早日回到祖国的怀抱而奋斗不已。澳门同胞也同样对祖国魂牵梦绕。正如闻一多先生作于 1925 年的《七子之哥·澳门》所流露出的情感。按照中国共产党"一国两制"的伟大构想,澳门已于 1999 年 12 月 20 日重新回到了祖国的怀抱。

2. 文化

澳门是一个华洋杂处的社会。优越的地理位置使得它曾在近 300 年的时间里成为东西方经济和文化的交流的一个重要基地。特殊的历史背景造成了澳门特殊的多元文化。今天的澳门在保持着中国传统文化特色的同时,也随处可见浓郁的异国情调。可以说,澳门把本土文化和西洋文化非常和谐地糅合在一起,从而形成了独有的多姿多彩的文化特色。这种特色已深深渗透到澳门社会的各个角落。数百年来,随着中国内地居民不断迁入澳门,中国的传统文化也被带入澳门,形成了澳门华人的主体文化。澳门在 16~17 世纪逐渐成为贸易和传教中心后,大大促进了东西方文化交流,使中国的传统文化和来自欧洲、东南亚等地的文化相互碰撞、交流、汇聚、融合,长达 400 年之久。澳门现存有不少中西合璧的文物古迹,具有东、西方风格的建筑物,大都具有"以中为主,中葡结合"的特色。整个澳门约有 1/5 的面积是中西文化交流融合的产物。澳门曾经是宗教文化中心,既有儒、释、道等传统宗教,也有后传入的天主教、基督教、伊斯兰教等宗教。宗教文化的多元化在澳门也得到了充分表现,天主教、基督教、佛教、道教、妈祖在这里都有保留。如大三巴牌坊融合了东西方建筑的精华,是东西方宗教互相包容的杰作。

澳门现有公共图书馆 14 座、博物馆 6 座、展览馆 9 座和体育场所 18 个。澳门规模最大的图书馆是公共图书馆,南湾阅书报室则是规模较大的华人图书馆。于 1998 年开放的澳门博物馆主要保存和收藏着澳门的历史文物和资料,它也是澳门最大的博物馆。

(二)经济与政治

1. 经济

澳门地域狭小,人口稠密,资源贫乏,长期以来经济发展较为落后。但自 20 世纪 60 年代起,澳门政府采取较为开放的政策,积极吸引外资,开拓国际市场,提升产品档次,使得经济稳步发展。80 年代后期至 90 年代初期,澳门本地生产总值平均年增长率为 7.5%,1992 年更高达 12.1%,成为亚洲经济发展最快的地区之一。澳门经济的发展具有一些自身的优势，例如她是一个自由港，资金和人员进出自由，实行低税制，在欧盟等国际贸易组织那里可享受优惠条件，与拉丁系国家有较深的历史渊源。更重要的是澳门背靠祖国内地，在经济发展和物资供应上都受到祖国内地的强有力的支持；同时还受到香港经济发展的辐射，享受香港的信息和人才优势。不过澳门经济基础薄弱，对外的依赖性也较强。

澳门特别行政区成立以来，经济保持了较快的增长速度，2000～2008 年经济年平均实质增长率约为 14%，扭转了 1999 年以前连续四年负增长的局面。按 2002年不变价格，2008 年本地生产总值约 1 411.7 亿澳门元，约为 1999 年的 3.1 倍；2008 年人均本地生产总值约 3.9 万美元，在亚洲名列前茅。2008 年年底，外汇储备基金达 1 272 亿澳门元。2009 年本地生产总值约 1 430.9 亿澳门元。

澳门是中国两个国际贸易自由港之一，货物、资金、外汇、人员进出自由。2009 年 1 月美国传统基金发布 2009 年度《全球经济自由度指数》报告，澳门首次获评为亚太地区第 6 位，而在全球 179 个经济体中排名第 21 位。

传统上，澳门的经济以出口为主，但在加工业进行转型以适应新时代的同时，服务出口在澳门整体经济上所占的比重越来越大。旅游博彩业是澳门主要的经济动力之一，迅速发展的旅游业及服务业是澳门最重要的外汇来源，以旅游博彩服务出口为主体的服务出口占本地生产总值名义结构的比重，从 1999 年 49.8%上升至 2008 年 81.1%。而制造业在澳门本地生产总值结构中，从 1999 年约占 10%，下降至 2007 年不足 3%。

自 2002 年到 2008 年，失业率逐年下降。从 2006 年起失业率一直维持在 3%左右的低水平。每月工作收入中位数则大幅上升，1999 年为 4 920 澳门元，2008年为 8 000 澳门元，2009 年为 8 500 澳门元（澳门 2009 统计年鉴）。

2. 政治

澳门的政治制度沿用了葡萄牙行政法的概念，以行政为主导，澳门回归祖国后，澳门特别行政区行政长官是特区的最高行政长官，但仍将设有立法会、各级政府部门、司法系统及市政机构等。在 1999 年澳门特区第一届政府推选委员会上，何厚铧当选为澳门特区第一任行政长官。现任澳门特首为崔世安。

（三）人口与居民

澳门人口约有 55 万人，其中大部分居民住在澳门半岛，两个离岛人口较少，是世界上人口密度最大的地区之一。澳门居民以华人为主，葡萄牙籍及其他国籍人士只占 6%左右（澳门特区政府旅游局官网）。

中文和葡萄牙文是现行官方语言。澳门以中文为日常用语的常住人口超过97%，而使用葡萄牙语的人口则仅为 0.7%，其余人口使用英语、菲律宾语及其他语言。居民日常沟通普遍使用广州话，但许多居民也能听懂普通话（澳门特区政府网）。

（四）社会风情与习俗

澳门居民 96%属中国血统，外籍人士只占少数。虽然 400 年来受葡萄牙的统治，但是中华文化仍占主导地位，在风俗习惯上，有大量中国传统的东西都保留下来，如崇拜关帝、观音、妈祖等，以及农历新年、民间节令，都有浓厚的中国风俗。

澳门居民以祖籍广东的珠海、三乡、中山、南海、番禺、顺德、新会、台山、开平、鹤山等地以及福建地区的居民为多，一般居民都保留着自己乡土的习俗。每到新年时节，居民都奉行中国民间传统的祭礼。

在澳门，农历新年比其他的节令都要热闹。"尾岁"过了以后，家家户户都进行大扫除，准备迎接新岁，所有渔船也回来澳门"湾水"，海傍一带，渔民张灯结彩，平添不少气氛。

渔民的生活所谓浮家泛宅，终年出海捕鱼，岁晚回来"湾水"（意思是返澳停泊休息），所有渔民都上岸来找寻娱乐，穿金戴银，服饰华丽。不过，近年来澳门渔民人数已减少许多。

三、旅游业概况

（一）发展历程

澳门特别行政区是中国的南大门，与香港、广州一起，三地鼎足而立，共扼珠江咽喉。其优越的地理位置和气候条件、丰富的旅游资源、东西兼具的文化特色，都是澳门旅游业发展的得天独厚的条件。特别是举世闻名的博彩业，不仅使澳门获得了"东方蒙特卡罗"之称，还形成了澳门独具一格的旅游业。目前，澳门第三产业中的旅游业和博彩业发展较快，已经是澳门经济的四大支柱产业之一。澳门的旅游业所走过的历程大致可以归纳为如下几点。

1. 澳门旅游业发展较早，是亚洲重要的旅游目的地之一

早在 20 世纪 30 年代，澳门当局已经提倡发展旅游事业，但是澳门旅游业的真正发展却是"二战"后的事情，尤其是近十几年来发展较为迅速，成为亚洲的主要旅游目的地之一。

2. 澳门旅游业受亚洲金融危机的影响，接待量一度有所下降

1997 年，澳门旅游业受到亚洲金融危机和本地治安情况恶化两方面的冲击。一方面，受亚洲金融危机的影响，澳门的主要客源市场日本、韩国、东南亚经济情况不佳，致使来澳门旅行人数急剧减少；另一方面，外部传媒对澳门治安情况的各种报道，包括过分的负面渲染，导致旅游者特别是以博彩为目的的旅游者取消了来澳门的旅行计划。

3. 1999年以来，澳门旅游业回升迅速

1999年以来，受到周边地区经济回升及祖国内地"澳门游"游客量大幅度增长的影响，来自祖国内地及宝岛台湾、韩国、南亚等国家和地区的旅客则有较大的增幅，分别增长122.7%、49.9%、21.7%、20.6%。尽管旅游人数有增加，但消费略有下跌。

总之，有祖国大陆作强大后盾，澳门旅游业已迎来良好的增长势头。

2002年，澳门特区政府积极实施"以博彩旅游业为龙头、以服务业为主体、其他行业协调发展"的经济发展战略，新增旅游项目——妈祖节、美食节等。澳门入境旅客人数创新高。内地政策开放，澳门地接社增加，澳门游价格一路走低，内地游客迅速增长，客源结构出现转折。

2003年受SARS冲击巨大，危机过后，游客反弹，迅速回升。2003年7月28日，中央政府实施港澳"个人游"计划，一般称做"自由行"。实施"自由行"计划给内地游客的旅游方式带来突破，同时令澳门旅游市场产生结构性变化，中国内地取代香港成为澳门的最大客源地。内地已经成为澳门的第一大客源。

2004年，受自由行的推动作用，旅游业快速复苏。粤港澳签订《内地与澳门更紧密经贸关系安排》，三地完善多层次旅游协调机制，形成特色鲜明的旅游信息平台，联合开展区域旅游营销，共同建设"大珠江三角旅游区"目的地。

2005年，"澳门历史建筑群"列入世界遗产名录，引领世界文化遗产旅游热。同时，第四届东亚运动会、澳门美食节相继举行，迅速提升了澳门的知名度和社会影响力。

2006年，举办"2006澳门世界遗产年"，开展赛车、美食节以及各式各样的文化体育活动。

2007年，旅游业成为澳门重要的经济支柱之一，澳门特区政府对旅游业非常重视，一方面加强旅游基础设施建设，一方面大力开展旅游宣传活动。例如，澳门旅游局参加广州国际旅游展销会，在上海举办"感受澳门"旅游推广活动，澳门与广东省、香港特区举行旅游合作会议。

2008年，启动《业界伙伴计划》，从宣传、包装上确立澳门的商务旅游形象。粤澳双方共同签署包括《粤澳旅游合作协议》在内的八个合作项目协议。另外，有针对性地促进旅游产品多元化、旅游客源市场多元化及旅游服务优质化，推动澳门发展成为亚洲具有文化、休闲、盛事、娱乐、商务会展等元素的综合旅游目的地，打造"文化旅游之都"。

2009年，澳门持续受到全球爆发的"金融海啸"影响，以及蔓延全球的"H1N1"流感等负面因素波及，旅游业雪上加霜；然而，澳门旅游业得到内地的支持，开始走出"金融海啸"的阴霾；加上博彩业进一步在多方面加强了规范管理及改善、

多家大型酒店赌场开幕等利好消息亦相继出现。[①]

（二）资源特色

长期以来，澳门凭借着优越的地理位置，秀丽的自然风光，舒适宜人的气候和独特的、中西结合的、华洋杂处的文化史迹和市井风情，种类齐全、内容丰富的博彩旅游，人员和货币出入自由、方便快捷的管理制度以及背靠美丽富饶的珠江三角洲等有利条件，吸引着众多的海内外游客前来游览、观光、娱乐，澳门也由此而名扬中外，使这个弹丸小岛在亚洲乃至世界旅游市场上都占有一席之地。澳门旅游的吸引力来源于以下两方面：

一方面，博彩业是吸引大批游客到澳门的重要原因。澳门号称世界三大赌城之一，被称为"东方蒙特卡罗"，来澳门的游客有八九成是为"博彩"而来，博彩旅游与观光旅游的比例为 7:3，可以说赌博带动了澳门的旅游业，使澳门成为一个多姿多彩的旅游胜地。

另一方面，400 多年中西方文化交汇的历史给澳门留下了众多的名胜古迹、丰富的旅游资源和独特的文化风情。澳门有被称为三大庙宇的妈阁庙、普济禅院、莲峰庙以及大三巴牌坊、大炮台、东望洋山的灯塔、西望洋山的天主教堂等人文景观，自然资源有海水、沙滩、绿地等，都是人们避暑、度假、休闲的好去处。1992 年澳门从 43 个景点中评选出了"澳门八景"即"镜海长虹"、"妈阁紫烟"、"三巴圣迹"、"普迹寻幽"、"灯塔松涛"、"庐园探胜"、"龙环葡韵"、"黑沙踏浪"。

另外，澳门是自由港，大多数进口物品可获免税，价格低廉，是游客的购物天堂。

（三）旅游业现状

1. 澳门入境旅游情况

从图 7-1、表 7-6 和表 7-7 可以看出近年来澳门入境旅游情况。就入境总人数而言，除了受 2003 年 SARS 的严重冲击，以及 2008～2009 年的金融海啸和全球金融危机的影响，澳门入境旅游人次呈现连年增长的趋势。此外，从 2003 年推行"自由行"后，中国大陆入澳门旅客猛增，并于 2003 年超越香港，成为澳门的第一客源地，改变了澳门入境旅游的市场结构。2009 年，中国内地到澳门的游客达到 1 098.95 万人次，占澳门入境旅客人数 51%。2008 年和 2009 年，台湾的游客数量减少。中国内地、香港和台湾构成了澳门入境旅游的最大群体，这种内需驱动型的发展态势，有利于区域之间的合作和发展，有力地推动了澳门旅游业的发展，促进澳门旅游资源和设施优化，稳定澳门经济。

---

① 张广瑞，魏小安主编. 2002～2004 年中国旅游发展分析与预测. 社会科学文献出版社，2003：414～425。

从 2005 年开始，中国大陆到澳门旅游人次每年都超过一千万大关。内地到澳门游客人数出现大幅度增长，原因有四：一是中央政府支持澳门旅游业发展，开放个人游；二是澳门旅游吸引力增强，譬如说澳门历史城区被列入世界遗产名录（2005 年）使澳门历史与人文旅游资源得到进一步开发和利用，同时又有新的渔人码头、新的酒店、娱乐设施等投入运营；三是宣传推广取得成效；四是酒店房价、物价水平相对较低，吸引着国内及海外游客。

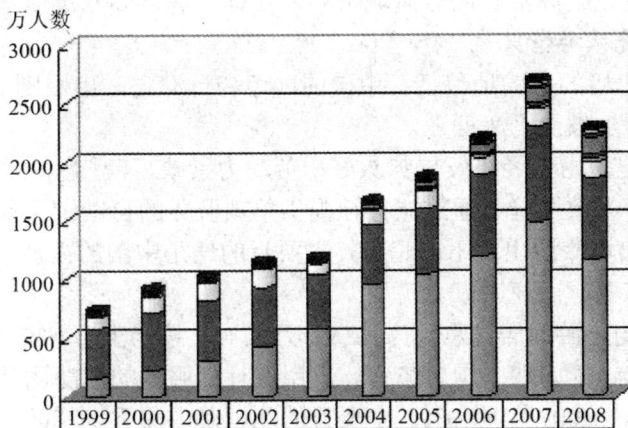

图 7-1　1999～2008 年访澳游客人数（单位：万人次）

资料来源：澳门特区政府旅游局等，2009。

表 7-6　2002～2009 访澳游客人数　　　　　单位：万人次

年份	2002	2003	2004	2005	2006	2007	2008	2009
入境人次	1 153.08	/	1 667.26	1 871.12	2 199.8	2 699.3	2 293.32	2 175.28
增长率（%）	12.2	/	/	12.20	18	22.7	-15.05	-5.25

资料来源：《中国旅游统计年鉴》和《澳门 2009 统计年鉴》。

表 7-7　2002 年以来入澳游客客源地　　　　　单位：万人次

年份	中国内地	中国香港	中国台湾	东南亚
2002	424.04	510.14	153.29	/
2005	1 046.29	561.49	148.24	/
2006	1 198.5	694	143.7	69.3
2007	1 486.63	817.4	144.4	117.94
2008	1 161.32	701.65	131.59	147.02
2009	1 098.95	672.78	129.26	134.38

资料来源：《中国旅游统计年鉴》和《澳门 2009 统计年鉴》。

2002 年，来澳游客主要是：休闲度假（71%）、商务（11%）、探亲访友（6%），其他目的仅占 12%。2007 年，75%的游客到澳门是为了度假，其次是商务会议，探亲访友，博彩仅占 4%。2009 年统计显示，69%是为了度假，商务及参加会展为 11%,，博彩和探亲访友分别为 8%和 7%。

2009 年《施政报告》指出，要促进旅游业向客源多元化、产品多元化和服务优质化方向发展。澳门期待引入高消费的游客群体，逐步脱离十年前的低廉消费模式，以最终建成"高消费的旅游城市"为目标，提供高水准服务。

2. 澳门出境旅游情况

2005 年，出境的目的地包括：中国的内地和台湾省，出国则主要是去泰国、日本、韩国、新加坡及马来西亚。

2006 年，但是由于经济发展势头好，劳动力紧缺，澳门出境旅游有所萎缩。传统的随团旅游人数下降，通过旅行社提供单项服务的自助游大幅度上升。

2007 年，出境旅游出现下降趋势，主要目的地是中国的内地、香港特区、台湾省以及一些东亚、南亚国家。

2008 年随团外游的居民总数为 22.92 万人次，按年上升 8%。主要目的地为中国大陆、日本、泰国和中国台湾省。使用旅行社服务的非随团外出居民总数为 37.72 万人次，较 2007 年降 3%。主要目的地则是中国香港特区、中国大陆及中国台湾省（澳门旅游统计 2008，2009）。

2009 年随团外游的居民有 20.63 万人次，按年减少 10%。旅游线仍以中国大陆为首选，占 74%；其次是中国台湾省（6%）、日本（5%）及韩国（4%）。随团到韩国旅游的澳门居民增幅显著，达 69%。使用旅行社服务的非随团外出居民为 46.43 万人次，按年大幅度增加 23%；目的地主要为中国的大陆、香港及台湾，分别占总数的 35%、33%及 15% 。往中国大陆及台湾省的居民分别大幅度上升 76%及 73%（澳门旅游统计 2009，2010）。

（四）澳门赴内地旅游市场

近年来，中国大陆是澳门外出旅游的最主要目的地。从表 7-8 中可以看出，2004 年以后，澳门居民赴中国大陆的人次数均超过 2000 万。

表 7-8　近年来澳门赴内地旅游人数　　　　　　单位：万人次

年份	2002	2003	2004	2005	2006	2007	2008	2009
旅游人次	1 892.88	1 875.73	2 188.16	2 573.41	2 440.9	2 318.7	2 296.63	2 271.84
增长率（%）	20.00	-0.9	16.66	17.60	-5.20	5.00	-1.00	-1.1

资料来源：《中国旅游统计年鉴》。

（五）澳门旅游业发展的特点和趋势

1. 发展特点

首先，博彩业是澳门旅游业的龙头。以博彩业为龙头，澳门的旅游每年为澳门带来大批游客和滚滚财源。在每年来澳门的几百万游客中，大部分都与博彩业有关。博彩业不仅在澳门经济产值中占有较大的比重，也是澳门政府财政收入的主要来源。

澳门旅游博彩业结构单一，缺乏大型景观，主要以赌博作为招徕，对香港的依赖性强，近年发展已经出现放缓的趋势。同时也应该看到，澳门众多的历史景点、充满欧陆风情的建筑特色、多元文化融合的国际城市等也是澳门旅游产业多元化发展的良好基础。澳门旅游业正从以博彩业为主的单一形式向以博彩、游览度假为主的多元化方向发展。

其次，长期依赖香港市场的澳门旅游业，近年来市场多元化倾向明显。100多年以来，澳门一直是香港人的度假胜地。至今香港还是澳门最大的客源市场。多年来，以中国的内地、香港特区、台湾省以及日本为代表的东亚太地区是澳门的主要客源市场。东亚市场占到澳门旅游市场份额的9成以上，这一趋势在短时间内不会有太大的改变。但同时也该注意到，近年来，内地赴澳旅游人次显著增加。韩国和日本，以及中国台湾市场都保持了良好的势头，澳门旅游客源市场结构在维持以往东亚市场占绝对优势地位的同时，东亚市场内部却出现了多元化发展的趋势。随着今后亚太地区经济合作的不断加强，澳门与内地经济文化联系的日益频繁，市场多元化是澳门旅游业发展的必然趋势，也是澳门摆脱对香港依赖的有效途径。

再次，祖国内地是澳门旅游业发展的坚强后盾。在目前世界经济走势趋缓的大环境下，中国内地经济的良好增势和广大内地居民的赴澳旅游，极大增强了澳门旅游业发展的后劲，众多良好机遇为澳门发展提供了许多商机。

最后，特区政府引导是关键。2003年澳门特首在《施政报告》中指出：会展及奖励旅游在旅游业中的重要位置。为此，配合经济多元化的坚定步伐，澳门致力发展会展业：一方面鼓励大型(会展)设施的发展；另一方面，推出各类方案与计划。2006年，成立澳门商务旅游中心，为商务旅游业界提供一个沟通交流平台，了解业界的需要，加强业界之间的联系，以便达到行业的共同目标。2007年的《施政报告》提出，转变旅游业的传统模式，将加快演变为由文化、会展、博彩、零售、体育、消闲度假、特色饮食、大型盛事等多种元素所组成的综合旅游模式。2009年的《施政报告》指出，要大力支持初现发展势头的会展业，促使其成为澳门经济增长点。旅游局参加亚太旅游协会会议和旅游交易会；实行"激励商务旅游市场发展计划"，加大支持力度促进会展业。

2. 发展趋势

据澳门特区政府统计资料显示，1999 年，澳门会展活动数量仅 206 项。到 2008 年，会展活动的总数增加到 1 240。截至 2010 年上半年，澳门各会议展览场地共举行 412 项国际会议活动，同比上年增长 18%。会展活动的平均会期也由 2009 年的 1.8 日增加至 2.1 日（澳门特区政府统计暨普查局，2010）。强进的会展发展势头，将使澳门迅速迈入国际会议之都的行列，届时澳门旅游将呈现出更加蓬勃发展的势头。

第三节 台 湾

一、自然环境

台湾省位于我国东南海域，东临太平洋，西隔台湾海峡与福建相望，南濒巴士海峡与菲律宾群岛邻接，北向东海。全岛总面积为 3.6 万平方公里，是我国最大的岛屿，其中包括台湾本岛、澎湖列岛、钓鱼岛、赤尾屿、兰屿、火烧岛和其他附属岛屿共 88 个，为中国的“多岛之省”。台湾本岛南北长而东西狭。南北最长达 394 公里、东西最宽为 144 公里，呈纺锤形。台湾海峡为中国南北方之间的海上交通要道，是著名的远东海上走廊。与庙岛群岛、舟山群岛、海南岛，构成一条海上“长城”，为中国东南沿海的天然屏障，素有“东南锁钥”、“七省藩篱”之称，战备位置十分重要。台湾岛多山，高山和丘陵面积占全岛面积的 2/3 以上。台湾岛位于环太平洋地震带和火山带上，地壳不稳，是一个地震多发的地区。

地处亚热带海洋中的台湾岛，气候温和宜人，长夏无冬，雨量充沛。北回归线穿过台湾岛中部，北部为亚热带气候，南部属热带气候。年平均气温（高山除外）为 22℃，年降水量多在 2 000 毫米以上。充沛的雨量给岛上的河流发育创造了良好的条件，独流入海的大小河川多达 608 条，且水势湍急，多瀑布，水力资源极为丰富，台湾岛的气候适宜于各种植物的生长。岛上大部分土地都覆盖翠绿的森林，因此有“海上翠微”之美誉。崇山峻岭间，植物种类繁多，森林风姿多变，原始森林中的千岁神木，比比皆是，世所罕见。

二、社会概况

（一）历史与文化

1. 历史

台湾自古以来就是中国领土不可分割的一部分。台湾本来与大陆相连，后来因地壳运动，相连接的部分沉入海中，形成海峡，出现台湾岛。在中国古代文献里，台湾被称为"蓬莱"、"贷舆"、"员峤"、"瀛洲"、"岛夷"、"夷州"、"琉求"等。明万历年间因谐音称为"台湾"，并在公文上使用。

台湾早期住民中，大部分是从中国大陆直接或间接移居而来的。台湾有文字记载的历史可以追溯到公元 230 年。当时三国吴王孙权派 1 万官兵到达"夷洲"（台湾），吴人沈某的《临海水土志》留下了世界上对台湾最早的记述。公元 12 世纪，宋元时期中国政府正式设官建制，管辖台湾和澎湖。1624 年荷兰殖民者侵占台湾。1662 年，民族英雄郑成功率众驱逐侵略者，收复台湾。1684 年，清政府设置分巡台厦兵备道及台湾府，隶属于福建省。至 1811 年，台湾人口已达 190 万，其中多数是来自福建、广东的移民。1885 年改建台湾省。1894 年日本发动甲午战争，清政府战败，被迫于翌年 4 月 17 日签订丧权辱国的《马关条约》，把台湾割让给日本。1945 年抗日战争胜利后，台湾被归还中国。1949 年 10 月 1 日，中华人民共和国成立，蒋介石和部分国民党军政人员退居台湾，依靠美国的庇护和支持，偏安一隅，使台湾和祖国大陆再度陷入了分离状态。

2. 文化

两岸同胞同宗同文。台湾文化无论从根源还是从其内容、素质及存在方式和表现形态上，都与中华文化属于同一系统，就其本质而言，是中华文化的重要组成部分。例如：在哲学理念上，继承了中国传统的哲学思想，儒家学说有着深远的影响；在社会伦理道德方面，主要以中华民族传统的伦理道德观念来规范思想和言行；在语言文字和文化教育方面，讲普通话和闽南话、客家话等，书写用中文；在宗教信仰方面，主要信奉佛教、道教，以及妈祖、关帝君、保生大帝等中国民间神祇；在风俗习惯方面，主要是福建、广东等地的饮食习惯、节日习俗以及婚丧嫁娶、祭祀祖先等各种礼仪等。台湾的人文历史是地地道道中华民族文明史的扩展。

当然，出于台湾历史的特殊性，特别是受日本殖民统治长达 50 年之久，1949 年以来又长时期与祖国大陆处于隔绝状态，20 世纪 80 年代以来又推行西方式的政治制度，因此台湾受西方文化、日本文化的影响相当大。例如，西方政党政治和议会制度的文化观念扩张，崇尚自我中心和享乐主义的价值观念泛滥。日本和西方大众消费文化影响膨胀，大量商品化的消费型文化充斥市场。日益增长的物质欲望、享乐主义、急功近利、投机取巧等、对精神文化带来极大的冲击。此外，外来宗教如基督教、天主教、伊斯兰教的影响也扩大起来。而且出于复杂的原因，包括"台独"势力的活动，近些年来，在大众传媒中使用所谓"台湾话"（闽南话）的比重上升，使用"国语"（即普通话）的比重下降。由此可见，台湾文化在中华文化的基础上，既接受了各种外来文化，又在某种程度上保留了一定的本土文化，从而形成了一种独特的多元文化，表现为多元化的景观。

（二）经济与政治

1. 台湾的经济发展历程[①]

台湾经济是一个典型的出口导向型经济体系。50 多年来，通过进口替代、出口扩张、结构调整与自由化改革的发展轨迹，台湾经济获得了较快发展。

"二战"末期，台湾经济遭到严重破坏。国民党退台初期，由于政局动荡，人口剧增，物资短缺，物价上涨，经济形势严峻。为此，台湾当局采取了一系列旨在稳定社会和恢复经济的政策与措施，主要包括土地改革、币制改革、加强外汇贸易管制及优先发展电力、肥料、纺织等民生工业，使台湾经济在较短时间内得以恢复与发展。

在台湾经济恢复与发展初期，土地改革与"美援"发挥了重要作用。1953 年 1 月，台湾当局公布《实施耕者有其田条例》，开始实行"耕者有其田"的重大农地改革方案。整个土地改革历时 10 年，于 1963 年完成。这次土地改革，不仅缓和了农民与地主的关系，解放了农村生产力，农民生产积极性提高，粮食产量增加，缓解了粮食供应压力，在某种程度上解除了台湾经济危机，而且将农村资本转移工商业，促进了工商业的发展。

1950 年到 1965 年，美国向台湾提供的经济援助达 15 亿美元，差不多一年有 1 亿多美元，这对早期财政困难与出口外汇短缺的台湾来说意义非常重大。美国还对台湾提供了 30 亿美元的巨额军事援助，使国民党有可能将更多的资源投入经济建设，也间接地促进了台湾经济的恢复与发展。

在极为特殊的经济社会环境下，在台湾经济趋于稳定之后，台湾当局在经济发展上首先采取了替代进口的发展战略。优先发展可增加出口、减少进口及对改善国际收支有帮助的产业，即发展投资少、技术要求不高、能增加就业及自己能够生产的民生工业，以替代进口产品，节省外汇开支。在这一政策指导下，台湾重点发展纺织、食品、水泥、塑胶等民生工业。在不到十年的时间里，在大陆的黄金与机器、美国的经援、战后重建、土地改革、进口替代等诸多因素纵横交错的影响下，台湾经济很快走出泥滩。到 20 世纪 50 年代末，台湾物价已趋于平稳，

---

① 摘自华夏经纬网 2011-08-10。

物资供应日渐充足，狭小的市场开始饱和，部分工业生产能力出现过剩现象，台湾经济又面临新的挑战，开始寻找新的出路。

从 20 世纪 50 年代末期开始，台湾进行了一次较为广泛的财政、外贸、金融体制的改革，从此走上了一条出口导向的经济发展道路。

为改善投资环境，吸引更多的外资，以弥补即将停止的"美援"，台湾当局于 1960 年颁布了具有里程碑意义的"奖励投资条例"，对外商投资提供优惠，同时设立专门的投资审批委员会，提高办事效率。从这时起，逐渐形成一套较开放的经济体制，为经济的起飞奠定了重要基础。外资开始加快在台湾的投入，台湾经济发展步入快速道。

为了吸引外资、扩大出口、解决就业及满足美援停止后的外汇资金需求，台湾当局创设了加工出口区，成为台湾外向型经济的窗口。继 1965 年 7 月高雄加工出口区正式动工兴建之后，又先后于 1968 年在高雄楠梓设立了第二个加工出口区，1971 年在台中县潭子乡设立了第三个加工出口区。三个加工出口区的相继设立，极大地推动了台湾加工出口工业与外贸的迅速发展，成为台湾外向型经济发展的标志与缩影。台湾由此建立了以加工出口为依托、以轻纺工业为核心的外向型经济体系，并实现了台湾经济的起飞。

经过外向型经济战略的实施，台湾经济获得了快速发展。1962 年，工业产品出口比例达到 50.5%，首次超过农产品出口金额；1964 年，台湾经济首次出现两位数增长，财政收支改变长达 14 年的赤字而出现盈余，人均"国民所得"首次突破 200 美元；1965 年，对外贸易额首次超过 10 亿美元，其中纺织品超过糖成为台湾最大出口产品；1966 年，重工业产值比例首次超过轻工业，达到 52%；1968 年，制造业单项产值第一次超过农业，标志着台湾由农业经济时代跨入工业经济时代。1960 年到 1973 年，台湾出口额从 4.6 亿美元增加到 40.5 亿美元，台湾经济年平均增长率达 10.1%，工业生产年平均增长达 19.4%。

20 世纪 70 年代初中东战争与世界石油危机的发生，对能源缺乏的台湾经济产生了前所未有的冲击。1973 年，台湾批发物价上涨了 22%，城市消费物价上涨了 8.2%；1974 年又分别上涨 40.6%与 47.5%，创下 1952 年以来的最高记录。一时岛内市场混乱，出现抢购风潮，台湾经济出现新的困难结束了刚刚实现三年外贸顺差的局面，再度出现逆差，经济增长率由 1973 年的 12.8%降到 1974 年的 1.1%，创下 50 年代以来的最低增长率。经过这次石油危机的打击与洗礼，台湾开始调整经济政策，主要内容包括改善工业结构，促进产业升级；强化农村建设，促进农业现代化；改善交通设施，建立现代化的运输系统；开发能源与海洋资源；拓展对外贸易。台湾经济的发展由此进入"第二次进口替代"与"出口扩张时期"。

1973 年，台湾当局提出了总投资达 2 580 亿元新台币（约 60 亿美元）的"十大建设计划"。到 20 世纪 70 年代末，十大建设工程大部分完工，建立了发达的交通与港口运输系统以及现代化的钢铁与石油化学工业，奠定了台湾经济发展的重要基础，形成了重工业与轻工业配套的比较完整的工业体系，台湾经济步上了一个新的台阶。到 1978 年，重工业产值在制造业中的比重达 58%，彩色电视机产量超过 200 万台；1979 年，工业产品出口比例突破 90%，与 30 年前刚好相反；对外贸易突破 300 亿美元，初步确立了台湾经济的实力与地位。

1979 年，第二次世界能源危机爆发，再次对台湾经济产生冲击，特别是石化工业受影响更大。台湾当局不得不再次调整经济发展战略，提出发展技术程度高、附加价值高、能源密集度低、污染程度低、产业关联效果大、市场潜力大的所谓"两高、两低、两大"产业，对原重化工业发展项目进行了调整。

为了发展高科技工业，台湾于 1980 年正式设立新竹科学园区。经过二十的发展，新竹科学园区取得了巨大成功，也是世界上最成功的硅谷之一。到 2000 年 6 月底，园区厂商达 291 家，员工达 9 万多人，资本额达 6 551 亿元新台币，全年营业额达 9 293 亿元新台币。如果说，加工出口区是以轻纺电子工业为主，是台湾外向型经济发展的标志与橱窗的话，那么，新竹科学园区就是以信息和半导体产业为主，是台湾高科技产业发展的摇篮。

20 世纪 80 年代中期，在美国的贸易保护主义压力下，台湾新台币开始被迫大幅升值，接着工资迅速上涨，土地价格飙升，台湾经济发展环境发生重要变化。在这种背景下，台湾又开始寻求新的经济发展模式与道路。从 1986 年 3 月起，台湾开始走向开放市场、减少干预、实现经济自由化的更加开放的自由经济体系。旨在鼓励自由竞争、健全市场调节机制，减少不必要的行政干预，以达到充分发挥市场机能、资源合理配置、提高经济竞争力与效率之目的。

然而，由于经济大环境的变化，为台湾经济发展带来了新的困难。夕阳产业或传统产业在新台币大幅度升值、工资与土地等生产成本迅速上升下，生存困难，被迫外移。于是 20 世纪 80 年代后期起，台湾传统产业迅速向大陆、东南亚转移。从那时起，对外投资成为台湾经济发展的一大趋势与特征。

经济的自由化与国际化，传统产业的外移，则为岛内高科技产业的发展提供了空间，产业升级速度加快，第三产业发展迅速，台湾经济也得以迅速转型。2000年后，第三产业产值已占了 GDP 的 65%以上，成为台湾经济的主体。在制造业内部，以信息半导体产业为主的高科技产业则成为台湾支柱性产业，技术密集性产品也成为新的出口主力。

20 世纪 90 年代以后，台湾当局在经济发展上先后提出许多重大发展计划，主要包括了"六年建设计划"、"亚太营运中心计划"、"全球运筹中心计划"与"六年重点发展计划"等。

2000 年 10 月起，台湾正式推动"全球运筹发展计划"。该计划旨在协助企业参与全球运筹管理，成为国际产业供应链的重要环节，运用岛内制造业优势，推动全球布局，全力提升物流、资讯流、资金流效率，协助企业整合跨区域资源，发展高附加价值转运服务。同时，规划建立示范性全球运筹资讯共同交换平台，即建立一个岛内系统商、零组件厂商、银行、物流及国际采购商接轨的共同网络平台。"全球运筹发展计划"推动以来，已发挥吸引岛内外企业在台设立物流中心或运筹中心的功效。

2002 年 5 月，台湾当局启动"绿色矽岛"建设远景规划。主要目标是，到 2007 年，实现经济增长率超过 5%，研发经费占 GDP 的 3%，世界第一的产品或技术至少达 15 项；创造 70 万个就业机会，失业率降至 4% 以下；宽频普及率超过 600 万户，来台旅客增加 2 倍。

然而，由于台湾政坛的政治斗争激烈，主持经济建设的官员变换频繁，许多重大计划未能真正推动或执行，甚至放弃，影响了台湾经济的平稳发展。2001 年，台湾经济甚至出现 20 世纪 50 年代以来的负增长，随后进入 3% 的低增长期。

尽管如此，经过几十年的发展，台湾经济取得了较快发展。到 1992 年，台湾 GDP 达到 2 000 亿美元，跃居世界第 20 位，人均 GDP 超过 10 000 万美元，居世界第 25 位，外贸总额达到 1 500 亿美元，高居世界第 14 位，外汇储备 900 多亿美元，居世界第 3 位。到 2000 年，台湾 GDP 突破 3 000 亿美元，"人均 GDP"近 14 000 美元，对外贸易进出口额双双突破 1 400 亿美元，总额达 2 800 亿美元，外汇储备达 1 067 亿美元。2011 年台湾地区 GDP 初值 137 570.46 亿新台币，人均 GDP 达 20 100 万美元。

2. 台湾的政治

1949 年以来台湾政治的演变过程，大体可以划分为以下三个时期：

（1）20 世纪 40 年代末至 70 年代初，国民党政权在台湾重建与强化专制统治。1949 年 10 月 1 日中华人民共和国诞生。在此前后，蒋介石集团率部分国民党军政人员退踞台湾，并于 1949 年 5 月 19 日颁布了戒严令，宣布台湾地区处于战时动员状况，封闭全省，限制出入境，实行军事管制并封锁大陆消息，同时建立蒋氏父子对国民党的绝对控制权，力图在戒严体制下巩固与强化专制统治。

（2）20 世纪 70 年代至 80 年代中后期，标榜实行向西方式的政治制度过渡。从 70 年代开始，台湾政局趋向动荡，国民党政权面临外挫内困的局面。面对内外各种危机，国民党当局为了应变求存，在 1986 年 3 月国民党召开的"十二届三中全会"上，蒋经国提出"政治革新"的主张，之后相继采取了一系列措施，调整内外政策，包括解除戒严等。台湾的政治体制由此发生了重大变化，由军事戒严和一党专制转变为标榜实行向西方的政治制度过渡。

（3）20 世纪 80 年代末以后，国民党政权迅速"本土化"，台湾当局标榜实行西方民主制度，推行制造"两个中国"的分裂政策。蒋经国去世后李登辉执掌党政大权。李登辉上台后，台湾当局以谋求"两个对等政治实体"和"两个中国"作为处理两岸关系及对外关系的基点，在国际上，则千方百计推行"务实外交"，鼓噪"参与联合国"，制造"两个中国"、"一中一台"。

台湾当局模仿西方，标榜实行资本主义的民主制度以来，伴生出大量弊端，也暴露出种种假民主的问题，最大的问题是"黑（道）金（钱）政治"盛行，其中尤以国民党为重。选举中贿选成风，黑道势力大肆介入选举，一些候选人也借助黑道势力，以求当选。"黑金政治"使"权钱交易"等腐败现象丛生。

由于台湾当局长期进行反共宣传，台湾分裂势力一再煽动仇视大陆的情绪，并且由于两岸同胞隔绝了近 40 年，使台湾同胞对祖国大陆不够了解，有一定程度的疏离感和不信任感。同时，由于两岸经济发展水平、人民生活水平目前还存在差异，一些台湾同胞对台湾经济发达、自身生活水平有优越感。在国家统一问题上，大多数台湾同胞反对分裂，反对"台独"，希望发展两岸关系，但又不急于统一，希望维持现状。这种态度将随着中国大陆经济建设的发展、社会主义民主和法制建设的健全和完善、两岸同胞接触的增加和香港、澳门"一国两制"的成功实践而逐步改变。

（三）人口与居民

截至 2009 年底，台湾全省人口为 2 300 万，是祖国面积较小，人口密度较大的一个省。台北市的人口密度达每平方公里 1 万多人。台湾人口主要集中在北部地区，使这一区域人口密度成为世界人口密集区之一。台湾人口中除了有原本台湾的十个原住民种族，其他主要是由大陆沿海各省移民，以汉族为主。据台湾 2009 年统计显示，65 岁以上老年人口已占台湾总人口的 10.63%，平均每 10 人中有 1 名老人。老龄化指数达 65.05%，创历年新高（中国台湾网，2010）。

台湾居民中，汉族占总人口的 98%，少数民族占约 2%，约 43 万人。根据语言、风俗的不同，台湾少数民族分为阿美、泰雅、排湾、布农、卑南、鲁凯、邹、雅美、邵族、葛玛兰和赛夏等 11 族，分居全省各地。

在台湾通行的语言包括：普通话、闽南话、客家话、原住民各族族语。

（四）社会风情与民俗

台湾居民一日三餐，以大米为主食。日常饮食简单。而节日喜庆时，多用鸡鸭等丰盛的酒菜宴请客人。春夏之交，秋冬之际，多以中药炖煮动物性食品提神补身。台湾居民很多人都嗜酒，拜祭神灵，宴请客人，必备良酒。台湾街头巷尾，有各种各样的点心摊，多是乡土饭菜。高山族同胞目前生活水平还比较低，有些还以芋头、甘薯为主食。

台湾的人际礼仪民俗与祖国大陆的汉族很相似，但也有一些特点，值得我们注意。他们通行握手礼，还保留较多的如拱手礼、抱拳、鞠躬等中国传统礼节。

三、旅游业概况

（一）资源特色

台湾四周沧海环绕，境内山川秀丽，到处是绿色的森林和田野，加上日照充足，四季如春，所以自古以来就有"美丽宝岛"的美誉，早在清代就有"八景十二胜"之说。作为著名的世界旅游胜地，台湾岛上的风光，可概括为"山高、林密、瀑多、岸奇"等几个特征。

台湾山峻崖直，河短水丰，瀑布极多，且各种形态，应有尽有，十分壮观。除了瀑布，岛上更是温泉磺溪密布，具有很高的疗养治病之功效，吸引着众多游客。关仔岭温泉还有"水火同源"的胜迹；而宜兰苏澳冷泉，更是世之稀有。

西部平原海岸，宽广笔直，水清沙白，柳林成群，极宜泳浴：阳光白浪，轻风椰林。充满着海滨的浪漫情调。北部海岸，又别有洞天，被台风、海浪冲蚀的海蚀地貌，鬼斧神工、千奇百怪，构成一处处天然奇境，具有"海上龙宫"的雅号。

澎湖列岛成为祖国大陆与宝岛台湾的联接"跳板"，是拓台先民足迹最先到达之处，古迹甚多，而且其海岛景色与台湾本岛上的山、林、瀑、泉有所区别，很值得一游。马公天后宫、澎湖大桥、七美人冢等为其著名古迹。

（二）旅游业现状

2002年，台湾当局推行"观光客倍增计划"。2004年确定"观光及运动服务业"为重点发展产业。2005年，鼓励民间资本参与旅游资源开发；加强法制建设，规范行业管理；启动"各县市观光旗舰计划"，征选最具台湾特色的旗舰景点。2006年举办"台湾国际青年旅游年"。从2005年到2008年，台湾旅游产业关键指标下降，产业竞争力不足。2008年，台湾整体"旅游及观光竞争力指数"大幅滑落。2008年台湾休闲观光产业注重发展事件导向的观光、休闲旅游活动与特定主题旅游形态的发展。2009年推动"2009旅行台湾年"，朝"多元开放，布局全球"方向，打造台湾为亚洲主要旅游目的地。2010年的施政重点是推动"观光拔尖领航方案"，朝"发展国际观光、提升岛内旅游质量、增加外汇收入"之目标迈进，让世界看见台湾观光新魅力。

1. 台湾入岛旅游情况

从表7-9可以看出，除了2003年SARS的爆发使旅游业遭受重创外，从2002年到2009年，台湾入岛旅游人次呈上升趋势。2006年，受国际原油价格上涨和岛内政局复杂多变等因素，台湾入岛旅游市场增长维持在5%上下。除了大陆和港澳地区，以及马来西亚等地，其他如美国等 2009 年比 2008 年入岛人数出现了负增长，2008 年和 2009 年有较大的增长率是得益于大陆游客的推动作用，并且这几年的入岛旅游客源地基本一致，如表 7-10 所示，日本、中国澳门、韩国、新加坡等亚洲地区是台湾入岛旅游的主要客源地，并且中国港澳地区及韩国、新加坡和马来西亚等增长迅速，均超过 10%，2010 年大陆游客人次有望超过日本，成为台湾入岛旅游的第一大客源地。

表 7-9　台湾入岛旅游人数统计表　　　　　　单位：万人次

年份	2002	2003	2004	2005	2006	2007	2008	2009
入岛人次	297.77	224.81	295.03	337.81	352	371.61	384.52	439.5
增长率（%）	5.18	−24.5	34.24	14.5	4.19	5.58	9.24	18.27

资料来源：（台湾）观光局 2009 年《历年来台旅客统计》。

表 7-10　2007～2009 年台湾入岛旅游市场细分　　　　单位：万人次

	大陆	日本	港澳	美国	韩国	新加坡	欧洲	马来西亚
2007 年入岛人次		116.63	49.14	39.79	22.58	20.44	18.64	14.13
同比增长（%）		0.42	13.79	0.8	15.06	11.04	7.93	22.66
2008 年入岛人次	32.92	108.67	61.87	38.72	25.23	20.54	20.09	15.58
2009 年入岛人次	97.21	100.07	71.88	36.93	16.76	19.45	19.71	16.7
同比增长（%）	195.3	−7.92	16.19	−4.63	−33.55	−5.32	−1.91	7.19

资料来源：《中国旅游统计年鉴》，（台湾）观光局 2008 年《来台旅客居住地统计》。

自 2004 年起，台湾举行台湾观光年，加强了两岸交流。2006 年，台湾观光管理行政部门首次将"拟定相应措施配合大陆人士来台观光"正式列入年度施政重点；2008 年 6 月 13 日海基会与海协会签署"海峡两岸关于大陆居民赴台湾旅游协议"，7 月 4 日海旅会率首发团 644 名旅客来台，开启了两岸旅游交流的新纪元。自 2008 年 7 月开放大陆居民来台旅游首发，到 2010 年 7 月 18 日起大陆各省市地区全面开放来台旅游，除持续增加定期航班外，2009 年每日平均团进团出大陆客为 1 661 人，2010 年上半年更达平均每日 3 440 人。大陆游客整体满意度都维持在八成以上。该政策在一定程度上改变台湾入岛旅游市场结构。大陆游客的到来，为台湾的旅游经济注入了新动力，带动了住宿业和相关产业的发展。

2008 年 7 月 18 日大陆居民赴台旅游正式成行，已经四年多。海峡两岸观光旅游协会致力于拓展市场通路、加强业者优质旅游产品之包装，加强宣传与推广，推介分区主题旅游，坚持"诚信互助"、"质量并重"的原则。海峡两岸旅游交流协会也积极引导和配合两岸旅游发展。目前，两岸的相关负责机构正在就"自由行"政策进行磋商。未来两岸的旅游有望以"高校夏令营"、"青少年交流协会"

等形式，创造下一代"轻松自由"、"互通有无"的两岸旅游新格局。两岸在分离六十多年后，双方重新以观光交流跨出一步，观光局北京办事处的成立将是带动两岸之间观光交流深化的另一个里程碑。

2．台湾居民出岛旅游情况

2005 年，台湾总体经济形势低迷，增长缓慢，因此 2005 年出岛旅游人次增长率仅有 5.49%，并且 2005 年到 2007 年增长率均不高。2008 年和 2009 年都出现了负增长。这与金融危机和全球经济危机紧密联系（见表 7-11）。台湾出岛游目的地包括：亚洲地区、美洲地区、欧洲地区、大洋洲地区，其中中国大陆、中国香港特区、中国澳门特区、日本、美国、韩国、泰国、越南为主要目的地。

表 7-11 台湾居民出岛旅游人数统计表　　　　　单位：万人次

	2002	2003	2004	2005	2006	2007	2008	2009
外出人次	750.72	—	778.07	820.81	867.14	896.37	846.52	814.29
增长率（%）	4.42	—	31.36	5.49	5.64	3.37	-5.56	-3.81

资料来源：《中国旅游统计年鉴》，（台湾）观光局 2004～2009 年《出岛目的地统计》。

从表 7-12 可以看出，2004 到 2009 年台湾居民出岛旅游以近距离目的地为主，在亚洲地区内旅游的人数占外出旅游总人数的 90%，其中以到大陆的人数最多，占总数的 40%；其次为日本，占 18%；第三为香港，占 8%。这几年来，到香港、澳门和日本的人数保持较大的平稳，而到美国、韩国和泰国的则有明显的下降趋势。2009 年到中国大陆的人次数激增，达到 151.61 万。

表 7-12 2004-2009 年台湾出岛旅游目的地人数统计　　　单位：万人次

年份	中国大陆	香港	日本	澳门	美国	韩国	泰国
2004	/	255.97	105.20	103.80	53.62	29.83	42.22
2005	/	280.70	118.04	116.38	57.90	36.82	26.82
2006	/	299.33	121.41	123.22	59.38	39.67	37.92
2007	/	303.09	128.08	119.61	58.78	45.71	35.34
2008	18.87	285.12	130.98	92.66	58.79	36.31	33.30
2009	151.61	226.10	111.39	73.93	51.56	38.88	25.84

资料来源：《中国旅游统计年鉴》，（台湾）观光局 2004～2009 年《出岛目的地统计》。

3．台湾居民在岛内旅游情况

2005 年岛内旅游总数为 9 261 万人次，比 2004 年降低 15.3%；岛内旅游支出为 1 926 亿元新台币，较 2004 年负增长 22%。探亲访友的旅游者增加，观光度假型则减少。

2007 年，台湾第一条从台北开往高雄的高速铁路正式通车，引导岛内旅游行为模式发生改变，促进了台湾居民在岛内的旅游。2007 年统计数据表明，台湾居民在岛内旅游，主要是观光、休憩、度假，占总数的 78.3%，探亲访友为 19.7%，商务或公务兼观光为 1.1%，其他目的为 0.9%。

（三）台湾赴大陆的旅游市场

1. 出现持续增长趋势

从图 7-2 可以看出，除了 2003 年 SARS 和 2008 年全球金融危机的影响，台湾同胞到大陆的旅游人数呈连年增长趋势。这得益于台湾经济增长以及两岸交流的扩大。从 2004 年到 2006 年，台湾赴大陆游客年增长率均超过 10%，2007 年增长率则只有 4.2%，2008 年负增长 5.2%，2009 年比 2008 年微增 2.2%

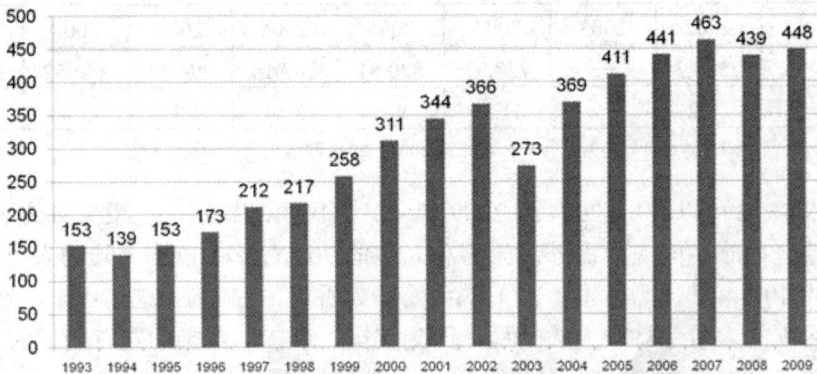

图 7-1 台湾赴大陆游客年度变化（单位：万人次）

资料来源：中国旅游研究院。

2. 出游目的多样化

探亲访友、观光、商务旅游是台湾同胞到大陆旅游的主要出行目的。他们来大陆旅游，感兴趣的旅游产品依次是文化古迹、山水风光、风土人情、购物以及饮食。文化动机和休闲动机对购买意愿的影响最大。

3. 地区集中化

游客大多流向经济较发达且为许多台胞祖籍地的东、南沿海一带。"台湾游客入境旅游发展水平呈现出由东、南向西、北逐渐降低的趋势，出现集聚的趋势。基本上随着离台湾垂直距离的增加而衰减。除了北京作为首都表现出特殊的区位优势外，台湾游客入境旅游发达区域主要分布在东、南沿海地区。"

（四）台湾旅游市场的开发策略

1. 深层次开发台湾市场首先要在对台产品上下工夫，针对台湾出游产品趋向

"更短"、"更小"、"更低"、"更少"的特点，组合相应的旅游产品。

2. 精心培育名牌、特色旅游产品。建设台湾海峡旅游文化繁荣带，加大对台旅游资源的定向吸引力。一是加快在台湾同胞中有较高知名度的武夷山、湄州岛两个国家旅游度假区的建设步伐；二是加大对台特色、专项旅游项目力度；三是巩固探亲旅游名牌产品。

3. 客源开发目标。开拓台胞市场的潜力在于吸引更多的观光客。同时，进一步开拓台胞市场的潜力还在于吸引更多的年轻一族到大陆来，这也是保持市场后劲的重要一环。

4. 举办旅游产品推介会、专题研讨会等，要求台湾旅游界同行来华考察，借以推动旅游市场的开发。对台促销的一个障碍是我们至今不能进入岛内直接宣传招徕。我们可以以旅游协会的名义访台，与台湾业界有所接触，邀请台湾媒体和旅游界人士。

5. 开拓老年人市场。鉴于台湾老龄化程度创新高，到大陆旅游的老年人必将成为重要的"银发市场"。

第四节　海外华侨华人①

海外华侨华人的产生和发展有着悠久的历史。华侨华人对中国、居住国都作出了贡献，发挥了巨大作用。华侨华人遍布世界各地，是中国海外客源市场的重要组成部分。

一、海外华侨华人的由来和发展

历史上很早就有中国人留居他国，在海外谋求发展。华人出国的原因复杂，多种多样，或因公务而有随从人员留居异域，或因政治、战争的原因，流落他乡，或因人口压力寻求生计迁徙他国。

关于中国人最早于何时出国居留的问题，众说纷纭，莫衷一是。有说始于神话时代或上古时代的，有说始于春秋秦汉的，还有说始于唐、宋的，等等。但可以肯定地说，早在秦代前后，已有中国人到达了日本、朝鲜和东南亚一些国家和地区居留。徐福东渡日本（今日本歌山县仍有徐福墓）和其他一些传说，都反映了中国与周边国家人民之间的早期交往。近年有学者提出，早在殷商时期已有中

---

① 于向东主编：《中国旅游海外客源市场概况》，东北财经大学出版社1995年版，第152～169页。

国人扬帆美洲，并在那里长期生活下来，为创造美洲的古代文化作出了贡献。两汉时期，中国对外交往扩大，罗马帝国（大秦）使节曾出使中国，汉武帝也曾遣张骞出使西域。"丝绸之路"开辟后，中国和西亚、北非、欧洲的交往进一步增多。在政治、经济和文化的交流交往过程中，一些中国人也留居他乡，成为历史上早期的华侨华人。

在早期的中外交往史上，东南亚地区占有重要的地位，它处在亚洲和大洋洲、太平洋和印度洋交通的十字路口，是华人通往世界各地的桥梁地带。中国人每年10月至次年3月间乘东北季风出海南下，到达东南亚地区，待至6~9月的西南季风劲吹之时返回，在此期间他们居留于东南亚各地，从事商贸或各种生产活动。不少人进而长期定居下来，或从东南亚转赴其他国家和地区。东南亚一直是华侨华人最为集中的地区。

中国历史上曾有三次海外移民高潮：一是唐宋时期，二是明清之交，三是鸦片战争以后。

唐宋时期经济发达，文化灿烂，与世界许多国家有着广泛的交往和交流。唐都长安成为世界性大都市，在这里可见身着各种服饰，讲着各种语言的外国人。同时，唐朝时期也有不少中国人移居大食、印尼的爪哇、苏门答腊、日本京畿等地，从事手工业和商业。

华侨华人称"唐人"，其聚居区称"唐人街"是与唐朝时期较多的中国人移居海外有关的。

宋代的造船、航海技术进一步发展，对外贸易也日渐繁荣。东南亚华侨人数迅速增多。周去非《岭外代答》和赵汝适撰《诸蕃志》记载了东南亚各地的中国人的生活。在东南亚一些主要港口、城市，都已形成华侨社会。

元明时期中国封建经济进一步发展，中外交往也很发达，继续有一些中国人移居海外。尤其是明末清初，大批明朝臣民"义不事清"，来到东南亚、东亚一带和世界其他地区，形成中国历史上海外移民的第二次高潮。明朝灭亡之时，仅遍布东南亚各地的华侨华人已达数十万人。著名学者朱舜水先是流寓东南亚，后在日本定居，在日本历史上产生一定影响。今天越南南方之地，就是由明末清初大批南来的华侨华人和越南其他民族共同开发的。

清朝初年实行了"闭关锁国"政策，海外的移民减少。至鸦片战争后出现了第三次海外移民高潮。

鸦片战争之后，西方列强加紧对中国的侵略掠夺，农村自给自足的自然经济受到冲击，农民大量破产。清朝政府也被迫开放"海禁"，允许"自由移民"，于是，东南沿海一带的居民，为谋求生计大量流徙海外。同时，西方殖民者为了掠夺东南亚、美洲、大洋洲等地的丰富资源，开始寻找廉价的中国劳动力，许许多多的中国人作为苦力被贩卖到世界各地。这一时期，中国移民向美洲、非洲、澳洲扩展。据估计，从1840年到1949年，移往海外的华人达1300万至1400万，遍及世界五大洲，奠定了现代华侨华人分布的格局。"华侨"名称也在这一时期出现。

二、华侨华人在世界各地的分布

目前海外华侨华人约3 000万，包括解放后从中国大陆移居海外的130多万，从台湾、港澳地区移居海外的80多万，遍布全世界140多个国家和地区，正如人们常说，只要是海水所及的地方就有华侨华人。

（一）亚洲地区

由于地缘、历史和文化等方面的原因，从中国迁徙至海外的移民绝大部分集中在亚洲地区，约有2 200多万人，占海外华侨华人总数的80%。而亚洲的华侨华人，又大部分集中在东南亚一带。具体分布情况是：印度尼西亚600万左右；马来西亚450多万；新加坡190多万，占其人口总数的76.5%；菲律宾约100万；缅甸约70万；越南约90万；泰国为350万左右；印度为13万多；日本近8万；柬埔寨、文莱各约5万多人；韩国近3万；朝鲜1万多；尼泊尔、蒙古、东帝汶、孟加拉国、巴基斯坦、斯里兰卡等有数千、几百不等。中东地区不少国家也有华侨华人。

（二）美洲地区

美洲约有华侨华人240多万，占世界华侨华人总数的9.1%，其中北美最多。华侨踏上美国国土是从19世纪中期开始的，早期在美国的华侨华人除商人外，更多的是各种劳工，后来知识阶层的华侨华人才逐渐增多。美国现有华侨华人 160多万，加拿大约45万，中美洲5万多；南美洲诸国约20万，其中巴西约10万，秘鲁约5万，其他地区数目不等。

（三）欧洲地区

欧洲约有华侨华人67万，占世界华侨华人总数的2.6%，其中不少人是在第一次世界大战前后作为劳工移居欧洲的。其中英国约15万，法国11万，荷兰5万，奥地利约3万，比利时、德国均为1万多，瑞典、意大利近万人，俄罗斯近30万。

（四）大洋洲地区和非洲地区

大洋洲地区约有华侨华人34万，占世界华侨华人总数的1.3%，其中澳大利亚最多，近15万，不少华侨华人是在19世纪中叶从中国或从美洲和东南亚一带移入的。新西兰约为2万，其余分布在一些太平洋岛国和各个地区。

非洲华侨华人估计在10万人左右，约占世界华侨华人总数的0.4%。其中毛里求斯 3 万多，留尼旺岛 2 万，马达加斯加及南非各约 1 万，其他国家和地区也各有分布。

华侨华人在世界各地的分布处于经常的动态变化过程之中。近几十年来随华侨华人实力的增长，一些华侨华人具备了再移民的条件，不少人从东南亚、非洲等地向北美、西欧和澳洲再移民，以追求生活的安定和事业的发展。但由于绝大多数华侨已逐步融入当地社会，加入了居住国国籍，华侨华人的分布同时也表现出相对的稳定性。

三、海外华侨华人对居住国的贡献

华侨华人与居住国人民和睦共处，共同劳动与奋斗，为居住国的资源开发、经济发展作出了贡献；华侨华人与居住国人民一道反压迫、反侵略，为争取独立自由而斗争；华侨华人传播了中国文化，丰富了居住国人民的文化。

（一）华侨华人在经济发展方面的贡献

东南亚地区是华侨华人最集中的地区，东南亚的经济繁荣发展与华侨华人的贡献密不可分。东南亚各地的采矿业、造船业、制糖业、橡胶种植业、养蚕等都有华侨华人的参与。20 世纪初，马来西亚成为全世界天然橡胶最大的产地，而这里的橡胶园主要是由华侨华人开发经营的。1921 年，华侨华人所经营的橡胶园面积占马来西亚橡胶园面积的 1/4，1928 年则增加到 1/3。如今，马采西亚的天然橡胶产量仍在世界上占有重要地位，其中融浸着华侨华人长期经营和劳作的心血与汗水。正如 19 世纪上半期曾任新加坡总督的莱弗士所说："华侨的精力和事业形成了今天马来半岛诸州的繁荣。"东南亚商业贸易的发展，更是与华侨华人有着密切关系。东南亚一些重要都市如越南的西贡（今胡志明市），主要是靠华侨华人的开发经营发展起来的。

美国西部的开发也同样渗透着华侨华人的血汗。19 世纪中叶，大批粤籍华侨华人来到美国西部地区，他们从事着最艰苦的劳动，如伐木、淘金、筑路等。1869 年 5 月 10 日，被称为"19 世纪建筑奇迹"的美国中央太平洋铁路通车。在其修筑过程中，参加劳动的华工不下四五万人，而白人不足 800 人，其中有 1/4 的华工死在工地之上。1964 年，美国西部内华达州的弗吉尼亚市竖起一座令人瞩目的纪念碑，是为纪念华工而建的，碑文用中英两种文字写着"华人先驱，功彰绩伟。开矿筑路，青史名垂"。

修筑横贯加拿大的太平洋铁路，开凿举世闻名的巴拿马运河，开发澳大利亚、新西兰、南非的金矿，开发俄国远东和修建远东铁路，以及推动秘鲁农业发展等，华侨华人都做出了重要的贡献。

20 世纪以来，华侨华人对于居住国的经济发展所起的作用越来越重要。随着

"二战"后大批华侨加入居住国国籍，华侨经济已转变为华人经济。在一些国家，华人经济已成为其国家民族经济的重要组成部分。例如泰国、印度尼西亚、马来西亚等国家的华人财团占有举足轻重的地位。华侨华人经济在世界和地区经济中也产生一定影响；本土化、集团化、现代化和国际化已成为华侨华人经济的发展趋势。但也应看到，绝大多数华侨华人们还是普通劳动者，经营传统行业，整日为维持生计而辛劳。

（二）华侨华人在政治和文化方面的影响

早在18、19世纪，华侨就参加了印度尼西亚人民反对荷兰殖民统治的斗争。1932年9月25日，以林群贤为首的华侨在泗水成立"印尼中华党"，积极参与印度尼西亚人民争取祖国独立的斗争，并明确其目标为："协助印尼发展其经济、社会和政治，使印尼成为一个人人都有同样权利和义务的国家。"

19世纪，旅居古巴的华侨参加了反对西班牙殖民统治的斗争。为纪念华侨的功绩，1931年在首都哈瓦那广场上建立了一座"华侨纪念碑"，碑文写道："在古巴的中国人没有一个不曾拥抱过自由的事业。在古巴独立战争中，他们像猛兽一样在搏斗。他们为古巴的独立慷慨地流尽了最后一滴不留名的鲜血。"

1917年，俄国爆发了伟大的"十月革命"，旅俄华工也纷纷响应，5万多人相继组成中国排、中国连、中国营、中国团，还有的加入各国无产者组成的国际旅、国际纵队，与苏俄红军共同作战，抗击白匪和外国入侵者。共产党员包吉山（一译包清山）率领的中国支队，转战南北，屡立战功。

第二次世界大战期间，东南亚的华侨华人同居住国人民一道抗击法西斯的侵略，为最终取得世界反法西斯战争的胜利贡献了力量。

"二战"后，华侨华人广泛参与居住国的各种社会政治活动，努力向政坛发展，并在居住国的政治和社会领域产生一定的影响。在泰国，华人参政已成为一种普遍现象，一些华裔还在内阁中担任要职。在美国，克林顿时代已任命10多位华裔在政府中任职。在加拿大、英国和其他一些国家，华侨华人的社会政治地位都有明显提高。

华侨华人走到哪里，就把中国文化带到哪里。中国的传统文化、风俗习惯、道德观念、宗教信仰、语言文字、饮食起居等，通过华侨华人在异国他乡的保留和传播，并对居住国文化产生一定影响。

华文教育和华文报刊是华侨华人社会文化的重要表现之一。"二战"结束后以来，尽管受各种因素影响，华文报刊和华人教育受到一些限制，但华人教育和华文报刊仍在发展。作为居留国民族文化的一部分，华文教育和华文报刊仍将发挥多方面的作用。

华侨华人整体文化素质的提高，为居留国的文化发展做出了积极的贡献。荣获诺贝尔奖的著名科学家杨振宁、李政道、丁肇中等人，都是华裔学者。美国一流的科学家有 10 万余人，其中有 3 万多是华人。世界其他国家的华侨华人，也都为居留国文化、科技的发展作出了贡献。

四、华侨华人对中国的贡献

海外华侨虽身在他国，但心向祖国，梦牵故里，海外华人也关心中国的建设和发展，以实际行动表达作为炎黄后代的拳拳之心。

古代居留异国他乡的华侨华人，经常从海外带回一些当地的土特产，传播一些果树和经济作物的栽培技术，像烟草、玉米、红薯等传入中国，都被认为是与华侨华人的中介作用有关联的。华侨华人还向中国介绍了海外的各种见闻和知识，使很多人增加了对世界的了解和认识。

近代中国一步步沦为半殖民地半封建社会之后，华侨华人从切身遭遇体会到没有一个独立强大的祖国，就没有华侨华人的权利和地位。广大华侨积极回国兴办实业，据统计，从 1872 年至 1949 年，华侨在国内投资的厂矿企业达 25 510 家，资金 1.28 亿美元，中国近代民族经济的发展与华侨的大力投资是分不开的。

近代以来，华侨关心祖国，投身祖国的革命和经济建设，先后形成了四次高潮。

第一次是辛亥革命时期。华侨从政治上、思想上、经济上、军事上支持孙中山领导的资产阶级革命。1894 年 11 月，孙中山领导的"兴中会"在檀香山成立，并提出"振兴中华"的响亮口号。这是中国第一个资产阶级政治团体，其成员大多数是华侨。广大华侨或积极回国投身辛亥革命，或慷慨解囊，经济上大力支持辛亥革命。在推翻帝制和建立、保卫共和的历次武装起义中，都有华侨在活动和战斗。著名的黄花岗之役，牺牲 86 位烈士，有 29 位是华侨。

第二次是在抗日战争期间。抗战全面爆发后，民族的生死存亡激起了海外赤子高昂的爱国热潮。他们积极组织抗日救亡团体，开展抵制日货运动，踊跃捐款捐物，大力支持抗战。据不完全统计，八年抗战时期，世界各地华侨捐款至少有 15 亿元国币。当时菲律宾有华侨十二三万人，他们就捐献了 50 架飞机。南洋著名华侨领袖陈嘉庚的"敌未出国土前，言和即汉奸"的电报，沉重打击了投降派，鼓舞了全国人民的斗志。还有许许多多的海外赤子纷纷回国，奔赴抗战一线，抗战期间，回国服务为国捐躯献身者有 1 000 余人。

第三次是在中华人民共和国成立前后。解放战争时期，爱国华侨在和平民主的旗帜下，反对内战，反对美蒋勾结。陈嘉庚于 1949 年 6 月回国，参加了人民政协筹备会，并在政协第一届全体会议上当选为中央人民政府委员。新中国成立后，各地华侨纷纷致电毛泽东主席，表示坚决支持和拥护新生的人民政权。新加坡华侨委托庄希泉，将一面绣有"中华人民共和国万岁"的锦旗献给人民政府。广大华侨积极响应祖国的召唤，投身祖国的革命和建设事业。在建国之初的十几年里，先后有30多万华侨回到日夜思念的祖国。他们之中有很多出类拔萃的高级知识分子，如钱学森、钱伟长、钱三强、华罗庚、卢嘉锡、邓稼先等，对新中国的科教文卫事业做出了重大贡献。

第四次是在十一届三中全会后。中国实行改革开放，广大海外华侨为建设现代化祖国积极贡献力量，许多海外华人也来到中国投资办厂，捐资兴学，以各种方式支持中国的建设和发展。改革开放30多年的事实证明，华侨华人是我国发展对外经济文化交流的最积极因素之一。

华侨华人的贡献已为大家所公认，也曾得到高度评价。早在辛亥革命时期，孙中山先生已将华侨誉为"革命之母"。1961年陈嘉庚去世，毛泽东在唁电中誉之为"华侨旗帜，民族光荣"。邓小平指出：海外关系"是个好东西，可以打开各个方面的关系"。"我们还有几千万爱国同胞在海外，他们希望中国兴旺发达，这在世界上是独一无二的。"江泽民主席说："归侨、侨眷和海外侨胞为民族的振兴、国家的建设做出了卓越的贡献。"

五、华侨华人的中国文化情结

中国文化源远流长，博大精深，饱含着华夏先哲们的无穷智慧，记载着炎黄子孙的辉煌业绩。在漫长的岁月中，中华民族历经磨难，却一次又一次转危为安，巍然屹立，表现出艰苦卓绝的斗争精神和无穷的智慧。

中国文化贯穿着魂系中华，"国家兴亡，匹夫有责"，"爱国如饥渴"的爱国主义精神和强大民族凝聚力，贯穿着砥砺品学，上下求索的进取精神，这是广大华侨身居异乡，历尽沧桑，而对祖国矢志不渝的思想基础。

中国文化提倡扶弱济贫，增进人类的进步和繁荣，主张"天下一家"，以世界大同为最高理想，这是居于海外的华侨华人能与所在国居民和睦相处的思想基础。

中国文化推崇高尚的道德、情操和人格，悲悯苍生的胸怀，"先天下之忧而忧，后天下之乐而乐"，使华侨华人对人类的前途有着伟大的抱负，对家庭、民族和所处的社会都负起神圣的职责。

中国文化讲究人自身的修养，使中国人民性中正平和，通情达理，成为维护社会秩序稳定的重要因素。中国文化特别严谨，且具有兼容并蓄的融合力，长于适应环境、富于择善而从，善于吸收先进的合理的成分，提倡不畏艰险，知难而进，这是华侨华人无论在多么艰难的环境中都能顽强地生存下来，并在各个行业，特别是经济、文化和科技界崭露头角的原因。

中国传统文化重视血缘和地缘关系，这在华侨华人社会中也表现出来。历史上海外华侨社会有华文学校、华文报刊和华侨社团三大支柱。华侨社团很多是以血缘关系为纽带而建立的宗亲会,还有不少是以地缘关系为纽带而建立的同乡会。除这些华侨社团之外,历史上形成的"唐人街"往往是既有血缘又有地缘的因素,成为体现中国文化和风俗习惯的海外活动中心。

唐人街是由历史上同乡同族的华侨聚居在一起,从事相同或相近的行业而逐步形成的。唐人街体现了中国文化在海外的延续,体现了海外华侨华人对中国文化的眷恋之情,展现了中华民族的传统风俗和习惯。唐人街也是商业集中之地,华侨华人所经营的餐馆业、理发业、裁缝业是三大传统行业,其他还有各种各样的服务性行业。

唐人街在许多中国旅游主要客源国都有存在,这里浓郁的中华民族的风土人情,独具特色的中华文化色彩,吸引着当地居民和众多游客。所以,美国纽约、旧金山,英国伦敦,澳大利亚悉尼,日本东京以及东南亚一些国家的唐人街,都是著名的旅游地。

随着华侨社会向华人社会的转变,华文教育、华文报刊和华人社团已经成为所在国多元文化和社会的组成部分。华侨华人在保持中国文化特色的同时,也接受了当地的文化,融入当地社会。但无论如何变化,华侨华人希望中国发展强大起来,依然眷恋着中华文化。华侨华人不仅与中华民族有着血缘联系,也与中国有着难以割舍的文化情结。

六、华侨华人是海外客源市场的组成部分

华侨华人是中国旅游海外客源市场的组成部分,在海外入境旅游人数中占有一定的比例。同时,华侨华人在中国和海外投资经营旅游以及相关行业,对于开拓中国旅游海外客源市场起到了促进作用。

在华侨社会向华人社会的转变过程中,特别是中国政府主张单一国籍,鼓励华侨加入居留国国籍以来,大约有85%以上的华侨加入了居留国国籍,成为外籍华人。时间的流逝,国籍的变更,并没有完全抹去外籍华人的中国文化情结和与中华民族的血缘关系,并没有割断他们与中国的各种联系,他们也没有忘记自己是炎黄后代。

改革开放30多年来,许多华侨华人回到祖国寻根祭祖、省亲问安、探朋访友;许多华侨华人关心中国的建设和发展,都希望中国繁荣富强、中华民族早日振兴,不少人利用所拥有的雄厚财力资源和智力资源,支持中国的经济建设,到中国或投资办厂,或进行文化科技交流、科研合作、访问讲学,不仅成为振兴中华的一支重要力量,也构成入境旅游客源的组成部分。

从1978年至20世纪90年代前期,华侨入境旅游人数基本保持逐年增长的趋

势。1978 年，来华旅游入境的华侨为 18 092 人，1982 年为 42 745 人，1985 年为 84 827 人，1991 年后每年都超过 10 万人，1993 年达到 166182 人。来华旅游入境的外国人也在逐年增长，1978 年为 229 646 人，1994 年达到 5 182 060 人，其中包括不少外籍华人。如果将华侨和外籍华人一并统计，其在来华旅游客源中将会占有相当比例。

东南亚不少国家是中国旅游主要客源国，东南亚地区华侨华人最为集中，在东南亚各国来华旅游入境者中，华侨华人占有相当大的比例。东南亚各国的华侨和华人超过 1 000 万，而且一般说其富裕程度高于所在国土著居民，他们是中国旅游业一批巨大而又有潜力的国际客源。20 世纪 80 年代，东南亚地区来华旅游客源逐步增长。进入 90 年代，随着中国与东南亚各国关系的发展，一些国家对华侨华人来华限制的取消和松动，华侨华人入境旅游进一步增长。在渡过 1998 年的金融危机之后，东南亚仍是值得进一步开拓的客源市场，其中的重点仍是华侨华人。

华侨华人在海外奋斗创业过程中，吃苦耐劳，发挥聪明才智，一部分人已在经济上取得很大成就，据估计，海外华侨华人资金约为 1 000 亿美元，在世界经济中有着重要影响。华侨华人所经营的航运业、餐馆业、金融业、房地产业等，在国际和地区经济中都占有重要地位，这些都与旅游业的发展有较为密切的关系。特别是华侨华人所经营的饮食业，在各主要客源国都有很大影响，估计全球华侨华人经营的餐馆超过 10 万家，其中有西式餐饮，更多的则是中式菜肴、中国风味食品，这也是华侨华人对世界旅游业所作出的一种贡献。

近年来，随着世界旅游业的发展，一些海外华人直接投资旅游业，开办旅行社，美国有 300 多家，日本、英国各有数十家。中国改革开放以后，一些华侨华人到中国投资经营，据统计，1979 年至 1985 年上半年，海外华人到中国投资 52 亿美元，超过同期外商在华投资的一半。其中包括在宾馆、餐饮及旅游业其他方面的投资。

华侨华人兴办旅游业具有一些独特的优势，他们对东西方文化都有所了解，便于沟通中外交流，也有利于中国旅游业与世界各国旅游业的交往与合作。华侨华人作为文化交流的中介，向居留国人民介绍中国，也向中国人民介绍居留国，有利于中国与各国人民之间的了解和交流，也有利于中国开拓海外客源市场，扩大来华入境旅游者的数量。

复习思考题

1. 香港旅游资源的特征是什么？
2. 试展望澳门旅游业的发展趋势。
3. 台湾赴大陆旅游的市场特征是什么？
4. 如何评价港、澳、台地区在全国旅游业发展中的地位与作用？
5. 试论述华侨华人在中国海外旅游市场中的作用。

第八章　其他地区

【学习导引】

　　南亚与中东是全球旅游市场区划中两个十分重要的地域。长期以来，由于种种原因，这两个地区却始终是我国海外旅游客源市场中的薄弱环节。然而，无论从区域的完整性上，还是对古老的文明古国和神秘的宗教圣地的崇敬与向往上，南亚的印度与北非的埃及和中东地区的以色列都是我们应该了解和熟悉的。通过本章的学习，加深我们对这一地区的认识和了解，对于拓展中国旅游海外客源市场，吸引更多的该地游客来华旅游，逐步弥补我国在这一市场领域中的空白都有着十分重要的现实意义。

【教学目标】

　　1. 了解中国海外旅游薄弱市场的发展空间。

　　2. 认识中东地区地理位置的重要性。

　　3. 掌握印度旅华市场的发展潜力。

　　4. 了解埃及旅游资源特色。

【学习重点】

　　印度发展旅游业的优劣势；印度的社会文化基本特征；印度旅华市场潜力；埃及的旅游资源特色；以色列的社会文化特征。

第一节 南亚与印度

南 亚 示 意 图

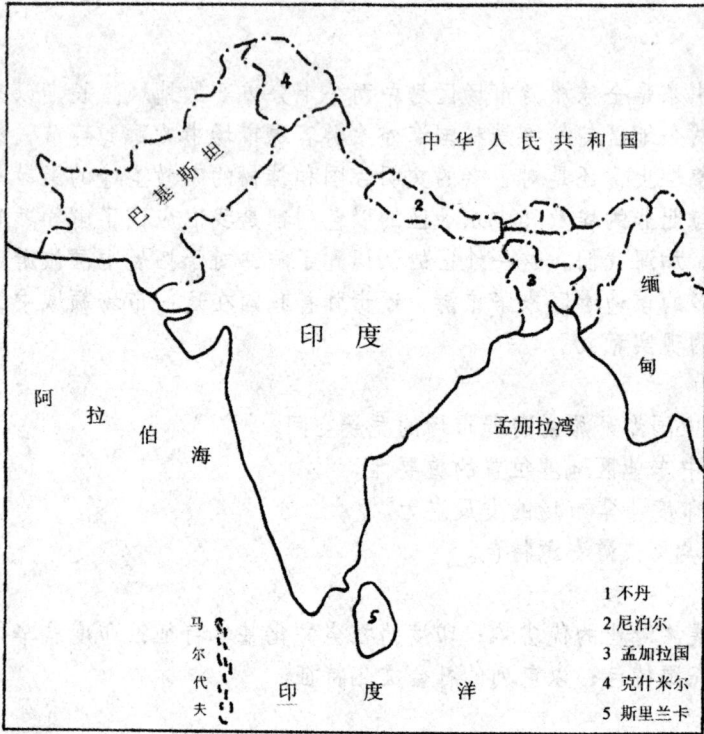

一、南亚概述①

1. 国家和居民

南亚，指喜马拉雅山南侧到印度洋的广大地区，面积440万平方公里。其北部有一系列崇山峻岭，把它同亚洲其他部分隔开，成为一个相对独立的地理单元，故有"南亚次大陆"之称。全区包括印度、巴基斯坦、孟加拉国、尼泊尔、不丹、斯里兰卡和马尔代夫等7个国家和克什米尔一个地区。人口16.1亿（2010年），占世界总人口1/5以上，平均每平方公里有365人，是世界上人口最稠密的地区

---

① 陈才主编：《世界经济地理》，北京师范大学出版社1993年版第117～119页。

之一。南亚居民兼有三大人种血缘，而以白种人和黑种人的过渡或混合型为主。其语言主要分为印欧和达罗毗荼两大语系，前者包括印度斯坦、旁遮普、孟加拉等民族，分布在巴基斯坦、孟加拉国和印度北部；后者包括泰卢固、泰米尔等民族，多分布在印度南部。南亚是婆罗门教和佛教的发源地，婆罗门教后演化为印度教，现流传于印度和尼泊尔；佛教则流传于斯里兰卡。公元 7 世纪时，伊斯兰教从西亚传入，现多分布于巴基斯坦、孟加拉国、马尔代夫和克什米尔。

2. 历史发展和政治地图演变

南亚大部分地区在历史发展上有许多共同点。其西北部的印度河流域是世界古文明主要发祥地之一，在此后漫长的历史进程中，南亚经历了多次的统一、分裂和异族入侵，其中囊括全区大部分版图的统一国家先后出现过 4 个，即公元前 3 世纪的孔雀王朝，公元 4～5 世纪的笈多王朝、13～16 世纪的德里苏丹国和 16～18 世纪的莫卧儿王朝。在这个过程中，南亚一直是世界上人口稠密，经济、文化水平较高的地区之一。15 世纪时，西欧一批冒险家垂涎于南亚的财富，积极开辟直达印度的航线。自 1498 年达·伽马首次抵达后，葡萄牙、荷兰、法国、英国等国殖民者相继侵入南亚，其中英国通过军事侵略和商业掠夺，在殖民扩张中渐居上风。自 1757 年起，南亚绝大部分地区相继沦为英国殖民地。其大陆部分当时统称为英属印度。

1947 年，英属印度按居民的宗教信仰分为印度和巴基斯坦后，相继独立，但克什米尔的归属问题没有解决。独立后的巴基斯坦由东、西两部分国土组成，中间隔着印度，相距达 1 600 公里。1971 年东巴脱离巴基斯坦成立了孟加拉国。不丹在历史上是一个独立的部落，后受英国侵犯；印度独立后同不丹签订条约，规定不丹在外交上接受印度的"指导"。锡金王国从 1890 年沦为英国的"保护国"；印度独立后同锡金签订条约，规定锡金为印度的"保护国"，至 1975 年又把锡金吞并，为印度的一个"邦"。此外，印度洋上原为英属殖民地的两个岛国斯里兰卡（旧称锡兰）和马尔代夫也先于 1948 年和 1965 年宣布独立。

3. 经济特征

南亚大部分地区地势低平坦荡，土壤肥沃，水热充足，并蕴藏着多种资源，内外交通也很方便，有着发展生产的良好条件，其生产力在古代曾达到较高水平。但近几个世纪以来，由于长期的殖民统治，再加上传统封建生产关系的束缚，南亚生产力发展极为缓慢。各国独立后经济面貌虽有明显变化，但总的看来发展速度不快，1965～1989 年间，全区国民生产总值增长不到 2 倍，增幅显著小于所有发展中国家的平均数；1989 年全区人均国民生产总值不足 330 美元，仅为东南亚的 1/2 或西亚的 1/8。南亚占世界总人口的比重超过 20%，而占世界国民生产总值的比重却不到 2%（3 550 亿美元），不丹、尼泊尔、孟加拉国等国都属于世界上最贫穷的国家。

考虑到南亚自然条件之优越，以及各国获得民族独立均已历时 50 余年，上述发展状况是不尽如人意的。若同历史基础相仿，原先经济水平更低的东亚发展中国家（包括中国、朝鲜和东南亚各国）相比，则差距尤为明显。1965～1990 年间，按可比口径，东亚发展中国家的人均国民生产总值由 150 美元增至 575 美元，增幅达 2.8 倍，即差不多翻两番；而南亚仅由 200 美元增至 330 美元，增幅仅为 65%。1965 年南亚人均国民生产总值尚比东亚高出 1/3，到 1990 年时被东亚反超 3/4。2010 年，南亚地区人均 GDP 1 240 美元，在世界各主要区域中属末位。

产生以上差异的原因是多方面的，这里有几点应予强调：

（1）政治稳定或社会安定是至关重要的。东亚多数国家这方面的情况一般都比较好，反观南亚，不仅区内国家与国家之间的关系频频出现紧张局势，而且一些国家内部的不安定因素未能得到妥善处理，以致一再酿成社会冲突，对经济发展则造成严重的不利影响，印度旷日持久的民族矛盾和宗教冲突就是一个典型实例。而 1983 年后斯里兰卡的社会动乱，不仅造成大量人口死亡，还使国民生产总值直接或间接地损失了 2/3。

（2）经济政策或发展战略应有利于促进生产力。东亚各国，无论是中国，亚洲"四小龙"，还是东盟国家，都在努力追赶世界潮流，认真吸取各国有利于生产力发展的许多经验和做法，如引进外资，发展外向型经济等。而南亚某些国家多年来政府对经济过度干预，对外开放得过小，发展活力远逊于东亚。例如 1988～1989 年外国对整个南亚地区的直接投资额仅相当于 1988 年对泰国一国的投资额。从对外贸易来看，1965～1988 年间东亚发展中国家工业制成品和初级产品的出口额分别增长 80 倍和 2.5 倍，南亚则仅为 2.5 倍和 0.2 倍。

（3）人口增长必须与经济发展相互适应。过去，南亚人口再生产的形势与东亚十分类似，后者增长率还要更高一点。但近 20 年来，东亚许多国家在控制人口上取得重大进展，年均增长率由 1965～1973 年间的 26‰降低到 1980～1990 年间的 16‰。而南亚国家则进展甚微，上述期间仅由 24‰降至 23‰。1990 年东亚人口总数比 1965 年增长 63%，南亚却达到 79%，这对提高人均国民生产总值显然是不利的。

近年来，变革之风也吹进了南亚，印度领导人已明确表示要借鉴韩国和东南亚国家发展经济的有益经验，并已采取了一些切实的措施。但由于南亚的某些社会不安定因素一时难以得到根本的缓解，加上原有基础差，人口压力大，以及某些国家在地理条件上的特殊困难（如尼泊尔和不丹深处内陆高山，孟加拉国一再遭受严重自然灾害的侵袭），要从根本上改变不发达状态，还有一段很长的路要走。

南亚国家在经济结构上一向以第一产业为主，1965 年曾占国民生产总值

44%，1989 年仍达 32%（同期内东亚发展中国家由 42%降至 24%），比重之大超过世界上其他任何地区。稻谷、棉花、茶和黄麻在世界上均占有重要地位。但南亚在世界农产品贸易总额中仅占 1%，净出口额还不到东南亚的 1/10，优越的农业自然条件尚未得到充分的开发利用。

南亚迄今工业化水平还很低，1989 年第二产业仅占国民生产总值 26%，不仅大大低于东亚发展中国家（44%），还略低于撒哈拉以南的非洲（27%）。各国轻纺工业均占很大比重，唯印度拥有规模较大的重工业。

虽南亚诸国在中国海外旅游客源市场中所占的比重甚微，但由于地缘区位上的近距离性和南亚地区悠久的人类文化历史，又恰是 WTO 划定的一个市场范围，为此特选择印度详述如下。

二、佛教古国——印度

（一）自然环境

印度共和国位于亚洲南部，南亚次大陆中心。西北与巴基斯坦接壤，东北与中国、尼泊尔、不丹为邻，东与缅甸和孟加拉国毗连，南与斯里兰卡、马尔代夫隔海相望，东南濒临孟加拉湾，西南面阿拉伯海，南连印度洋，北倚喜马拉雅山，为亚、非、欧和大洋洲海上交通枢纽。

依地形特征，印度全国大致可分为北部喜马拉雅山区、南部德干高原区、中部恒河平原区、西部塔尔沙漠区和东西海域岛屿区，国土面积 297.47 万平方公里，居世界第七位。境内河流众多；煤、铁、石油、云母等矿产资源蕴藏量巨大；植物、动物资源种类繁多。森林面积占全国领土面积的 22%。

印度属典型的热带季风气候，一年分冷、热、雨季。每年 10 月至来年 3 月为冷季，气候凉爽干燥，北方最低气温 15℃，南部气温可高达 27℃，是印度的最好时节。4～6 月为热季，各地气温可高达 40℃，沿海则在 29℃～30℃左右。雨季最低降水量为 400 毫米，最高降水量 3000～4000 毫米，阿萨姆邦的乞拉朋齐高达 1 万多毫米，号称"世界湿角"。

（二）社会概况

1．历史文化

印度是世界四大文明古国之一，公元前 2000 年前后，印度河谷出现了人类文明，公元前 1700 年，原居中亚的雅利安人中的一支入侵，征服当地土著，印度进入吠陀时代。约公元前 6 世纪，以人种和社会分工不同为基础，形成婆罗门、刹帝利、吠舍、首陀罗四个种姓。公元前 3 世纪，阿育王统治时期疆域广阔，政权强大，佛教兴盛开始向外传播。中世纪小国林立，8 世纪阿拉伯人入侵，建立苏丹王朝，引进伊斯兰文化。1526 年莫卧儿帝国建立，成为当时世界强国之一。1600

年英国入侵成立东印度公司，1757 年开始沦为英殖民地，1849 年全境被英占领。1947 年 6 月，英将印度分为印度和巴基斯坦两个自治领。同年 8 月 15 印巴分治，印度独立。1950 年 1 月 26 日，印度共和国成立，现仍为英联邦成员国。

2. 政治

印度为联邦制国家，采取英国式的议会民主制，总统为国家元首和武装部队的统帅，由联邦议会及邦议会组成"选举团"选出，每届任期五年，依照以总统为首的部长会议的建议行使职权。议会实行两院制，由联邦院（上院）和人民院（下院）组成，联邦院 244 席议员由各邦及中央直辖区立项院议员选举产生，任期六年，每两年改选 1/3，宪法规定副总统为法定联邦院议长。人民院共 543 席，由选民直接选举产生，每五年举行一次大选。总理由议会中的多数党领袖担任。

3. 经济

20 世纪 90 年代以前，印度沿着"尼赫鲁式社会主义"模式发展，建立了半管制混合经济体制，印度经济平稳而低速增长。自独立到 70 年代末的 30 多年里，年均增长率为 3.5%，80 年代上升为 5.5%。90 年代以来，印度经济改革开始了一个新的阶段，从半管制混合经济模式向政府主导下的自由市场经济模式转型。1991 年，印度政府打出了自由化、市场化、私有化和全球化旗帜。90 年代的改革，使印度经济以年均 6%以上的较快速度增长，从而使其经济发展水平和世界地位都迈上了新台阶。自 1991 年实行改革开放以后，10 年来年均经济增长率达到 6.4%。印度的计算机软件、化工、制药等行业，在世界上占有重要的地位。尤其软件行业是仅次于美国，排位世界第二，2001 年，印度软件产值为 82.6 亿美元，出口 62 亿美元。

2006 年印度政府推出"十一五"计划（2007 年至 2012 年）时曾提出如下目标：保持国民经济 10%的高速增长，创造 7 000 万个就业机会，将贫困人口减少 10%。2002 年至 2007 年，印度人均可支配收入年度增长达 14.16%，这大大促进了国内旅游和出境旅游的发展。但 2008 年以来，因受国际金融危机影响，印度经济增长速度放缓。2008～2009 财政年度，印度国内生产总值 1.23 万亿美元，人均国内生产总值 1 066 美元，经济增长率降至 6.7%。印度中央统计办公室（CSO）公布，2009～2010 财政年度，得益于制造业的强劲表现以及农业生产的复苏，印度经济增长率攀高至 7.4%；人均国民纯收入预计达 33 588 卢比（约合 700 美元）。

2010 年 6 月 12 日，印度财政部长在新德里发表讲话时宣称，2010～2011 财政年度，印度国内生产总值有望实现 8.5%的增长率，而下一个财政年度则有望超过 10%。印财政部当天还批准了总额高达 621 亿卢比（约合 13 亿美元）的银行业振兴计划，政府向五家大型国有银行注入资金以提高它们的资金实力和发放贷款能力。但就两个月之前，印度财政部在宣布新财年预算时还曾表示，由于印度经济已恢复到增长轨道，政府将部分退出刺激政策，通过调高消费税（非石油产品的消费税将提升两个百分点至 10%），恢复成品油、原油关税等措施来减少财政赤字；并通过提高银行准备备金率来遏制通货膨胀预期。加税措施遭到旅游等行业的质疑，因为这等于提高了航空旅行成本，会压制人们的出行愿望。印度旅行代理商协会（TAAI）主席拉金德·莱对此评论说："国际机票价格上涨可能会影响到主要旅游目的地所接待的休闲旅游。比如，对于结伴而行的大家庭而言，新税制增加了他们的费用负担。"不过，从目前旅游市场的实际情况看，新税制带来的负面效应尚不明显。

据世界银行统计，2010 年印度人均国内生产总值为 1 176 美元。预计到 2020 年，印度可望成为世界第四位经济大国，世界第四大市场（仅次于美国、中国、日本）。

4. 人口与居民

2010 年度，印度人口 12.16 亿，仅次于中国，居世界第二。全国有 10 个大民族和许多小民族，其中 10 个主要民族为：印度斯坦族占 46.3%，泰卢固族 8.6%，孟加拉族 7.7%，马拉地族 7.6%，泰米尔族 7.4%，古吉拉特族 4.6%，坎拿达族 3.9%，马拉雅拉姆族 3.9%，奥里雅族 3.8%，旁遮普族 2.3%。

印度宗教盛行，素有"宗教博物馆"之称，信奉印度教的占 83%，伊斯兰教占 11%，基督教占 2%，锡克教占 2%，佛教占 1%，耆那教占 1%。

由于印度历史上屡遭异族入侵，语言比较复杂，全印度各民族和部族的语言和方言达 844 种，其中 18 种被印度宪法指定为公众语言。大多数印度语属梵语系，英语与印地语为官方语言。

5. 民族、宗教和种姓

宗教在印度一向有着广泛而深刻的影响，目前印度教占总人口 83%，伊斯兰教占 11%，此外还有基督教、锡克教、佛教、喇嘛教、袄教等。

印度社会结构中的又一重要特点是等级森严的种姓制度。"种姓是职业世袭、内部通婚和不准外人参加的社会等级集团。"（马克思语）早在奴隶制时期，印度社会即已分成僧侣、贵族和武士、平民、奴隶四大等级，现代的种姓制度就是在此基础上形成的。它共分为三大等级，即由原来的僧侣、贵族、武士和平民所组成的高等种姓，由原奴隶组成的低等种姓，以及"贱民"，它们各由若干个种姓组成，估计全国共有 3 000 个种姓和 30 000 个亚种姓。印度现有"贱民"约 1 亿人，他们世世代代一直处在社会的最下层，受尽了最残酷的压迫和剥削。印度的种姓制度维护了阶级统治，对整个社会起着极大的分裂作用，因而是一种非常腐朽的社会制度。

多少年来，印度在种族、民族、语言、宗教、种姓等问题上一直存在着尖锐复杂的矛盾。英国殖民者曾利用这些矛盾，推行"分而治之"的政策。印度独立后，政府为改善上述状况采取了一些措施，但收效不大，这些矛盾依然错综交织，广泛而深刻地影响着整个社会生活。

6. 社会风情与习俗

印度地域辽阔、人口众多，既有灿烂的传统文化又有异族文明，异彩纷呈，名目繁多的纪念节日，是印度人不可缺少的一部分。节日有全国性的、地区性的、民俗性的，更多的是宗教节日，颇具民族特色。全国性节日有元旦（1月1日）、国庆日（1月26日）、独立节（8月15日）、甘地逝世纪念日（1月30日）。宗教性节日有：印度教的杜尔迦节，每年9～10月间举行，庆祝恒河女神杜尔迦下凡，节日期间举行庙会、演戏、跳舞等重大活动，历时十天，最后把女神像插入沙中象征节日结束；印度教的灯节，这是印度教最隆重的节日，公历10～11月举行，主要迎接财富女神下凡，全国庆祝5天至半个月，以孟买地区最为热闹，人们张灯结彩、彻夜灯火通明，男女老少身着新装，载歌载舞、喜气洋洋，人们抬着神像，游行狂欢；伊斯兰教开斋节，公历2月左右举行，穆斯林每年守斋一月，封斋期满见新月之第二日为开斋节，穆斯林纷纷前往清真寺礼拜祈祷，宰牲摆宴，举行会礼和各种庆祝活动。

印度人把猴子和牛尊为神，当着印度人的面千万不可说猴子和牛的坏话。印度还有不少人崇拜蛇，传说印度教中的湿婆神是由蛇保护的。日常生活中常用礼节有脱鞋示敬、合十问候，摸脚礼为印度教教徒的敬长礼节。男人和女人不能握手，行合十礼或鞠躬礼时，男人不能碰女人。若一般关系，男人和女人不能单独说话。印度人用摇头表示赞同，用点头表示不同意。迎候嘉宾时敬献花环，表示由衷欢迎。

受历史文化和民族的影响，印度饮食南北差异很大，北方多肉、谷物和面包，南方多素食、米饭和咖喱。印度人烹饪喜欢用大量香料和调味品，如咖喱、胡椒、酸辣酱、粗糖以及各种果肉，如椰子、芒果、香蕉等。印度饮料多样，南方人们喜欢喝浓咖啡，北方人们喜欢喝茶。新鲜果汁是印度人普遍爱喝的。小吃中，蒸制的米糕和"多萨"（一种包着麻辣土豆馅的米制薄煎饼）风行全印度。

印度人用餐通常不使用餐具，在进餐过程中忌讳两人同时从同一盘中取菜，印度人递东西、拿东西或敬茶用右手，忌用左手，也不用双手。印度人用手进食，餐后印度人通常给客人端一碗热水放在桌上，供客人洗手。

印度妇女多穿遮胸露腰的沙丽，里面一件紧身短衫，多数妇女不穿袜子也不露大腿，她们喜欢在额头正中点上一颗指头大小的红痣，象征喜庆和吉祥，印度人称之为"特丽佳"，受过欧式教育的男士大多穿西服，一般百姓穿轻便、宽松的白色印度式衬衣，或穿一件拖地的围裤。

（三）旅游业概况

1. 发展历程[①]

（1）列入国民经济总体规划中的印度旅游业

印度是世界四大文明古国之一，丰富的历史文化遗产构成了独树一帜的人文旅游资源。广袤的国土、特色鲜明的多民族等，使印度在发展旅游业方面具有重要优势。

印度的旅游业始于20世纪50年代，在经过了近20年的自发性发展阶段之后，1980年以后政府开始将旅游业作为一个优先发展的产业予以支持。1991年印度政府确定了旅游产业的外资准入政策，并首次举办了"印度旅游年"。次年，旅游发展正式列入1992～1997年的印度国民经济发展的第八个五年规划之中，在此时期，印度旅游业不论是在软、硬件建设方面，还是在促进旅游业发展的政治、经济、环境上都得到了较大的改善，进入第九个五年计划后，旅游作为印度政府增加外汇收入、增加就业；消除贫困、改善环境、可持续发展战略的一项主要内容，开始得到全面实施。

据统计，印度旅游业直接就业人数目前已达1 200万，相关的间接就业人数约为2 300万。1999年约2.1亿人次的国内旅游显示了旺盛的市场消费需求。

1998年度，印度接待的外国入境游客人数约为237万人次，当年旅游创汇31.3亿美元，仅占世界旅游收入份额的0.7%。

目前，旅游创汇已成为印度主要的外汇收入之一，同信息技术产业出口创汇一样，为国家的现代化建设提供了良好的资金保障。

近几年，由于信息产业高速发展带动了印度经济持续高速增长，人均收入不断提高，印度出境旅游的发展，以大幅差额远远超过了入境旅游的增长。

1995年，印度年出境旅游的人数首次超过300万，1998年达到了381万人次，在2000年里，达到创纪录的400万人次。

（2）出境游、入境游、国内游的非均衡发展

①国内游市场潜力巨大

2000年10月，印度人口达到了创纪录的10亿大关，为世界人口第二大国。作为一个农业大国，印度在推进私有制改革中，农业经济获得了长足的发展。同时，由于印度具有工业生产总值居发展中国家第4位的现代工业，特别是始于1990年初的第一阶段的改革政策以来，国民经济实力迅速发展，城市富裕型家庭（年收入1 750美元以上）在逐年增加。正如印度国家应用经济研究理事会的调查结果所示，1995年在此收入线之上的家庭数仅占城镇家庭总数的20%，而到了2000

---

① 张洪燕：《托起印度旅游的明天》，《中国旅游报》2001年4月21日。

年则达到了 45%，预测 2006 年将达至 73.5%；在人们收入累计增长的同时，印度近年的国内旅游亦有了稳定的增长，2000 年其国内旅游人数首次达到了 2.2 亿人次。

②入境旅游受基础设施发展的制约发展缓慢

虽然印度政府近几年大力倡导发展旅游业，并在主要客源国设立了 20 余个旅游推介机构，但由于其长期以来与旅游相关的基础设施未能得到相应发展，近几年入境旅游人数一直徘徊在不足 300 万人次，旅游收入在 2000 年亦未超过 33 亿美元。

③出境旅游在经济高速增长中持续攀升

由于印度社会经济在改革中获得了十年的高速增长，至 2000 年，印度的国民生产总值已接近 5 000 亿美元，虽然人均 GDP 还不足 1 000 美元，但其 45%的城镇富裕家庭已构成了社会中的一个包含多等级种族的、庞大的富裕阶层。在其 10 亿人口当中，约有 1.2～1.5 亿中产阶层，其中约 2 500 万富裕阶层正在形成庞大的出境旅游消费群体。在 1994 年取消了出境旅游目的地限制人及放宽携带外汇数额标准（目前为每人每次出国旅游可带 2 000 美元）之后，印度的出境旅游业以高于入境旅游增长的速度发展。1999 年印度出国旅游人数为 381 万人次，2000 年则首次突破了 400 万人次。PATA 曾预测：在 21 世纪的最初 10 年里，印度出境旅游将以年均 15%以上的速度递增，从而成为南亚地区最具潜力的客源国之一。实际到 2002 年，印度年出国旅游人数就已达到 600 余万人次。

2. 旅游业现状

2000 年是中印建交 50 周年，当年纳拉亚南总统对华的成功访问，将两个文明古国、亦是世界人口大国的双边关系推向新的高度，使两国在文化、贸易、经济领域的合作与人员往来更进一步趋向深层次的高速发展。

近几年，以蓬勃发展的信息产业与力争成为大国的努力，不仅使印度在亚洲的重要性凸现出来，而且自 20 世纪 90 年代起，印度政府大力推行的一系列经济政策，使其经济在过去的十余年中实现了年均 7%的高速增长，庞大的、多样化的宏观经济为印度国内外的私人投资创造了新的机会。

低于 2%的物价上涨率，充足的外汇储备、农业的绝对增长及稳定的汇率管理，使印度中产阶层急剧扩大，收入大幅提高，同时也使始于 20 世纪 50 年的印度旅游业迎来了划时代的历史性时期。

据印度旅游报报道，2003 年 1～6 月印度外国入境游客数量 125 万人次，较上年同期增长 11.6%，创汇 15 亿美元，同比增长 14.5%。业内分析指出印度旅游业开始走上"复兴之路"。受"9·11"事件影响，印度 2001～2002 财年的外国游客下降 10.2%，为 242.3 万人次，收入下降 8.1%，为 29.1 亿美元。2002～2003

财年，外国游客数量约 250 万人。2003～2004 财年，外国游客数量约为 288 万，增长 17.3%，实现创汇 35 亿美元。2005 年到印的外国游客达到 392 万人次。2005～2006 财年，外国游客 405.3 万人次，增长 12.5%，创汇 59.31 亿美元。

2009～2010 年，印度旅游部推出了多项创新之举，包括开发新产品（如直升机旅游、医疗旅游、保健旅游、邮轮旅游、大篷车旅游、生态旅游等）、颁布各邦和中央直辖区旅游基础设施建设指南等。为迎接第 19 届英联邦运动会，印度旅游部积极筹措酒店建设用地，努力增加客房数量。此前，印度政府已着手实施为期 5 年的免税期，即在印度自然、文化遗产地区投资兴建二、三、四星级酒店，酒店投资者将享受税收、信贷优惠。旅游部还与各邦、中央直辖区旅游机构加强合作，促进旅游畅通，并共同成立了邦级监督委员会（SLMCs)，负责跟踪评估旅游项目进展。

印度旅游业界近年也加强了对外交往和国际合作。印度旅游部与联合国世界旅游组织、东盟、南盟、亚太经济社会委员会等国际组织保持沟通和协作；2009 年，先后与西班牙、波兰、新加坡等国签署了旅游合作协议、备忘录或行动计划。由于财力有限，印度旅游部尤其重视通过引进外资来改善旅游基础设施。如，借助日本国际合作厅提供的贷款，“阿旃陀—埃洛拉保护与旅游开发项目二期工程”已经启动。为开发北方邦的佛教旅游线路，印度政府与日本国际合作厅也已签署贷款协议。

印度旅游部重视人力资源培训与开发，注重从数量和质量上对旅游从业者加强职业培训和教育，并进行相关职业资格认证。截至目前，印度共有 29 所酒店管理学院（其中，联邦 21 家，地方邦 8 家）、5 家食品工艺学院，均为独立教育、培训机构。为对这些学院的学术活动进行引导和规范，旅游部早在 1982 年就成立了“酒店管理与餐饮技术全国理事会”（NCHMCT）。另外，还有“印度旅游旅行管理学院”（IITTM）等著名教育机构。

目前，联邦政府财政、旅游、交通、文化等各部门与各邦、各中央直辖区和有关行业协会加强协作，致力于通过发展旅游业来实现“包容性增长”，让每一位国民从中受益。

3. 印度出境旅游的市场动向与特征

20 世纪八九十年代，印度人出游的最大目的地是东南亚或亚太地区国家。赴上述地区旅游的人数约占出境人数的比例由 80 年代的 30% 增至 90 年代的 40% 以上。即目前约有 200 万印度人赴亚太地区旅游，并逐年扩大。另外，出境旅游人数中 25% 是赴欧洲英语系国家。10% 以上的人（主要是低年龄层、高学历的年轻群体）赴北美；其次为澳洲、非洲及海湾国家（不包括劳务输出）。这种状况及趋势在世纪之初仍将保持下去。

印度出境旅游市场有如下基本特征：

20 世纪 90 年代以来，印度出境旅游的主要目的是休闲度假（包括游览观光、探亲访友、购物）。这种类型的旅游者占到了出境旅游人数的 51%，且其中近乎一半的人是赴近邻的尼泊尔、不丹及新加坡、中国香港等地，近年有显现远距离发展的倾向。商务旅游约占印度出境旅游的 45% 以上，且逐年增长。

从年龄构成来看，印度游客平均年龄在 44 岁，男性多于女性，80% 以上拥有较高学历，从事商务或工业，已婚，其中一半以上的人持有信用卡。在外停留时间长是印度出境旅游的一大特点，平均为 38 天，其中商务旅行在外 41 天、度假 29 天，探亲访友者约为 46 天。

旅游消费平均支出为团队 4 531 美元/人，非团队则为 3 293 美元/人。在旅游方式上，团队全包价约占 15%，FIT 约占 40%，家庭旅行约占 23%。

从旅游信息的来源看，近乎 40% 的人重视来自亲友的口碑介绍，旅行商的推介占 34%，旅游书籍杂志等占 26%。

从 PATA 收集的资料表明，近年赴亚太地区的印度游客有了显著的增长，其在亚太地区的主要目的地依次为新加坡、泰国、美国、尼泊尔、中国香港等。中国大陆是印度近年增长最快的目的地国家。

由于印度经济发展不均衡，孟买、德里、马德拉斯、特里凡得琅四大口岸城市集中了印度 85% 的出国旅游者。

4. 高速增长的印度旅华市场

印度旅华市场在 20 世纪 80～90 年代初期基本处于自发性增长状态。1996 年我国国家旅游局首次组团参加了印度第 9 届国际旅游展览会，开始了对该市场的关注与开发。当年印度来华人数第一次达到 5.5 万人次，从而引起了我国国内主要旅游企业的重视；到了 1999 年，印度旅华人数首次达到 8.4 万人次，较 1998 年增长 28.2%，跻身来华客源国的第 16 位。2000 年，印度旅华市场再次出现腾跃式增长，访华人数超过 12 万人次，增长 43.62%，逼近第 15 位客源国的法国。印度旅协的专家预测，随着中印关系的发展，尤其是两国双边交流上的扩大，印度人民特别是富裕阶层对中国的兴趣越来越高，印度访华人数将有可能达到每年 50 万人次的规模。

表 8-1 2003～2009 年印度旅华市场统计数据

年份	接待人数	增幅（%）
2003	219 097	2.6
2004	309 411	41.2
2005	356 460	15.2
2006	405 091	13.6
2007	462 450	14.2
2008	446 600	-5.58
2009	448 900	2.82

资料来源：《中国旅游统计年鉴》。

2010 年 1～4 月份印度来华旅游 16.23 万人次，同比增长 23.55%，其发展势头与中国传统的客源市场相比并不逊色。即使在全球金融危机影响最为深重的 2009 年，印度来华旅游者人次仍然保持了正增长。

5. 旅华市场现状

据国家旅游局抽样统计显示，目前前来中国的印度游客绝大多数是商务游客。真正意义上观光旅游者还不多。商务游客方面又以信息技术（IT）、化工、制药等产业的居多。据了解，在印度数千家旅行社中，将中国旅游产品列入产品册的、销售中国旅游产品的，只有为数有限的十几家左右，以及少部分大公司的旅游部门因公司与中国的业务而安排的中国游。全力推销中国旅游产品且在媒体上定期做广告的只有几家。

抽样调查还显示，2001 年印度来华旅游者人均消费为 1 030 美元，平均停留天数 5.8 天，人均天消费 177.59 美元（另据香港特区旅游发展局统计：同年印度游客在港人均消费 533.72 美元，日均消费 145.38 美元）。在购物方面，印度人最感兴趣的旅游商品有服装/丝绸。食品/茶叶、瓷器/陶器、中草药/保健品、纪念品/工艺品等。

在入境渠道方面，由于中印两国在 2002 年 3 月才开辟直飞航线，所以印度游客进入中国主要借道中国香港，新加坡、泰国等与印度和中国内陆航班转机便利的地区或国家，其中从香港入境的占绝大多数。

在接待城市方面，广州及珠江三角洲地区、上海、北京和西藏是印度商务游客的主要目的地，桂林、西安则主要接待的是印度来华的观光客。

6. 制约印度旅华市场发展的因素①

在印度旅华市场快速发展的同时，我们也要清醒地认识到制约印度旅华市场持续、健康发展的因素。

（1）印度公众和旅游业界对中国缺乏了解

印度的部分政治"精英"始终对华抱有敌意，加之部分媒体的负面报道和渲染，让公众对中国产生恐惧感，"中国威胁论"在印度不乏市场。印度旅行商对中国缺少最基本的了解，只有比例很少的业界人士来过中国，他们缺乏信息，没有资料，在我国没有客户，缺少对中国的感性认识，这些直接限制了旅行商销售中国旅游产品，也导致他们不敢大规模投资宣传中国，推销中国旅游产品，也就很难满足市场对中国旅游产品的需求，促使公众转向其他目的地寻求替代产品。随着交往的增多，每年四五十万印度人来华经商、旅游等，眼见为实使他们成为中国最好的宣传载体，主流媒体对中国客观的报道也渐渐多起来。

（2）印度周边旅游目的地竞争激烈

由于印度游客本身固有的特点和宗教、饮食等要求，他们去周边和东南亚国家和地区旅行的人数较大。这些旅游目的地为了在印度旅游市场分一瓢羹，都在加大投入，不断推出各种适销对路的有针对性的旅游产品，低价促销连连不断。

（3）中印航空瓶颈尚待突破

中印之间每周只有 6 个航班，远远满足不了两国间旅客交通需求。运力不足、航班不多、航点单一，都严重地制约了中印航空运输的发展。随着中印旅游市场的快速增长，航空瓶颈问题将愈加凸显。

（4）饮食习惯成难点

由于宗教、文化和生活习俗等原因，印度人对饮食的限制和要求很多，给接待印度游客带来困难。因此，在接待印度游客前，一定要了解他们对饮食的特殊要求，否则将给接待带来极大的困难。

有能力出境的印度人基本上都讲英语，但他们的语音语调比较难适应，加之印度人较外向，喜欢交流等，对于我们的服务人员，特别是导游提出了更高的要求。

---

① 刘士军、常文：《印度旅游及旅华市场报告》，《中国旅游报》，2005 年 4 月 22 日第 11 版。

第二节 北非与中东

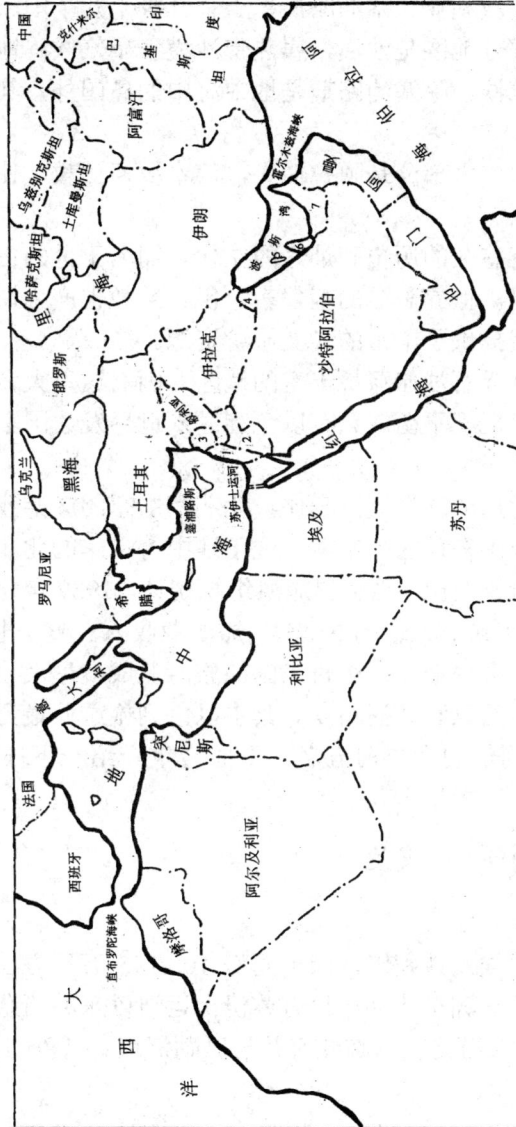

北 非 及 中 东 地 区 示 意 图

1 以色列和巴勒斯坦   2 约旦   3 黎巴嫩   4 科威特   5 巴林   6 卡塔尔   7 阿联酋

一、北非及中东概况[①]

1. 自然概况

北非位于地中海南部和非洲北部，包括摩洛哥、阿尔及利亚、突尼斯、利比亚、埃及五国。中东位于地中海南部，欧、亚、非三洲连接的地区，包括以色列、巴勒斯坦、黎巴嫩、叙利亚、塞浦路斯、土耳其等十几个国家。

北非和中东大部分地区是沙漠，属热带沙漠干旱气候。地中海沿岸为丘陵和平原，属地中海式气候。除塞浦路斯是地中海中的岛国外，其余均属大陆国家。

2. 社会概况

北非和中东人口中大部分是阿拉伯人，信奉伊斯兰教，使用阿拉伯语；其次是土耳其人、犹太人。

北非和中东具有悠久的历史和灿烂的文化。闻名于世的古埃及文化和古巴比伦文化就产生在这里。世界著名的基督教、伊斯兰教也产生在这里。因而它为这一地区旅游业的发展提供了丰富的人文旅游资源。

北非和中东是世界石油储藏最丰富的地区，因而这里大多数国家的经济状况较好，但社会综合发展不平衡。只有以色列进入世界发达国家行列。

3. 旅游业概况

虽然与地中海北岸的欧洲国家相比，北非和中东的旅游业有些逊色，但如果从世界范围和非洲及中东地区来考察，位于地中海沿岸的北非和中东一些国家的旅游业就显得成绩特别突出。据世界旅游组织统计，1989 年北非五国共接待游客1 000 万人次，占整个访非人数的 63.9%。旅游业收入占整个非洲的 74.8%。在北非五国中又以埃及、突尼斯、摩洛哥三国的旅游业成就最大。中东旅游业发达的国家主要是以色列、约旦和塞浦路斯。其中以色列旅游业最为发达。如按人均旅游收入计算，以色列位列世界前五名。下面着重介绍一下埃及和以色列的有关情况。

二、金字塔王国——埃及

（一）自然环境

埃及全名阿拉伯埃及共和国，国土面积 100.145 万平方公里。埃及跨亚、非两大洲，大部分位于非洲东北部，只有苏伊士运河以东的西奈半岛位于亚洲西南部。西连利比亚，南接苏丹，东临红海并与巴勒斯坦、以色列接壤，北濒地中海。海岸线长约 2 900 公里。

---

① 李溢：《世界热带亚热带海岛海滨旅游开发研究》，旅游教育出版社 1997 年版第 69～70 页。

埃及境内地势平坦，沙漠占国土面积的 95%。西部的利比亚沙漠区是撒哈拉沙漠的东北部分，为自南向北倾斜的高原。尼罗河谷地及三角洲地区地表平坦。西奈半岛面积约 6 万平方公里，大部分为沙漠。尼罗河纵贯南北，全长 6 670 公里，在埃及境内长 1 350 公里。埃及全境干燥少雨。尼罗河三角洲和北部沿海地区属地中海型气候，平均气温 1 月 12℃，7 月 26℃。其余大部分地区属热带沙漠气候，炎热干燥，沙漠地区气温可达 40℃。

埃及的矿产资源主要有石油、天然气、磷酸盐、镁等。阿斯旺水坝是世界七大水坝之一，全年可发电 100 亿度。此外还有锰、煤、金、锌、铬、银、钼、铜和滑石等。

（二）社会环境

1. 历史与文化

埃及是世界四大文明古国之一。公元前 3200 年出现奴隶制的统一国家。当时国王称法老。公元前 670 年以后长期为外来民族所统治。公元 640 年，阿拉伯人入侵，推行"阿拉伯化"。1517 年被土耳其人征服，成为奥斯曼帝国的行省。1882 年被英军战领。英国取消奥斯曼帝国对埃及的宗主权，宣布埃及为英"保护国"。1922 年 2 月 28 日，英国宣布埃及为独立国家，但保留对其国防、外交、少数民族问题的处置权。1952 年 7 月 23 日，以纳赛尔为首的自由军官组织推翻法鲁克王朝，成立革命指导委员会，掌握国家政权。1953 年 6 月 18 日宣布成立埃及共和国。1958 年 2 月同叙利亚合并成立阿拉伯联合共和国。1961 年，叙利亚退出"阿联"。1971 年 9 月 1 日改名为阿拉伯埃及共和国。

埃及是阿拉伯世界的文化中心。在奥斯曼土耳其人统治的黑暗时代，只有埃及的爱资哈尔清真寺保护了伊斯兰和阿拉伯文化遗产。独具特色的文房四宝是古老文化的重要组成部分。早在公元前 3000 年，埃及就发明了人类最古老的书写材料——纸莎草纸。这项发明，使埃及古老文化进入了重要的发展时期，也促进了文化的发展。古代埃及人最早使用的笔是由灯心草制成的，所使用的墨是木炭和红赭石粉调入阿拉伯树胶溶液制成，砚台是用上乘的石料制成。除此之外，古埃及人在象形文字、天文学、数学、建筑学等方面也取得了伟大成就。如人类第一部太阳历、金字塔都代表了古代埃及文明的辉煌。近代也出现了许多世界驰名的文学家、思想家和艺术家，如最著名的现实主义小说家纳吉布·马哈福兹，他以自己的著名三部曲（《宫间街》、《思宫街》、《甘露街》）和 48 部长篇小说和短篇小说集，于 1998 年 10 月荣获当年的诺贝尔文学奖，为埃及文学和阿拉伯文学在世界文坛上赢得一席之地。

2. 经济与政治

埃及属开放型市场经济，以农业为主，农村人口占全国总人口的 56%，但 70%

粮食靠进口，是世界上最大的食品进口国之一。工业基础较为薄弱，以纺织、食品加工等轻工业为主。交通运输十分便利。近几年海、陆、空运输能力增长较快。全国共有 7 条国际海运航线，国际机场 11 个，其中开罗机场是重要的国际航空站。近年来，埃及大力发展电信和信息产业。1998 年和 2000 年 8 月，埃及相继成功发射尼罗河 101 和 102 两颗人造卫星。埃及的财政来源除税收外，主要靠石油、苏伊士运河、侨汇和旅游四项收入。由于出口商品少，外贸连年逆差。主要进口产品为机械、运输设备、化工产品、牲畜及畜产品、粮食、蔬菜、油料等。主要出口产品是原油、石油产品、纺织品、棉花、马铃薯及柑橘等。

埃及是非洲工业比较发达的国家之一，以纺织业和食品加工业为主，2010 年人均国内生产总值 2 771 美元，在非洲属于中上水平。埃及是中东地区矿产丰富的国家。矿产资源主要有石油、天然气、磷酸盐、铁、锰、钼、铬、煤、金、银、铜和滑石等。纺织和食品加工为传统工业，产值占工业产值的一半以上，钢、石油产品、发电量和纺织品居非洲第二位。石油工业是埃及国民经济的支柱，是非洲第四大石油国。化肥、水泥、机械等重工业也有较大发展。埃及的交通运输业也十分发达，交通便利。制糖、糕点、罐头、奶制品及油类加工时埃及传统的食品工业。沿海和尼罗河生产鱼类。埃及的动物有非洲象、羚羊、长颈鹿、鸵鸟、犀牛、驴、鹿等。

埃及于 1971 年 9 月 11 日经公民投票通过了宪法；宪法规定：总统是国家元首和武装部队最高统帅；总统由人民议会提名，公民投票选出。1980 年 5 月 22 日经公民投票修改宪法，规定政治制度“建立在多党制基础上”；“总统可多次连选连任”，并增加了“建立协商会议”的条款。人民议会是最高立法机关。议员由普选产生；议长、副议长每年选举 1 次。

2011 年 2 月 11 日，时任埃及总统穆巴拉克因国内民众大规模抗议活动而被迫辞去总统职务，并将国家权力移交给埃及武装部队最高委员会，武装部队最高委员会随即宣布废止宪法。2012 年 3 月 17 日，埃及人民议会和协商会议在开罗东部的纳赛尔城召开联席会议。会上通过了制宪委员会成员组成方案。根据该方案，新成立的制宪委员会将设立 100 个席位，其中议员和非议员将各占 50 席，制宪委员会的主要职责是制定埃及新宪法。但由于穆斯林兄弟会和萨拉菲派的光明党这两个伊斯兰政党占据了制宪委员会过半数席位，这引起了世俗党派的强烈不满。2012 年 6 月 12 日，埃及人民议会和协商会议再次举行联合会议，重新选举出 100 名制宪委员会成员。

埃及现任政府成立于 2012 年 6 月 30 日，总统为埃及穆斯林兄弟会（穆兄会）下属的埃及自由与正义党主席穆罕默德·穆尔西，他是埃及首位非军人出身的民选总统，也是自前总统穆罕默德·胡斯尼·穆巴拉克下台之后的第一位总统。2012

年 7 月 24 日，穆尔西任命原看守内阁灌溉与水资源部长希沙姆·甘迪勒出任新总理一职。2012 年 8 月 2 日，希沙姆·甘迪勒组建了由 35 名内阁成员组成的埃及现政权。

3. 人口与居民

埃及人口 7 834 万（2010 年）。其中信奉伊斯兰教的阿拉伯人约占 87%。信奉基督教的科普特人约占 11.8%。希腊东正教、天主教等其他基督教徒约 25 万，还有少数犹太教徒。伊斯兰教为国教。官方语言为阿拉伯语，中上层通用英语，法语次之。

埃政府长期实行家庭补贴，另外还对大米、面包、面粉、食油、糖和能源等实行物价补贴。随着经济改革不断深化，政府逐步调整物价，减少补贴，同时不断增加职工工资。家庭平均年收入达 12 000 埃镑，人均年收入 2 592 埃镑。2000 年，埃及政府向 60 万户无经济来源家庭提供每月 50 埃镑的社会保障金，拨款 12 亿埃镑用于城区和村庄的道路、照明、楼房维修等基础建设。

4. 社会风情与习俗

埃及人崇尚绿色和白色，讨厌黑色和蓝色，用白色和绿色表达吉祥的意思，用黑色和蓝色表达诅咒的意思。埃及人以右为吉祥，以左为晦气，如穿鞋时先穿右脚，后穿左脚。埃及人多食糖类，最具代表性的甜食是"巴斯布萨"，是由面粉经油炒加调料淋糖水而制成。不吃海参、蟹等怪状海味品；对动物内脏，除肝可以吃外，其余均不吃。不吃红烩带汁的和没熟透的菜，不喜欢吃整鱼和带骨刺的鱼。不喜欢大熊猫，认为大熊猫和猫的形象很相似。忌讳说"针"这个字和借针使用，尤其下午三点到五点之间；忌讳称赞女人苗条，因为她们认为体态丰腴才算美；忌讳当众吐唾沫。对埃及人，无论收送礼物或递东西，均要用双手或右手，千万不能只用左手。与他们的谈话内容可以是埃及有声望的领导人的事迹及埃及的古老文明，最好不谈中东政治和冲突。他们的休息日是星期五，当他们做礼拜时不要打扰他们。埃及人进食时，如果没有必要，一般不予人交谈。总之，埃及人的生活习俗融合了古法老遗俗和伊斯兰教规。埃及的民间节日主要有尼罗河泛滥节和埃及惠风节。如今，在一年一度的尼罗河涨水时，埃及人举行祈祷活动，以五颜六色的玩具娃娃献给尼罗河，表达他们对尼罗河的尊敬，现在也称尼罗河最高水位节。埃及惠风节是每逢 4 月份春光明媚之际，全国放假一天，城里人携全家到郊外公园呼吸新鲜空气，欣赏万物争荣的景象，饱尝野炊风味，享受家庭的天伦之乐。

（三）旅游业概况

1. 发展历程

埃及的旅游业自从 20 世纪 60 年代以来有了很大发展。1960 年，外国旅游者仅 28.6 万人次，到 1979 年即超过 100 万人次。国际旅游收入约 7 亿美元。1979年，埃及和以色列达成和平协议，此后一直比较稳定。不过由于 1985 年发生劫持游船事件和 1986 年对利比亚的轰炸，在一定时期内导致美国旅游者的明显减少。然而，由于其他国家旅游的人数有所增加，旅游者的总数仍有增加。1987 年，埃及接待阿拉伯人旅游者达 180 万人次。1990 年由于发生海湾危机，旅游业受到极大影响。但此后，埃及的旅游业又得到较快恢复。1992 年埃及接待外国旅游者 294.4 万人次，居世界第 33 位，旅游收入 27.3 亿美元，居世界第 26 位。

2. 旅游业现状

2000 年，埃及旅游收入 45 亿美元，占埃外汇收入的 25%，同年，访埃游客达 550 万人次。埃及的国际游客中，居第一位的是欧洲人，约占 1/2；第二位是阿拉伯游客，约占 1/4；其余为北美及其他地区游客。埃及旅游的四大客源国分别为德国、意大利、英国和法国，四大阿拉伯客源国分别是沙特阿拉伯、巴勒斯坦、利比亚和科威特。以色列国籍的游客相当多，只不过他们中很多人随他国旅游团而来。埃及的旅游业常受到暴力事件的干扰和破坏。以埃及为首的阿拉伯国家于 1997 年 6 月 23 日组成了阿拉伯旅游共同市场和阿拉伯旅游开发银行，采取措施，允许来自世界各地的游客在阿拉伯各国之间自由流动，合作培养旅游人才，增加旅游官员互访、制定旅游资源的保护战略，鼓励阿拉伯国家间的旅游投资。

截至 2004 年 4 月，埃及全国有五星级饭店 32 家，饭店客房 14.2 万间。主要旅游景点有金字塔、狮身人面像、卢克索神庙、阿斯旺高坝等。2005～2006 财年，埃及旅游收入 77 亿美元，游客总数达 870 万人次，旅游业产值占国内生产总值的11%。2007 年，埃及旅游人次达 940 万，收入达到 98 亿美元。

埃及的旅游发展条件得天独厚，旅游资源十分丰富。文化、古迹和历史旅游是埃及最重要和最古老的旅游资源。埃及的母亲河——尼罗河，全长 6 700 公里，长度为世界第一，水量为世界第二。尼罗河谷及其三角洲地区是埃及文化的摇篮，也是世界文化的发祥地之一。尼罗河上有许多游船，其中有仿法老时期船只修造的法老船。夜晚乘法老船泛舟河上，可观看两岸旖旎的风光。船上有著名的东方舞表演。此外，埃及金字塔是唯一仅存于现世的上古世界七大奇观，矗立在沙漠上达 5 000 年之久。

三、神秘国度——以色列

（一）自然环境

全名以色列国。根据 1947 年联合国关于巴勒斯坦分治决议的规定，以色列国的面积为 1.49 万平方公里。但由于 1948～1973 年间爆发了四次阿以战争，以色列占领了约旦河西岸、加沙地带、耶路撒冷和戈兰高地。后以多次撤军，现实际控制面积约为 2.5 万平方公里。

以色列位于亚洲西部。东接约旦，东北部与叙利亚为邻，南连亚喀巴湾，西南部与埃及为邻，西濒地中海，北与黎巴嫩接壤，是亚、非、欧三大洲结合处，地理位置十分重要。海岸线长 198 公里。

以色列沿海地区为狭长平原，东部有山地和高原，海拔一般在 600～1 000 米之间。北部加利利高原上的梅隆山海拔 1 208 米。东部与约旦交界处向南延伸至亚喀巴湾的地区为大裂谷区，内有地球表面最低点死海，南半部为内格夫沙漠，占以色列领土的一半以上。主要河流有约旦河。以色列属地中海型气候，夏季炎热干燥，最高气温 39℃，冬季温和湿润，最低气温 4℃左右。

以色列矿产资源贫乏。主要有钾盐、石灰石、铜、铁、磷酸盐、镁、锰、硫磺等。国土森林覆盖率 5.7%。

（二）社会环境

1. 历史与文化

犹太人远祖是古代闪族的支脉希伯来人。起源于约 4000 年前的美索不达米亚，后因躲避自然灾害迁徙至埃及尼罗河三角洲东部。公元前 13 世纪末开始从埃及迁居巴勒斯坦。1917 年英国占领巴勒斯坦。1922 年 7 月 24 日，国际联盟通过了英国对巴勒斯坦的"委任统治训令"，规定在巴建立"犹太民族之家"。1947 年 11 月 29 日，联合国大会通过决议，决定在巴勒斯坦分别建立阿拉伯国和犹太国。1948 年 5 月 14 日，以色列国正式成立。

以色列教育发达，科技先进，人才辈出。建国 50 多年来，已向发展中国家派出 1 万多名农业、能源、电子以及军事等方面的专家和顾问。他们在为外国服务的同时，也成功地推销了以色列的技术、一般产品甚至武器。大批原苏联及东欧犹太人移居以色列后，以色列政府对移入的科学家加以训练，使他们掌握以色列的技术与研究方式，然后以专家小组形式派往发展中国家。他们既是援外的科技人员，又是促进双方贸易发展的使者。

2. 经济与政治

以色列是中东地区唯一被看作发达国家的国家，2010 年人均 GDP 2.71 万美元，高居世界第 29 位，属高收入国家。以色列经济为混合型，比较发达。农业、工业、科技及军工等部门技术水平较高。私人企业比重较大，但政府对主要部门控制严格，许多大的企业都由国家控制或监管。合作经济主要以农村中的基布兹（集体社）和莫沙夫（合作社）为主。旅游业在经济中占重要地位，是赚取外汇的一个主要来源。陆、海、空运输业发达，邮电通信业也较发达。由于国内市场相对狭小，国内资源缺乏，因此，以色列主要通过进口来满足本国对大部分产品的需求，而以出口高、尖、精等技术和资本密集型产品推动经济增长，国民生产总值中工业生产的半数用来出口。

以色列是一个民主议会制国家，实行立法、行政和司法三权分立原则。但目前还没有正式成文的宪法，只有一些基本法，如《议会法》、《国家土地法》、《总统法》、《国家经济法》等。总统为国家元首，由议会产生，任期4年，最多可连任二届。议会是以色列最高权力机构，拥有立法权，负责制定和修改国家法律，对政治问题表决，批准内阁成员的任命并监督政府工作，选举总统、议长，由议员组成一些常设委员会和专门委员会。以色列政党繁多，有20多个政党，且不断变化，主要有利库德集团、以色列工党等。

3. 人口与民居

人口743万（2010年），其中犹太人占77.8%，阿拉伯人、德鲁兹人及其他人占22.2%。希伯来语和阿拉伯语均为官方语言，通用英语。居民中大部分信奉犹太教，其余信奉伊斯兰教、基督教和其他宗教。

政府实行高福利高消费政策，对一些基本商品实行补贴，医疗保健较为发达。人均月工资6 702新谢克尔。2001年，男性平均寿命为76.6岁，女性为80.4岁。

政府重视教育事业，5～16岁儿童享受义务教育至高中毕业。凡未满18岁且未完成初等教育的青少年还必须参加专门的补习班。

在以色列，一切行动和思想都必须遵守"犹太法典"规定的戒律。《圣经·旧约》中规定男人不剃胡须和鬓毛，现在以色列的犹太人均遵守这一戒律。但现代犹太人剃胡须的习惯已很普遍。不过"不要将头裸露"的戒律仍被所有的犹太教徒所遵守，他们是绝不理光头的。即使在日常生活中，犹太人的传统也总按着"犹太法典"的规定行礼拜、祭祀和禁食。以色列人的饮食口味与西欧人和东方人都有不少差别，喜欢菜肴里加入肉桂、茴香、薄荷、芫荽、咖喱粉等香料，并配上柠檬汁、橘子汁等，可以说是一种东、西方饮食的大杂烩。在以色列，不管是犹太人还是阿拉伯人，都喜欢吃西红柿炒鸡蛋，几乎所有餐馆的菜单上都少不了这个菜。犹太法律禁止人们吃猪肉和甲壳类动物，认为不洁净。凡勒死或是没有放过血的动物也不能吃，更不能吃动物血，认为血是神圣的，代表生命，另外肉类与奶制品不能同时摆上餐桌，认为这有悖于天伦。以色列人也从不吃动物大腿上的筋。

（三）旅游业概况

1. 发展与历程

与经济发展速度相比，以色列的旅游业发展更快。建国之初，访问以色列的外国游客才4 500人，外汇收入仅40万美元。据以色列公布的数字，大约每隔10年，旅游接待人数就增加2倍。到1987年以色列接待境外游客达152万，旅游创汇达16亿美元。分别比色列建国初的1948年增加了337倍和3 000倍。1990年和 1991 年两年受到海湾战争的直接影响，旅游业下降。但 1992 年以色列迅速摆脱海湾战争的阴影，创下历史最高记录，全年共接待外国游客 175 万，比上年增长 60%，旅游收入达 20 亿美元。

2. 资源特色

以色列的旅游资源主要有以下两个方面：无与伦比的历史文化和独特的自然资源。以色列是世界上最具传奇色彩、最独特的民族，也是最多灾多难的民族。以色列遭遇了世界上任何其他民族所无法比拟的苦难，同时也使犹太人和阿拉伯人民在这里创造了光辉灿烂的文化。如以色列首都耶路撒冷既是犹太教、基督教的发源地，又是伊斯兰教的圣地。每年许多来自世界各地的犹太教徒、基督徒、伊斯兰信徒远渡重洋来这里朝圣。除宗教文化遗迹外，以色列建国后还成立了十几个极有参观价值的博物馆。如历史博物馆中有著名的死海古船。大灾难博物馆中展示了第二次世界大战德国法西斯屠杀犹太人的滔天罪行，展出的图片和实物令人触目惊心。以色列境内的自然旅游资源主要是大海和沙漠。如世界著名的死海，不仅人在海中不会下沉，而且死海的海水和岸边的"活泥"对治疗皮肤病和风湿病具有特殊的效果，是世界上其他国家和地区无法相比的瑰宝。位于以色列东面地中海沿岸的特拉维夫，亦有美丽的沙滩、洁净的海水、明媚的阳光，是以色列地中海旅游的胜地。另外，随着沙漠旅游的兴起，以色列的沙漠亦成为一项重要的旅游资源。在内格拉夫沙漠，游人可住进贝杜固人的帐篷，或骑上骆驼去沙漠腹地"寻古"。沙漠中的矿泉水和具有特殊矿物质的沙子，还可治疗各种疾病。

3. 旅游业现状

旅游业在以色列经济中占重要地位，是赚取外汇的一个主要来源。以色列幅员虽小，但有独特的旅游胜地和众多的名胜古迹，吸引了人数以百万计的人前往游览观光。尽管中东和平进程及国内安全形势等因素容易对游客量产生影响，但近年来基本呈逐年上升趋势。2001 年，美国"9·11"事件后，以色列旅游业受到重创，游客较事件前骤降 45%。到访以色列的游客，90%以上来自欧洲和美洲，其他的来自世界各地，包括通过约旦河桥和埃—以边境进入以境内的阿拉伯各国的游客。至 2000 年底，共有各类旅馆 340 家，旅馆房间数为 4.92 万间，床位 118 417 个。

表 8-2　近年来以色列入境旅游人数及收入

年份	创汇（亿美元）	接待人数（万人次）
1997	28.4	201
1998	26.6	194
1999	29.7	231
2000	31.0	241
2001	15.7	120
2002	12.0	86
2003	24.0	106
2004	28.0	151
2005	34.0	190
2006	33.0	183

资料来源：《世界统计年鉴》。

表 8-3　2003～2007 以色列旅华市场统计数据

年份	接待人数	增幅（%）
2003	22276	—
2004	41701	87.2
2005	54459	30.6
2006	61494	12.9
2007	74285	20.8

资料来源：《中国旅游统计统计年鉴》。

复习思考题

1. 对比分析我国与印度在自然环境与旅游资源上的异同点。

2. 南亚与中东地区为什么长期始终是我国海外旅游客源市场的薄弱地带？

3. 古老的埃及文明与国际化的苏伊士运河对埃及旅游业的发展有什么重要意义？

4. 以色列为什么能够成为中东地区的旅游大国？

主要参考书目

1. 于向东主编. 中国旅游海外客源市场概况. 东北财经大学出版社，1995.
2. 王兴斌主编. 中国旅游客源国/地区概况. 旅游教育出版社，1996.
3. 李援朝著. 中东问题研究. 黑龙江教育出版社，1996.
4. 陈才主编. 世界经济地理. 北京师范大学出版社，1993.
5. 孙玉琴，袁绍荣、袁雄主编，世界旅游经济地理. 华南理工大学出版社，1999.
6. 马耀辉，李天顺等著. 中国入境旅游研究. 科学出版社，1999.
7. 武心波著. 当代日本社会文化，上海外语教育出版社，2001.
8. 中国国际旅游发展战略研究——日本客源市场，（日）德村志成著，中国旅游出版社，2002.
9. 王兴斌主编. 中国旅游客源国概况. 旅游教育出版社，2000.
10. 谷牧等著，中国发展全书，北京：红旗出版社，1997.
11. 鲍红. 日本出境旅游市场的调查分析. 电子旅游研究中心，2002.
12. 顾树保，于连亨主编. 旅游市场学. 南开大学出版社，1985.
13. 姜春枝编著. 日本国概况. 北京大学出版社，2001.
14. 王振锁. 日本战后五十年. 世界知识出版社，1999.
15. 刘李胜编著. 韩国概论. 北京：东方出版社，1995.
16. 陈池等著. 世界列国国庆习俗丛书——韩国. 北京：当代世界出版社，1998.
17. [蒙]B. 贡嘎达希著. 辽宁外语专科学校俄蒙语系译. 蒙古经济地理. 辽宁人民出版社，1977.
18. 铃木胜著，李胜娟译. 国际旅游振兴论——亚洲及太平洋地区的未来. 中国旅游出版社，2002.
19. 陈文照著. 外国习俗丛书：新西兰. 北京：世界知识出版社，2002.
20. 刘樊德主编. 中国新西兰关系丛书——今日新西兰. 社会科学文献出版社，1998.
21. [新]大卫·希波编，常欣编译. 新西兰概况. 新西兰对外关系贸易部编制，2000.
22. 于增河主编. 中国周边国家概况. 中央民族大学出版社，1994.

23. 范能船. 旅游与中国文化. 百家出版社，1999.

24. 许心礼主编. 各国手册丛书——新加坡. 上海辞书出版社，1983.

25. 程伟进，薛毅著. 世界旅游市场. 中国大百科全书出版社，1995.

26. 徐成龙，钟子祺，魏华琳编著. 各国手册丛书. 上海辞书出版社，1982.

27. 李兆乾，程伟进，薛毅著. 泰国风情. 中国大百科全书出版社，1995.

28. 梁敏和，孔远志编著. 印度尼西亚文化与社会. 北京大学出版社，2002.

29. 李树藩，王德林. 最新各国概况. 长春出版社，2002.

30. 钟海生，郭英之. 中国旅游市场需求与开发. 广东旅游出版社，2004.

31. 吴忠军，王丽华. 中外民俗. 东北财经出版社，2001.

32. 韩杰著. 现代世界旅游地理. 青岛出版社，1999.

33. 李溢著. 世界热带亚热带海岛海滨旅游开发研究. 旅游教育出版社，1997.

34. Linda 编著. 美国. 北京：京华出版社，2001.

35. 中国国家旅游局旅游促进与合作司编译. 旅游市场（2000～2012）.

36. 张广瑞等，旅游绿皮书（2000～2012）. 社会科学文献出版社.

37. 中国旅游研究院. 中国旅游经济蓝皮书（2008～2011）. 中国旅游出版社.